处在十字路口的现代标准化
——热点领域标准化案例探析

Modern Standardization: Case Studies at the Crossroads of Technology, Economics, and Politics

［美］Ron Schneiderman 著

何 英 周超极 吴 江 译
郭力仁 刘 彦

国防工业出版社
·北京·

著作权合同登记　图字：01-2022-4579 号

图书在版编目（CIP）数据

处在十字路口的现代标准化：热点领域标准化案例探析／（美）罗恩·施奈德曼（Ron Schneiderman）著；何英等译. —北京：国防工业出版社，2023.3

书名原文：Modern Standardization: Case Studies at the Crossroads of Technology, Economics, and Politics

ISBN 978-7-118-12661-7

Ⅰ.①处… Ⅱ.①罗… ②何… Ⅲ.①技术标准—研究 Ⅳ.①G307

中国版本图书馆 CIP 数据核字（2022）第 198416 号

Modern Standardization: Case Studies at the Crossroads of Technology, Economics, and Politics (9781118678596 / 1118678591) by Ron Schneiderman

All Rights Reserved. This translation published under license. Authorized translation from the English language edition, Published by John Wiley & Sons. No part of this book may be reproduced in any form without the written permission of the original copyrights holder

Copies of this book sold without a Wiley sticker on the cover are unauthorized and illegal

本书中文简体中文字版专有翻译出版权由 John Wiley & Sons, Inc.公司授予国防工业出版社。未经许可，不得以任何手段和形式复制或抄袭本书内容。

本书封底贴有 Wiley 防伪标签，无标签者不得销售。

※

国防工业出版社 出版发行

（北京市海淀区紫竹院南路 23 号　邮政编码 100048）
北京虎彩文化传播有限公司印刷
新华书店经售

*

开本 710×1000　1/16　印张 12¾　字数 225 千字
2023 年 3 月第 1 版第 1 次印刷　印数 1—1200 册　定价 98.00 元

（本书如有印装错误，我社负责调换）

| 国防书店：（010）88540777 | 书店传真：（010）88540776 |
| 发行业务：（010）88540717 | 发行传真：（010）88540762 |

译者前言

伴随着科技的飞速发展，产品和服务日益国际化、市场化，技术标准对于推动创新和促进市场增长的重要影响日益显现，标准化工作全面创新发展进入崭新时代，更面临诸多机遇和挑战。我国在"十四五"发展规划中明确提出"优化国防科技工业布局，加快标准化通用化进程"的要求，在国民经济和社会发展各领域积极推广和应用标准、以高标准助力高技术创新、促进高水平开放、引领高质量发展，是大势所趋。在各行业大力推进标准化建设的大背景下，全面了解掌握国外高新技术领域标准化动态和先进经验，有利于结合我国国情推进各领域标准体系建设、完善治理结构，有利于推动技术融合、产品创新和开放发展，有利于更加顺畅参与国际标准化活动和加强国际合作。

本书是 IEEE 标准教育委员会（SEC）面向全球大学推出的标准化学科辅导材料。作者聚焦推动开放标准建设，把诸多高新领域产品和服务的技术标准发展案例纳入课堂教学，对技术标准在各代表性行业中的作用，以及如何解决技术、经济甚至政治领域方面的相关问题等，进行了详细的介绍，尤其是对技术标准如何在产业经济中发挥作用，如何看待标准研究机构在标准化过程中的作用，如何对待标准和知识产权，如何将标准纳入采购和研发的策略和实践，如何看待标准对国际贸易的影响，如何理解全球标准与市场的关系等问题，进行了深入探讨。这些案例有助于读者把专业技术知识融入现实世界，从而推动先进技术转化为实际产品，促进将其推向市场并产生深远影响。

本书对于我国高新技术产品和服务研发、企业管理、市场营销、政府决策和标准化研究等领域具有重要的参考价值，对推进标准化工作体系建设和学科建设具有重要的借鉴意义。本书可作为从事以上领域相关工作的专业人员及高等院校教师和学生的参考书。

本书由何英（引言、第1章、第8章）、周超极（第2章、第5章）、吴江（第3章、第4章）、郭力仁（第9章、结束语）和刘彦（第6章、第7章）翻译，并由何英进行统稿校对，由于译者水平和能力有限，译文中难免有所疏漏，恳请读者批评指正。

译 者

2023 年 1 月

目 录

引言 重复相同的事改变世界 ········· 001

关于本书 ········· 002
推动建立开放标准 ········· 002
开放标准原则（OpenStand） ········· 003
互联网及其对标准的影响 ········· 004
SDO 何去何从 ········· 005
推出 IPv6 ········· 006
标准与贸易 ········· 006
联盟——混乱与妥协 ········· 007
本书中的主要案例 ········· 008

第 1 章 智能电网面临关键标准挑战 ········· 011

系统之系统 ········· 012
智能电网快速发展 ········· 013
标准的优先级 ········· 014
纯粹是商务 ········· 016
美国快速开局 ········· 017
智能电表的关键问题 ········· 018
IEEE 与智能电网 ········· 019
标准目录 ········· 020
时机就是一切 ········· 021
欧洲互联电网 ········· 022
亚洲正在崛起 ········· 023
城市智能电网 ········· 025
无线无处不在 ········· 026
优势，消费者 ········· 028
推动家庭网络改变 ········· 030

V

符合性评估 ··· 032
网络安全成为一个重大问题 ·································· 034
太阳耀斑的威胁 ··· 036
未来会有更多工作 ··· 038

第2章 蓝牙和 ZigBee——快节奏的标准制定推动了发展 ····· 041

蓝牙技术的迅速兴起 ··· 041
互操作性——最要命的问题 ·································· 043
"蓝牙"的来历 ··· 045
蓝牙标准开发时间表 ··· 047
蓝牙的今天 ··· 050
ZigBee 的历史 ··· 051
蓝牙和 WiFi 的差距 ··· 052
适应和开始 ··· 053
ZigBee 产品 ··· 054
换岗 ··· 054
ZigBee 智能电网的最新发展 ································· 055

第3章 电伴热系统标准的制定 ····························· 057

为什么需要一个新的标准 ····································· 058
建立新的标准 ··· 059
求同存异 ··· 059
成立一个工作组 ··· 060
信心倍增 ··· 061
制造商经验增长 ··· 061
走向全球 ··· 062
IEEE515 的历史和时间线 ···································· 063
下一步是什么？共同制定国际标准：IEC/IEEE 60079-30 ······· 064

第4章 电视"空白频谱"标准开辟新市场 ··················· 066

使之成为现实 ··· 067
保护现有系统 ··· 067
设置标准 ··· 068
超级无线网络？ ··· 070

动态频谱接入 ·· 071
DSA 和军队 ·· 072
寻找共同的基础 ·· 073
电视空白频谱的经济学 ·· 074
关于那些广播公司 ·· 074
无线麦克风成为一个问题 ·· 075
不用理会 ·· 077
全球影响 ·· 078
未来的挑战 ·· 079
日本采用空白频谱 ·· 081
另一个主要市场 ·· 082
下一步干什么? ·· 083
频谱感知 ·· 085

第 5 章 新兴标准有助于促进医疗器械的发展 ···················· 087

多种解决方案 ·· 087
无线电太多了? ·· 089
正在进行的工作 ·· 089
求诸市场 ·· 091
未来还有更多标准 ·· 091
美国食品和药物管理局承认 IEEE 标准 ···························· 093
是设备? 不是设备? ·· 094
FDA 对"标准"的定义 ··· 095
NFC 标准和设备 ·· 097
医疗设备设计方面的挑战 ·· 098
更多市场的研究 ·· 098
主要的市场和玩家 ·· 099
远程看护中的 M2M ·· 100
医疗物联网 ·· 102
知识产权之争 ·· 102
隐私问题 ·· 103

第 6 章 无线充电器成为标准战场 ······························· 104

走向全球 ·· 105

无线充电 ·· 105
它是如何工作的 ·· 107
在共振式充电方面的探索 ································ 109
PMA 和 A4WP 联合 ···································· 110
PMA：开放式规范 ······································ 111
测试市场：星巴克和麦当劳 ···························· 113
把想法说出来 ·· 114
内有英特尔 ··· 115
军方需要无线充电 ······································· 117
苹果公司也来分一杯羹 ································· 118
创新，无线电力的其他探索 ··························· 119

第 7 章 汽车"黑匣子"有自己的标准 ············ 123

背景介绍 ·· 123
EDR 的快速发展 ··· 124
成本是个问题 ·· 125
更多的研究，更多的数据 ······························ 126
标准的重大修订 ··· 127
驾驶问题涉及隐私 ······································ 128
驾驶员隐私升级 ··· 130
破解你的汽车密码 ······································ 131
欧洲开展的测试推动了 EDR 普及 ··················· 132
更多通用汽车被召回 ··································· 133
更多技术 ·· 133

第 8 章 EDA 为复杂性设定标准 ················· 136

EDA 标准从何而来？ ··································· 136
半导体和 EDA ·· 138
正在开展的工作 ··· 140
这是门生意 ··· 141
关键标准 ·· 142
EDA 合并——财团和公司 ···························· 142
EDA 与互联网 ·· 145
回到学校 ·· 145

第 9 章　物联网/M2M——正在进行的一项（标准）工作 … 147

从射频识别到物联网 … 148
定义 Things … 150
IoT 和 ITU … 152
加快物联网标准建设 … 155
M2M 联盟紧随其后 … 157
多模式无线传感器 … 159
大数字，大梦想 … 160
M2M：电信运营商的机遇 … 161
芯片领域 … 164
车联网标准 … 166
监管问题 … 167
入侵我的冰箱？ … 168
政治，但不同以往 … 169

结束语　标准必要专利使商业（和政治）成为主角 … 170

SDO 专利政策 … 170
专利劫持 … 171
IEEE-SA 专利新政 … 172
专利是个大生意 … 174
美国研究了全球知识产权挑战 … 175
研发因素 … 177
专利蟑螂对标准的影响 … 178
专利共享 … 180

国际标准制定组织简介 … 183

互联网工程任务组（IETF） … 184
IEEE 标准协会（IEEE-SA） … 185
国际标准化组织（ISO） … 185
国际电工委员会（IEC） … 185
国际电信联盟（ITU） … 186
美国国家标准学会（ANSI） … 186
欧洲电信标准协会（ETSI） … 187

欧洲标准化委员会（CEN）和欧洲电工标准化委员会（CENELEC） … 187
美国试验与材料国际学会（ASTM International） … 188
欧洲计算机制造商国际协会（ECMA International） … 188
消费电子协会（CEA） … 188
国际自动机工程学会 SAE International … 189
德国标准化协会（DIN） … 189
JEDEC 固态技术协会 … 189
计算机械协会（ACM） … 190
日本电子和信息技术工业协会（JEITA） … 190
中国标准化研究院（CNIS） … 190
中国电子标准化研究院（CESI） … 191
加拿大标准委员会（SCC） … 191
国际信息技术标准委员会（INCITS） … 191
印度电信标准发展协会（TSDSI） … 192
国际自动化学会（ISA） … 192
Accellera … 192
IPC 下属国际电子工业联接协会 … 193
全球标准合作组织（GSC） … 193
W3C … 193

引 言
重复相同的事改变世界

什么是技术标准？每当有人问我这个问题时，我通常会举35mm胶片的例子来回答。而且当我用足够的时间来解释的时候，几乎每个人都能明白这一点（本来我可以用墙上的插头来作为例子，但那太过浅显了）。当然，标准要复杂得多。通常来讲，制定一个技术标准或一系列标准对产品的成功至关重要，但产品的制胜法宝并不单纯靠技术。家用录像系统（VHS）和Betamax在外观、功能和性能上都类似，各自都有数量可观的技术标准来支撑。尽管几乎所有人都认为Betamax比VHS更具技术优势，但它的定价、供应商、市场和销量都远远输给了VHS。

直到最近几十年，技术标准才对全球创新产生显著影响。电气与电子工程师协会（IEEE）标准教育委员会前主席、IEEE-SA标准委员会成员、Synopsys公司标准和互操作性项目主任亚丁·特里维迪（Yatin Trivedi）指出，"一个世纪前，在国家电力方面有一些标准（如60Hz，110V，电源插座），但在我印象中没有一个是国际性标准。""50年前，NTSC、PAL和SECAM标准在电视和录像机的互操作性上，给影视生产者带来了巨大障碍。"特里维迪说："10年来，我们最常遇到的一个技术问题就是——当你的手机电池没电，又把充电器忘在家里的时候，你用不了周围朋友提供的充电器，因为它不兼容。"特里维迪认为，诸如此类的互操作性问题主要是由产品竞争造成的，不是由相关标准开发组织（SDO）造成的。他说："按照当前的理念和模式，标准在创新过程中的作用至关重要。"

在全球范围内，已经有50多万个已发布的技术标准。这些标准成为推动产品兼容性和互操作性发展进程的基石，使得理解和比较竞争性产品变得更加容易。随着标准被采纳并应用于新市场，它们也推动了国际贸易，促进了技术协作。那么，今天的SDO是如何跟上新的、互联网驱动的产业发展步伐的呢？

关于本书

本书能够出版，主要归功于美国电气与电子工程师协会（IEEE）标准教育委员会（SEC）的努力。其初衷是更好地理解哪些产品和服务对大学标准教育有用。考虑到这一点，SEC 从 2010 年开始，开展全球大学外联活动。在几个月的时间里，SEC 走访了 17 所大学的教育工作者，调查他们各自项目中对标准教育的关注程度。SEC 从中确定了几个共性问题，得出一个关键结论：工程领域教育者倾向于开展零散的标准教育，而不是专门的课程或项目。他们也更喜欢现成的教材，这些教材能为教学增彩加分，同时也不会给教授们增添工程课程本身以外的负担。

当时面临的挑战是，将更多关于技术标准制定的有用信息带入课堂，并将其融入课程。事实上，本书是用来作为课程补充材料的，而不是一个包罗万象的标准化教科书。选择这些案例研究的目的是希望它们能代表某一行业在广泛的技术、经济甚至政治领域中寻找解决方案的经验。它们是特定领域的标准，能够展示体现该领域标准和标准化的适用性和动态性的研究成果。

使用这一资源工具，学生和老师将能够更好地就标准在日常生活和工作中的作用进行有意义的对话，将他们掌握的技术知识与现实世界相结合，促使这些不断发展的最先进技术转化为实际产品，最终转化为市场，并在全球社会中产生经济甚至政治（和监管）影响。

在研制新标准的过程中，除了不可避免的技术方面，每个案例研究的组成内容对指导实践都有很大帮助：技术标准是如何形成的？SDO 如何在标准化过程中发挥作用？谁参与其中？国际标准化组织（ISO）如何对待标准中的关键知识产权？标准是如何纳入公司采购和研发的策略和实践的？标准如何影响国际贸易？全球标准是如何受市场驱动的？什么是"开放"标准，它们如何影响本书中的案例？过去、现在和未来，互联网在技术标准制定中有什么作用？

推动建立开放标准

贯穿本书的愿景是推动建立开放标准。

不同的组织甚至不同的国家对开放标准有不同的定义。但是，任何可用于公共用途的标准，只要是通过协作共同开发和维护的，例如，经由已认证的标准化组织批准，都为产品或设备之间的互操作性或协调性提供或创造了机会，并为大多数产品和设备的设计师所接受。当然，事情会变得很复杂。谁制定的标准，它是否与别人的定义一致？它是否涉及知识产权，是否需要考虑必要专利使该标准不仅可行，而且能被公认的标准化组织批准？或者，它是否能像人们心目中真正"开放"的标准那样可以免费使用？

开放标准原则（OpenStand）

历史上，全球技术标准是在国家层面而不是公司层面共同制定的。但是，IEEE-SA 前主席史蒂夫·米尔斯（Steve Mills）认为国际标准范式正在改变。他说"国际标准推动了创新，有助于市场的增长。"他认为传统上，这项活动遵循国家代表制原则，与世界各地市场的组织方式是一致的，这种情况没有改变。米尔斯认为，当今世界比以往任何时候都更需要国际标准以使产品和服务能够供全球客户实施和使用。他认为，正在发生变化的是市场日益全球化，以及这些市场如何推动标准的动态发展。技术的快速发展、加快上市时间的要求以及满足客户期望，本质上要求行业寻求更有效的方法来定义全球标准，这反过来又有助于扩大全球市场。因此，米尔斯认为全球标准范式正在演变。"市场更加细致入微，更加强调简单性、更具竞争力的定价以及更好的产品互操作性。"

这些变化促进了全球开放标准制定基本原则（OpenStand）的出台，这是一场致力于推广一套成熟原则的运动，这些原则建立了现代标准化的模式，成为一个不太正式的、更受市场驱动的范例，鼓励标准组织之间的合作，并弥合现有标准之间的差距。莱斯利·戴格，互联网协会的首任/前首席互联网社区技术官，在一篇博客文章中写道："通过开放过程，利用全球各渠道汇集的资源共同制定标准，最有可能产生卓越的技术成果，充分利用尖端的工程专业知识，并支持技术市场的互操作性和全球竞争力"，这就是 OpenStand 产生的原因。

"制定开放标准原则是一项非常重要的举措。"IEEE 2013/2014 年度主席、新思科技社区营销高级总监卡伦·巴特列森（Karen Bartleson）说，"一些最著名的 SDO 遵循国家代表制模式，这意味着一个国家只有一票。国际电工委员会、国际标准化组织和国际电信联盟（ITU）都遵循这样的模式。如果你代表个人，你就不能发言。如果你代表一家公司，你也不能发言。如果你代表社区的一部分，你也不能发言。只有你所在国家的代表才能在标准会议上发言。也有一些著名的标准化组织，如 IEEE-SA，采取一种完全不同的市场驱动模式，我们不在乎你是谁，我们不在乎你生活在哪个国家，欢迎你来到制定全球标准的圆桌之前，做出贡献，你的声音将被听到。"

巴尔莱森说："直到几年前，互联网标准制定者和 IEEE 聚在一起，给这个受市场驱动的模式起了个名字。我们必须定义这些原则，这样当我们开始新的计划时，当我们在物联网或电子医疗领域开展工作时，或者当我们阻止政府接管互联网时，我们就可以在全球范围内进行交流。我们一直在谈论这个问题，尤其是在欧洲。"

在技术层面上，互联网的既定协议有助于系统无缝地通信交流和执行任务，如果没有全球标准化组织以开放的方式协作，这些协议中的许多内容将是不可能实现的。

互联网及其对标准的影响

"互联网是在全球自愿采用规范的基础之上建立的，"互联网架构委员会（IAB）前任主席伯纳德·阿布巴（Bernard Aboba）说，"通过将运行代码、互操作性和部署置于正式状态之上，互联网已经使标准的制定民主化，使得最初在标准组织之外制定的规范能够基于其技术价值和实际应用获得认可，从而有助于创建造福人类的全球社区。"

互联网对当前科技进步和我们生活产生的重要影响毋庸置疑。国际电信联盟（ITU）在 2014 年末发布的《2014 年度信息社会发展状况报告》指出，截至 2014 年底，全球近 30 亿人能够接入互联网，比 2013 年增加了 6.6%。全球固定和移动连接的 IP 流量预计将达到 1.6ZB（Zettabytes）的年运行速率，即每年超过 1.5×10^{12} MB。预计 2018 年的年互联网流量将超过 1984 年至 2013 年全球产生的所有互联网流量（1.3ZB）。在互联网历史上，预计大多数流量首次来自个人电脑以外的设备。[①]

最近发生的事件可能会改变和扩大政治对未来互联网发展的影响。

2012 年 12 月，美国把自己对互联网架构的管理和未来发展移交给国际电信联盟，从而阻止了其他国家提出的让各国政府对网络地址拥有更多控制权力的提案。奥巴马政府在 2014 年表示，如果由控制互联网域名和地址分配的机构继续监督互联网的开放性，将同意美国商务部解散其对互联网域名与地址分配公司的管理。据《纽约时报》报道，在这几周内，美国联邦通信委员会（FCC）表示将尝试制定新的规则来保护开放的互联网，至少 69 家公司、行业协会和其他特殊利益集团与该委员会就互联网相关规则可能发生的变化进行

---

① 此书是 2015 年由 IEEE 出版社出版的，这些预期的内容已经过时，为尊重原书，将类似的内容予以保留（下同）。——译者注

了沟通,这还不包括以个人身份向联邦通信委员会提交的 100 多万条建议。到 2014 年 4 月底,联邦通信委员会还表示,将提出新的规则,允许迪士尼公司、谷歌公司或网飞向康卡斯特和威瑞森等互联网服务提供商更便捷地支付服务费用,如视频和其他服务——该提议听起来像是对网络中立这一概念体系的挑战。在中立的网络中,每个人都遵循相同的规则,此规则已经非正式地实施了约 20 年。联邦通信委员会主席汤姆·惠勒为该提议辩解,称这样的新规则提供网络中立性符合上诉法院的判决。很少有互联网用户购买它,声称这样的规定将从根本上改变互联网内容向消费者的传递模式。

有几个国家强烈要求用一国一票控制策略的新系统取代互联网。中国表示支持美国放弃对互联网的控制,并谈到不同国家拥有"不同的互联网管理模式和方法"。法国代表团在 2014 年 6 月伦敦举行的一次国际互联网专家会议上表示:"当前,互联网域名与地址分配机构(ICANN)不适合讨论互联网治理。"

法国的声明还表达了互联网域名与地址分配机构(ICANN)"无法考虑各国的合理关切",这些声明的背后是反对奥巴马在美国众议院的行动,该行动于 2014 年 6 月通过了一项预算法案,美国拒绝为互联网地址分配机构转移全球互联网地址监管提供资金。

SDO 何去何从

巴特列森说,IEEE 将会积极参与互联网标准的发展。"但我们不会涉足行政空间。我们不会进入 ICANN 的领域。我们将坚持为这些技术问题的安全性、隐私性、加密性提供保证。我们相信在 IEEE 内部有一些类似活动,为此我们正在齐心协力地进行探索。本质上,我们想重建人们对互联网的信任,希望互联网标准在开放平台模式下制定。"

几家行业巨头公司已经迫不及待了,他们认为事情进展缓慢,于是就像公司通常做的那样——他们组成了一个新的财团。2014 年 3 月,就在美国宣布放弃管理 ICANN 之后,AT&T、思科、通用电气、国际商用机器公司和英特尔公司成立了工业互联网联盟(IIC),主要目标是加速和影响所有工业部门互联网标准的制定。思科公司和其他 23 家科技公司随后组成了另一个联盟——智能对象互联网协议(IPSO),专门加快物联网和相关标准的制定。思科公司物联网业务集团副总裁吉多·茹雷特说:"世界上 99% 的物品仍然没有实现互联。随着世界寻求通过互联网进行更广泛的连接,下一场工业革命开始了。"

推出 IPv6

一如既往，无论世界各地发生了什么，技术都在不断进步。随着 ICANN 的故事在 2012 年开始上演，互联网协议版本 6（IPv6）的推出将互联网地址的数量扩展到数万亿个。原始的 IP 地址方案 IPv4，已经不够用了。升级后的 IPv6 拥有近 200 novillion 个 IP 地址，这个数量接近 10 的 30 次方。IPv6 将使用新的数据包格式，并指定更大的地址空间——128bit，而 IPv4 仅为 32bit。截至 2013 年年底，近 3/4 的消费者放弃了传统的固定电话，转而选择移动电话和基于互联网的电话。"我们已经进入了互联网网络优于旧交换网络的阶段，"互联网分析师拉里·道恩斯说。问题是我们该如何对待那些尚未做出改变的人。随着人们转向全 IP 网络寻求语音服务，我们该如何对待美国《1996 年电信法案》，该法案没有规定淘汰旧网络，也没有规定解除现有无线线路运营商在互联网世界中没有意义的义务。

标准与贸易

标准与贸易是技术标准制定中的另一个重要问题，将在本书的案例研究中提到。但是，为了理解标准与标准制定过程在世界商业和经济中的作用，可能需要更广泛、更详细的探讨。

2013 年 2 月，欧洲标准组织（CEN、CENELEC 和 ETSI）和美国国家标准协会（ANSI）宣布，他们不仅正式同意共同维护标准，而且还会加强合作，以更好地修订标准，促进欧盟和美国之间的贸易，这是标准与贸易领域一个更重要的发展。随着欧盟和美国即将开始关于跨大西洋贸易和投资伙伴关系（TTIP）的谈判，这种合作预计将变得越来越重要。欧洲标准小组一直与 ANSI 开展定期对话，会议代表包括欧洲委员会、欧洲自由贸易联盟秘书处和美国商务部的机构。尽管美国和欧洲的标准组织都注意在尽可能的情况下寻求全球解决方案，尤其是全球性的标准化组织（包括 ISO 和 IEC），但某些标准之间仍可能存在显著差异，这通常是由于欧洲经济区和美国之间的立法和/或监管差异造成的。

展望未来，TTIP 的目标是消除欧盟/欧洲经济区和美国之间的贸易壁垒，鼓励在全球范围采取共同的措施。讨论的范围从修订全球标准的技术要求到改善新兴行业的合作，包括电动汽车，智能电网、云计算和机器对机器（M2M）通信。此外，讨论的内容还包括如何进一步努力促进中小企业参与标准化活动。

TTIP 的工作并非没有争议。各种团体批评它在谈判中不够开放。英国政治领导层预计，TTIP 的努力将对欧洲经济产生重大推动作用，包括创造数百万个就业机会，但许多欧洲人并不认同这一观点。反对 TTIP 计划的最有争议的论点来自一个名为"投资者国家争端解决（ISDS）"的组织，该组织致力于构建一套类似法律的体系，该体系将赋予美国公司（或欧洲公司的美国子公司）起诉欧洲政府立法削弱其盈利能力的权利。与此同时，TTIP 的工作正在不断推进，欧盟和美国谈判团队将在 2014 年定期开会（通常每次一周），讨论新的欧盟/美国贸易和投资协定。议程通常很广泛，涵盖从服务到劳工、知识产权和监管部门发展等主题。

TTIP 也引起了互联网社区的关注。在 2013 年 5 月对 TTIP 的书面"评论"中，互联网架构委员会（IAB）主席、IEEE-SA 常务董事、万维网联盟（W3C）和互联网协会的首席执行官表示，既然谈判"已经开始进入核心阶段"，他们将借此机会与国际贸易集团分享 OpenStand 原则。共同签署人写道："在我们看来，任何前瞻性的标准工作都应该充分参考迄今为止非常成功的标准制定模式，该模式推动了世界上最重要的技术之一——互联网的发展和壮大。"

预计 TTIP 将于 2015 年圆满完成任务。

联盟——混乱与妥协

本书讨论的标准制定过程中的另一个主要因素是联盟在全球标准发展中的迅速出现和日益增长的作用，但具有讽刺性的是，这些组织的许多成员单位都有双重职责——既是他们行业特定联盟的工作成员，也是批准技术标准的标准化组织工作组的成员。

技术的变革已经将诸多行业联盟聚集在一起，也把简单数字背后的潜力聚集起来。

Wi-Fi 联盟和 Wireless Gigabit 联盟已经同意共同致力于定义和巩固 WiGig 技术及其认证发展。延续健康联盟与新成立的个人互联健康联盟合作，并与健康信息和管理系统协会（HIMSS）以及健康峰会建立了代表个人互联健康消费者声音的全球非营利联盟。电子设计自动化（EDA）社区的领导小组——加速系统计划（Accellera Systems Initiative），多年来已与许多具有类似兴趣的联盟合并，以促进新的、日益复杂的集成电路的创造和设计，并显著缩短上市时间。无线电源联合会、电源事务联盟和无线电源同盟正在竞争成为事实上的无线充电标准，用于酒店、餐厅、体育场馆，以及任何人拥有和使用任何类型的移动设备，至少还有 7 个联盟致力于推广和制定满足快速增长的 M2M 市场需求的规范，另一个联盟是 oneM2M，它由几个全球公认的具有类似使命的 SDO 发起。

  这些团体在标准制定过程中有多大影响力？"联盟对标准开发有巨大的影响。"凯伦·巴特列森说，"在联盟内部，真正的技术被贡献出来，竞争对手相互间既合作又竞争，标准解决方案在被授权的标准化组织批准之前将进行验证。根据我的经验，不同的 SDO 工作组通常包含许多相同的成员。如果他们不这样做，SDO 工作组将处于不利地位。工作组的存在加速了标准制定过程。这是高度竞争和技术密集型行业（如 EDA）成功的关键。如果标准研制得太慢，它们可能在完成时就过时了。"

  技术在变化，有时会非常快。SDO 并不总是能够预先识别或跟上这些变化，即使它们只进行标准更新。开发新的不断发展的技术通常需要数年时间才能达到一定的市场成熟度水平。第五代移动通信技术（5G）就是一个例子。正如 ABI 研究所指出的，在过去的几年里，人们一直在研究支撑构建 5G 标准的新技术；然而，正式的标准过程才刚刚开始。一系列主要供应商、学术机构和其他力量一直在研究 5G 的各个领域。"公司们都在挥舞着 5G 旗帜，"ABI 研究所的研究主管菲利普·索利斯说，"但这不单纯是营销，这些公司无疑在 5G 研究方面做出了贡献，5G 将会影响他们的工作、竞争优势，其中最重要的是专利。"根据索利斯的说法，越来越多的公司，以及一些以前不太参与标准化工作的公司，也在跃跃欲试。

本书中的主要案例

  本书案例选择的初衷是希望它们能代表各自行业在广泛且具有挑战性的技术、经济和政治领域中寻找标准制定方案的经验。众所周知，创建全球智能电网可能是近代史上最复杂的、技术多样化的标准化工作之一。让我们从不同系统由于互不兼容导致不能共享数据这一现实开始。我们希望创建现代或"智能"电网，利用最先进的信息通信技术（ICT）基础设施来整合公用设施的管理。你如何实现它？

  给蓝牙命名很容易，真正的挑战是开发一种无线产品替代 RS-232 电缆。这种蓝牙产品在进行广告宣传之前，就已经作为一种短距离连接电子设备的技术而投入应用了，而且在很久以前就解决了这个问题。蓝牙智能以其低能耗为显著特点，现在被许多产品开发人员和设计人员认为是数以千计应用的解决方案——而且很可能是物联网的核心方案。

电伴热系统对于保持管道和容器中所需的温度至关重要。电伴热在20世纪30年代开始作为商业应用，主要是用作辅助设备。这项技术从唇膏的生产延伸到酿造啤酒。这些年来，技术（和标准）是如何变化的，全球化的推动是如何改变它的，并且可能在未来继续改变它，这本书对此都有很好的论述。

"空白频谱"并不是大家熟知的一个术语，即使是对在电视广播领域工作的人，也是如此。但是，由于能够在使广播免受相互干扰的那些小频段中寻找部署机会，它对行业的影响也在不断增加。700MHz波段的无执照频谱，以及备受期待的电视广播频谱拍卖，预计将使频谱匮乏的无线带宽可用于目前无法获得应用的移动数据服务，特别是在农村社区和欠发达经济体的应用。

个人联网医疗设备是消费电子产品中增长最快的领域之一。人们常说的健康市场预计到2017年将突破250亿美元。它也是标准开发中最活跃的领域之一，它所服务的应用和市场，引起了联邦监管机构的兴趣。一个大问题是：标准的制定（和监管）能跟上技术的发展吗？

目前，您可以通过无线方式给智能手机、平板电脑、笔记本电脑甚至一些便携式医疗设备充电，只需将它们放在无线充电座的表面或附近，充电座可以充当杯垫，用来保护桌面免受冷热饮料的影响，这是一个快速增长的市场。关于如何改进，相关技术书中有很多建议。但是，本书中不涉及这方面的技术标准，至少不是全球公认的SDO认可或批准的官方标准。

当你遇到事故时，你是否意识到你的汽车或轻型卡车也许可以装一个数据记录仪（EDR）？它可以记录速度、施加在刹车上的压力以及其他数据元素。美国国家高速公路交通安全管理局（NHTSA）已经使访问这些车辆中的数据记录仪（也称为"黑匣子"，类似于商用飞机中的设备）成为可能，可以确定车辆损毁的原因。这些设备相关的技术标准，它们在记录什么信息？那些记录的信息归谁所有？"黑匣子"是如何成为解决这些问题的正式技术标准的？

在电子设计自动化（EDA）工具被用来帮助设计最早的集成电路之前，电子元件是机械绘制的。那已经是50年前的事情了。今天，电子设计自动化供应商正在研制当今世界上最复杂的软件，以帮助制造越来越复杂的集成电路。在这个快速发展的市场中，试图跟上并影响标准的制定是一项挑战，尤其是当市场仅由少数公司主导时。

物联网（IoT）和M2M通信设备的增长数字令人震惊，为创建新标准而付出的努力也令人震惊，这些标准可以为广泛的行业领域开拓新的市场机会，并填补覆盖互联网连接设备现有技术标准的空白。互操作性和上市时间是主要问题，由此成立了联盟，并承担起填补空白的责任。

本书的结语部分，实际上不是一个案例研究，但它涵盖了当今技术标准发展中最关键和最有争议的问题，知识产权的共享对于技术标准的制定至关重要。这是本书中最有现实性的内容之一，美国国会、美国最高法院和其他组织（包括欧洲和亚太地区），以及国际标准化组织都在努力解决这一系列非常复杂的问题。

最后，为了帮助读者更好地理解标准化组织的历史和使命，"国际标准化组织的定义"部分列出了26个国际标准化组织，并介绍了它们是如何运作的，它们在标准发展的世界中处于什么位置，以及它们的一些主要成就。

第 1 章
智能电网面临关键标准挑战

智能电网，即利用最先进技术创造的现代电力分配系统，可以算作近代史上一项最具复杂性和技术多样性的标准制定工作。在全球范围内，创建一个可以互操作的智能电网——一个将信息和通信技术（信通技术）与电力输送基础设施相结合的网络，以实现能源的双向流动以及双向通信和控制——被认为是取代世界上大多数已过时和不兼容技术的一个重要步骤。一旦启动并运行，智能电网有望通过改善能源输送效率来减少停电的持续时间和频率，降低发电需求。它还可以更有效地管理分布式发电和电力存储。

大多数电网是由传统系统网络控制的，这些系统被设计用来控制或运行特定的功能或任务，而且它们通常做得很好。根据诺基亚和西门子公司有关通信的一项研究，创建智能电网的最大挑战是不同的系统之间不能相互共享数据——它们是不兼容的。操作过程也很麻烦，需要手动来交换信息，为每个应用程序构建网络模型，导致维护成本越来越高。未来的目标是创建一个现代化的或"智能"的电网，通过利用最先进的信息通信技术基础设施来整合公用设施的管理。

在标准化方面，全球智能电网联合会（GSGF）与国际智能电网行动网络（ISGAN）以及其他国际机构合作，共同应对部署智能电网的挑战，已经确定了 530 多项智能电网标准。但是，仍然有大量的工作要做，主要是在全球众多涉及互操作性的领域，GSGF 说这些领域亟须进一步的协调。

虽然智能电网标准和互操作性在国际电工委员会（IEC）标准 IEC 61850 中已有基础，但是全球电网论坛认为，大部分额外工作集中在配电网管理、网络通信和测试用基础设施上。此外，实践过程中已经确定了至少 25 种不同的互操作性定义。该组织在 2014 年 6 月出版的《全球电网论坛报告——智能电网互操作性》中表示："标准化工作非常耗时，太多的问题需要解决。"根据该报告，一个重要的障碍是缺乏专家参与制定所需的标准（IEC 61850 已经通过至少 10 个版本或更新，涵盖了若干个电力系统协议，包括变电站自动化的设计、传输和存储数据所需的基本服务的定义以及测试要求。它还呼吁促进系统之间的互操作性）。

无论问题和目标是什么，智能电网都是一个重要的商机。透明市场研究（TMR）预测，2019 年全球智能电网市场的价值为 1,181 亿美元，从 2013 年开始将以 18.2% 的复合年增长率（CAGR）增长。TMR 警告说，缺乏互操作性和开放标准很容易阻碍市场增长；但也指出，随着先进测量基础设施（AMI）的部署，预付费电力这一新途径应该会抵消增长限制，提振增长。自 1990 年以来，美国的电力需求增长了 25%。分析师认为，随着供应商和服务提供商积极地以满足不断扩大的公用事业需求为焦点提供产品服务，相关通信技术的发展迅速。西门子智能有限公司北美电网部门总裁蒂埃里·戈达尔表示："随着电网现代化将设备使用量从几千台提高到几千万台，监控和管理来自多个供应商的数百万台通信电网设备的挑战继续急剧增加。"新一代无线技术，包括射频网状网络（多路径、智能电网通信公用事业经常使用的射频信道，其特点是低运营成本和高可靠性），以及点对多点、WiMAX 和 4G 长期演进（LTE）技术，显示出智能电网应用的更大潜力。Navigant Research 预计，2020 年通信节点出货量将从 2012 年的 9,170 万台上升至 1.247 亿台。

系统之系统

自 20 世纪 90 年代末以来，"智能电网"一词在公共事业和相关领域开始使用。在过去的几年里，西半球、欧洲和亚太地区的几乎所有的国家都制定了政府资助的项目，旨在实现智能电网的现代化并为其相关标准的建设发展做出贡献，从而提高电网的能效和可持续性。美国能源部（DoE）国家可再生能源实验室（NREL）首席工程师、IEEE 2030 工作组主席、IEEE 智能电网与国家标准与技术研究所（NIST）联络员迪克·德布拉西奥（Dick DeBlasio）说："这是世界上第一个系统之系统，是为智能电网互联和互操作性提供信息而建立的基础标准，而且发展速度很快。"

IEEE 2030 是电气和电子工程师协会的标准，旨在治理智能电网的互操作性。该标准获得了 IEEE-SA 的批准，为实现智能电网互操作性提供了不同的方法和最佳实践。IEEE 2030 建立了智能电网互操作性参考模型（SGIRM），并提供了一个知识库，用于解决术语、特征、功能性能和评估标准，以及智能电网中电力系统与最终用户应用及负载的互操作性相关的工程原理应用；还定义了互操作性所需的设计表和数据流特征分类。尽管它很复杂，但由于有数百人参与了它的开发，IEEE 2030 仅仅用了两年时间就得到了批准。到 2013 年，IEEE 2030 工作组在扩展方面仍有大量工作要做，包括最终批准 IEEE 2030.1《电力传输基础设施指南》、IEEE P2030.2《电力基础设施能量存储系统互操作性指南》和 IEEE P2030.3《电力系统能量存储设备和系统测试程序标准》（"P" 表示该标准仍处于项目或开发阶段）。

智能电网快速发展

2007 年《美国能源独立和安全法》（EISA）启动了美国智能电网的发展，责成美国商务部的一个机构 NIST 承担协调框架发展的主要责任，以实现智能电网设备和系统的互操作性。为了整合所有的资源，NIST 成立了智能电网互操作性小组（SGIP）。由公私伙伴关系起步，该小组的任务是定义基本通信协议和其他规范的要求，并与其他组织协调这些标准的制定。到 2012 年，SGIP 发展到由代表 23 个领域相关利益方的 780 多个成员组织参加，其中包括至少 25 个国际标准制定组织、政府机构、公用事业公司、设备供应商、贸易协会和风险资本公司。

SGIP 并不制定自己的标准，但它在加快智能电网新标准和应急标准的协调方面发挥了咨询作用——对于许多不同的 SDO 来说，这不是一项小任务，它们与数百家代表自身利益的组织合作，以加快智能电网设备和系统互操作性标准的制定和协调。

EISA 立法还要求 NIST 与能源部合作开发智能电网互操作性框架，并授权 DoE 开发智能电网区域示范计划。2005 年《美国联邦能源政策法案》获批，2007 年，《美国能源独立和安全法案》获得通过，该法案要求各州专员考虑电力设施的相关标准，比《2009 美国复苏与再投资法案》（ARRA）提前了两年。

欧盟指令 2009/72/EC 和 2009/73/EC 都是欧盟内部能源市场第三套方案的一部分，这些方案制定了若干标准倡议，包括涵盖欧盟（EC）28 个成员国的授权。截至 2010 年底，SGIP 已经确定了智能电网互操作性和网络安全的五套"基础"标准，并宣布准备提交美国联邦和州能源监管机构审议。这些标准由国际电工委员会制定，主要关注智能电网运行的信息模型和协议。

IEC 61970 和 IEC 61968 提供了一个通用的信息模型，这是设备和网络之间交换数据所必需的，主要应用在传输（IEC 61970）和分发（IEC 61968）领域。

IEC 61850 通过通用数据格式促进变电站自动化和通信以及互操作性。

IEC 60870-6 主要用于控制中心之间的信息交换。

IEC 62351 解决了上述 IEC 标准定义的通信协议的网络安全问题。

2011 年，NIST 和欧盟智能电网协调小组（SG-CG）共同宣布，他们打算在智能电网标准开发方面开展合作。此外，2011 年，奥巴马政府宣布了几项附加举措，旨在利用新的可互操作的智能电网技术，加速国家电力基础设施现代化发展。

经济和政治问题是全球、国家、地区和地方层面事务的重要组成部分。在美国，联邦政府和州政府对消费者和商业客户销售电力具有管辖权。美国能源部（DoE）的一项研究发现，ARRA 在能源部管理的智能电网投资赠款（SGIG）和智能电网示范项目（SGDP）中提供的公共事业以及私营部门的资金和配套支持对美国经济产生了重大影响。截至 2012 年 3 月，支持智能电网项目的总投资价值为 29.6 亿美元，总经济产出超过 68 亿美元。根据 DoE 的研究显示，到 2012 年年初，智能电网相关项目创造了至少 12,000 个工作岗位。另一份报告显示，截至 2011 年年底，美国智能电表的普及率已达到 14%，在个别州普及率超过 25%。事实上，智能电表在地区和地方两级的销售不平衡并不少见，一些地区的消费者对智能电表的部署反应积极，而另一些地区则有所抵制，其中大多数都是针对健康、隐私以及电力成本增加等问题。

标准的优先级

除了确定智能电网所需的新标准之外，SGIP 编制了一份 90 多个现有标准的清单，这些标准可以用于电网现代化。SGIP 于 2012 年发布了《智能电网互操作性标准的 NIST 框架和路线图 2.0 版》，旨在指导技术界开发其智能电网产品和服务。此外，SGIP 于 2013 年发布了《智能电网的战略 R&D 机遇》和《智能电网的技术、测量和标准挑战》两份报告，概要阐述了电力公司系统规划者、行业和学术研究人员以及与智能电网发展相关的高级决策者面临的"一系列挑战"。2014 年 10 月，NIST 发布了《智能电网互操作性标准框架和路线图》第 3 版（即 3.0 版），纳入了支持互操作性的 7 个新标准，标准和协议总数达到 74 个。这一新版本还解决了同步相控器的部署问题，同步相控器有助于工程师监控电网沿线的电流，能够更好地维护系统的稳定性和效率，并讨论了网络安全的影响以及智能电网标准的测试和认证。NIST 表示，未来将发布该文件的第 4 版（4.0）。

SGIP 正在努力与欧盟国家和标准化组织——欧洲标准化委员会（CEN）、

欧洲电工标准化委员会（CENELEC）和欧洲电信标准研究所（ETSI）协调智能电网标准（只有 CEN、CENELEC 和 ETSI 制定的标准被认为是欧盟标准）。2010 年，韩国是第一个正式与 SGIP 签约的国家。大约 720 家日本公司参与了智能电网的开发。哥伦比亚有自己的国家标准化组织，2013 年与 SGIP 接触，并成为其标准化成员。巴西、印度和厄瓜多尔也加入了 SGIP 的行列。

SGIP 还有几个专门针对优先事项的技术委员会和工作组，所有这些委员会和工作组都由 NIST 监管。

智能电网架构委员会（SGAC）：负责维护智能电网的概念参考模型，并制定相应的高级架构原则和要求。

智能电网测试和认证委员会（SGTCC）：负责为建议的智能电网标准创建和维护合规性、互操作性和网络安全测试与认证框架。

网络安全工作组（CSWG）：负责确定并分析安全要求，制定风险缓解策略，以确保智能电网的安全性和完整性。

优先行动计划（PAP）：负责确定用户要求和与标准相关的差距以及最迫切需要解决的问题。PAP 也及时了解各项计划的动态。PAP 的数量曾达到 16 个，并且一直在增加，以满足用户需求和填补标准上的空白。"我们一直希望提出许多新的 PAP 提案。"SGIP 董事会主席、通用电气能源管理—数字能源公司技术战略和政策发展总监约翰·麦克唐纳说。NIST 成立的小组有非常详细的程序来保持其项目执行计划和每月会议如期进行。"我们必须能够将 IEEE 和 IEC 时限从通常的 5 年或 6 年时间加快到 9 个月，也许是 18 个月，就能完成我们的工作。"这比同等规模和复杂性的大多数全球项目要快得多。"我们负担不起五六年时间来完成一项标准，"麦克唐纳说。

下面列举几个已完成的 PAP 实例。

PAP 7 侧重于储能互联指南，发布了 IEC 61850-90-7《先进定向能源（DER）逆变器功能信息模型》，以及新的 UL 1741 CRD，涵盖了网格交互 DER 和专用 DER 的测试认证。PAP 的执行结果促使美国联邦能源管理委员会（FERC）和加州公用事业委员会（PUC）启动了一个新的规则制定程序，以便根据 IEC 61850-90-7 和 PTTT 1547a 纳入新的职能。

PAP 15 与 SGIP 工作组合作，为 SGIP 标准目录审查窄带电力线通信标准。它完成了对 ITU-T 建议 G.9902 和 G.9903 的审查，并提出了几个安全问题。PAP 15 还与 ITU-T 第 15 研究组合作，解决这些问题，并更广泛地审查标准。

领域专家工作组（DEWG）是多个专家工作组的组合，代表了一个更具战略性的长期过程（可能是几年），以处理业务战略，并在特定应用领域进行分析和提供专业咨询。DEWG 技术委员会还会找出差距，并在适当的情况下向 PAP 提交这些差距，以期最终获得董事会批准。家庭电网和分布式发电是 DEWG 技术委员会特别感兴趣的领域。随着交易能源的迅速出现，DEWG 成立了一个特设小组，探索互动各方之间数据共享和使用安排的框架，该小组最终成为一个交易能源工作组（商业对电网 DEWG）。DEWG 还继续开发输电母线配电负荷模型的场景（TBLM），这有助于能源管理系统和配电管理系统之间的通信，开发场景以应对其认为的异常状态和"大规模的事件"，如 2012 年 10 月袭击美国东北部的"桑迪"飓风。DEWG 还发现确定了插入式电动汽车充电方面的用户需求。

SGIP 制定了知识产权政策来处理专利和相关问题。"这是我们做的第一件事，"麦克唐纳说。近年来一直寻求与国际标准组织开展更密切合作的欧洲专利局（EPO）于 2013 年 6 月更新了 IEEE-SA 的谅解备忘录（MoU），更新了他们在 2009 年 7 月签署的协议。欧洲专利局与 ETSI、ITU 和独立选举委员会也有类似的协议，它们通过这些协议进行数据共享，并努力协调通信标准和互操作性方面的差距。麦克唐纳强调说："遵守同一标准并不能保证互操作性，互操作性不能在纸面上得到保证。"为了确保设备和系统能够相互共享数据，该行业举办了所谓的拨插测试大会（PlugFests），这是供应商第一次聚集在一起，连接他们的产品，以测试它们的互操作性。

纯粹是商务

2013 年 1 月，SGIP 从一个完全由政府资助的组织转变为一个自营的免税实体，大部分资金来自行业利益相关方。该组织成为一个遵循税法 501（c）(3) 条款的非营利实体，拥有一个新的身份——SGIP 2.0 公司，但仍然致力于推进合作开展标准制定和鼓励全球协调化的最初使命。SGIP 2.0 公司董事会为 22 个特定利益相关者各分配一个董事名额，外加一个由 3 名成员组成的"大众"董事。大众董事由具有广泛而长期的标准制定经验者担任。

会员资助组织模式的改变引发了会员问题。结果，SGIP 不得不组织一场募集会员运动，"这是一个有关价值定位的问题，同时也涉及继续经营政府资助的 NIST 组织。"麦克唐纳说。2012 年底，SGIP 从 NIST 获得 75 万美元，预计 2014 年和 2015 年还将从 NIST 获得 100 万美元。尽管如此，按付费参与的模式还是遇到了一些挑战。麦克唐纳说："2010 年、2011 年和 2012 年，我们大约有 800 个组织登记在册，200~300 个组织是活跃的，其余的则在观望，其中，200 个组织来自美国以外。每个会员代表都是各相关公司的专家，他们习惯于自行其是。我有 25 个。"截至 2013 年 7 月，SGIP 2.0 约有 200 个缴纳会费的会员。SGIP 正式呼吁设立营销和会员总监一职，这是该组织内的一个新职位，其任务是吸引新成员并留住现有成员。帕特里克·甘农（Patrick Gannon）曾是 OASIS 的一名高管，他受命担任这个职务。截至 2014 年年初，缴纳会费的会员数攀升至约 230 个。

麦克唐纳非常注重国际拓展，从 2013 年到 2014 年，与几个国家签署了互相承认协定（MoU）。已经开始投资智能电网基础设施的国家包括加拿大、墨西哥、巴西、印度、日本、韩国、澳大利亚、中国和许多欧盟成员国。此外，NIST 和国际贸易署（ITA）与美国能源部合作建立了 ISGAN，这是一个由 17 个国家参加的跨国合作组织。ISGAN 是全球利益相关者联盟 GSGF 的补充，GSGF 是一个"协会的协会"，将来自世界各地智能电网利益相关者联盟的领导者聚集在一起。其中，几个国家已经超越互相承认阶段，成为全额缴纳会费的成员，享有投票权。"他们的目标是在全球范围内统一他们的标准，"麦克唐纳说，"这是极其重要的。没有协调一致，就会有贸易壁垒。这是 MoU 的目标。"有一些美国联邦机构正专注于协调贸易方面问题，其中包括美国商务部，它有自己的智能电网部门。

美国快速开局

全球管理咨询和市场研究公司卢西恩特尔（Lucintel）表示，美国智能电网市场快速开局，呈现出两位数的增长，其中很大一部分来自智能电表的全球安装，智能电表作为具有远程抄表等智能功能的下一代燃气和电表被大力推广。卢西恩特尔预计 2017 年这个市场将达到 1,267 亿美元，未来几年市场的复合平均增长率 CAGR 将达到 13%。卢西恩特尔认为，就收入而言，基础设施部门将在智能电网市场中占据最大份额，其次是通信，主要来自智能电表的销售。

根据 ABI 研究公司的市场分析，2012 年，公共事业部门用于升级网络设施以达到智能电网标准方面的支出已经达到 236.8 亿美元。ABI 研究公司的首席分析师乔纳森·科林斯说："公用事业部门正在把资金投入各种各样的新应用，从而推动更大范围内的供应商和服务商提供新服务。""新硬件、应用程序的复杂性以及竞相提供服务的众多供应商，持续确保了系统集成商从中受益。"普华永道会计师事务所在一项研究中强调了将所有部分整合在一起的复杂性。这份名为"智能电网成长的烦恼"的报告称："公用事业部门正在与汽车和科技行业结成联盟，增加了运营的复杂性。"但是，ABI 的科林斯说，这是智能电网投资的早期阶段；他预计花费会增长，2018 年达到 800 亿美元。

显然，设备供应商正在争夺未来几年公用事业部门和其他公司将花费的这数十亿美元的份额。跟踪能源市场的 GTM 研究所已经将电网分为几个关键的智能电网细分市场。它对 150 家智能电网供应商的调查发现，这些细分市场包括 AMI、栅极网络、输配电自动化、软件定义网络、需求响应、家庭局域网、楼宇自动化、智能企业、存储、可再生能源集成和安全。2013 年，当 GTM 研究所公布其调查结果时，大部分活动都是在称为软电网的地方——公用事业部门升级他们陈旧的信息系统，以处理未来空前数量的数据。GTM 表示，仅软电网就代表了未来几年数十亿美元的潜在全球市场。

智能电表的关键问题

尽管智能电表迄今为止取得了巨大成功，而且据报道，它们为增强智能电网带来了诸多好处，但从公共卫生到隐私以及基于使用时间的定价等诸多方面来看，智能电表都受到了各种各样的攻击。NIST 的一份报告强调了智能电表的优势（没有智能电表，消费者不能确切知道自己的能源使用情况——公用事业部门将无法收集足够的能源消耗数据……），但是智能电表的推广确实面临阻力，一些社区甚至禁止使用它们。2012 年年底，得克萨斯州 PUC 拟制了一份草案，允许数百万国有企业和消费者选择退出智能电表。可以选择退出并不是最终决定，因为在最终的 PUC 投票表决之前，还要接受公众的评议。但是佛蒙特州公共服务部很快响应了这一行动，该部门还计划评估无线电表对大众健康和安全的影响。智能电网消费者联合会与一个网站（WhatIsSmartGrid.org）合作，帮助消费者理解智能电网的好处，但只关注智能电表。

英国公用事业部门预计到 2019 年底将为 3,000 万个家庭安装智能电表，但英国当局将该计划推迟了至少一年。英国能源和气候变化部（DECC）表示，计划推迟是因为能源行业要求有更多时间来设计、建造和测试该计划的各个阶段。一个总部设在墨尔本的组织 Ovum 对这一延迟持批评态度，该组织负责对全球技术项目和市场进行独立分析。Ovum 首席能源和可持续发展技术分析师斯图尔特·拉文斯说："让诸如英国燃气和法国电力的零售商负责智能电表的推广，带来了一些特定的问题。""在全球其他部署中，测量是网络运营商的责任，而不是零售商的责任。因此，每个网络运营商负责离散的地理区域,并能够为其区域选择合适的通信技术。实际上,这通常是不同通信技术的混合。"根据拉文斯的说法,DECC 决定将英国分成 3 个地区,为每个地区招标,并且要求证明每种通信技术在英国部署中都有效。拉文斯注意到:"它自己没有预留任何试验费用。如果招标过程按原计划进行,英国将委托定制一个超过 5×10^7m 的通信网络,但该网络未经正规测试。"

曾经有一部长篇纪录片《收回你的力量》,其推广和发行可能使智能电表深受打击。这部电影由乔希·德尔·索尔制作和导演。当时,乔希·德尔·索尔家乡温哥华的一个朋友生病,并认为是家里的智能电表造成了他看似突然的健康问题,乔希·德尔·索尔由此对智能电表产生了兴趣。这部电影融合了对能源专家、政府和监管官员以及环境保护主义者的采访。该电影最初于 2013 年 9 月发行,暗示了电厂网络控制系统实施中存在问题的行业做法,影片中有公用事业部门工作人员未经房主同意就安装智能电表的片段,以及因这些设备的技术问题造成的财产损失。电影也记录了疾病和不准确电费的增长情况。它还报道说,美国十几个州的公用事业部门现在允许客户选择退出,但行使选择权要收取费用。截至 2014 年 4 月,乔希·德尔·索尔正在发行这部电影的法语和西班牙语字幕版。爱迪生电气研究所,一个代表智能电表推广的公用事业贸易团体,拒绝对这部电影发表评论。

IEEE 与智能电网

21 世纪中期,IEEE-SA 开始起草智能电网标准,主要集中在 3 个领域:植入、应用和集成。自此,IEEE-SA 形成了一个多方面的智能电网计划。到 2010 年年初,IEEE 已经启动了 IEEE 智能电网全球倡议,旨在整合其丰富的技术专长资源,进一步推广和发展全球智能电网标准。IEEE-SA 已经出版了 100 多项智能电网相关标准,其中 16 项属于 IEEE 802.11 相关的无线网络类别,并在 40 多种期刊上发表了至少 2500 篇关于智能电网问题的论文。IEEE-SA 发行了两本跨学科期刊,《IEEE 智能电网学报》和《IEEE 可持续能源学报》。IEEE 智能电网门户网站(http://smartgrid.ieee.org)提供该领域的最新发展。IEEE-SA 还增设了智能电网网站和每月智能电网要讯,并出版了《IEEE 2030 智能电网能源技术和信息技术在电力系统(EPS)和终端应用与负载互操作标准建设指南》,为制定未来智能电网标准提供了框架。

NIST 智能电网计划不仅与主要 SDO 的高级领导人建立了战略合作关系,还通过对现有标准进行具体修订,建立了战术关系,视 IEEE 为"合作伙伴",并认可了 IEEE 标准对各种智能电网技术的价值。NIST 智能电网互操作性标准框架和路线图 1.0 版中采纳了 20 多个 IEEE 标准。

下面列举几个典型的 IEEE 标准。

《能源技术和信息领域智能电网互操作性指南》，IEEE 2030-2011，是管理智能电网互操作性的 IEEE 标准。

智能测量方面的标准，主要包括 IEEE P1377、IEEE 1701、IEEE 1702、IEEE P1703、IEEE P1704 和 IEEE P1705。

智能电网接入家庭设备标准，主要包括 IEEE 1547 系列、IEEE 1675、IEEE 1775、IEEE 2030、IEEE P2030.1、IEEE 1901、IEEE 1901.3。

家庭网络标准，主要包括 IEEE 802、IEEE 1901、IEEE P1901.2、IEEE 1815 和 IEEE 1905.1-2013 等家庭异构网络融合技术标准，旨在提供一个通用接口来增强和统一广泛部署的家庭网络技术，包括 IEEE 1901-2010 电力线宽带（BPL）网络标准：介质访问控制和物理层规范。IEEE 802.11 涵盖无线局域网（LANs）、双绞线以太网和同轴多媒体（MoCa）1.1 家庭娱乐网络。IEEE 1905.1 是唯一一个将有线技术与无线连接相结合的工业标准。"IEEE 1905.1-2013 主要目的是要求服务商提供无处不在的覆盖。"IEEE 1905.1 家庭异构网络融合工作组主席普瓦·拉杰科塔说，"通过统一现有的家庭网络技术、当今的家庭混合网络系统以及未来的家庭网络创新和标准，我们正在努力实现的目标是实现对家庭内所有地方的覆盖。"IEEE 1905.1 家庭异构网络融合工作组副主席斯科特·威利（Scott Willy）表示，许多人只是有一个带 Wi-Fi 的路由器，并把以太网线连接到路由器上。"在其他地方，特别是在欧洲，HomePlug 技术用于将路由器连接到电视机顶盒。在美国，他们使用 Moca 进行电视连接。IEEE 1905.1 定义的软件抽象层有助于让消费者感觉不到家庭网络的复杂性，但它也有助于运营商提高所有不同网络的复杂性，因为它们在家庭中变得更加普遍。"

IEEE 1901.2 是智能电网应用领域的低频（小于 500kHz）窄带电力线传输通信标准，已被添加到标准集当中，以通过强制差分和更鲁棒的相干调制来提高性能，提高数据速率。IEEE 1901 是为电力线传输高速通信设备研制的。该标准在局域网应用中实现超过 500Mb/s 的数据传输速度，主要用于频率在 100MHz 以下的传输。

标准目录

IEEE 1901 已经被纳入 SGIP 标准目录，该目录汇集了与开发和研究鲁棒的、可互操作的和安全的智能电网相关的标准和实践。高清可编程逻辑控制器

（HD-PLC）联盟为规范提供了认证服务，称为系统间协议（ISP）。（有不少基于 BPL 技术的标准；然而，由于不同 BPL 技术之间的干扰而造成的通信不稳定令人严重关切。根据 NIST IR 7862 的共性要求，能源管理系统的 PLC 产品和连接在同一条电源线上的用户 PLC 产品不会相互干扰，并能提供安全的通信）。

IEEE 1901 和 IEEE 1905.1 的区别在于 IEEE 1901 是一个标准的宽带 PLC，它为宽带 PLC 定义了 MAC/PHY，而 IEEE 1905.1 为多种家庭网络技术定义了一个抽象层。这个抽象层为 IEEE 1901（PLC）、IEEE 802.11（Wi-Fi）、IEEE 802.3（以太网）和 Moca 1.1 中描述的异构无线和有线家庭网络技术提供统一的公共数据和控制服务接入点。该标准可扩展到其他家庭网络技术。更具体地说，IEEE 1905.1 使家庭内部异构的有线和无线网络技术相结合从而能够形成一个单一的网络。它有助于聚合吞吐量，传输多个并发流或通过不同路径分发大数据流，尤其是视频，以防止网络拥塞并保持可靠性。HD-PLC 也符合欧洲电磁兼容标准 CENELEC EN 50561.1。松下系统网络有限公司总裁高木俊幸说："HD-PLC 取得的重大成功归功于美国、欧洲、中国、日本的标准化工作，现在全世界都可以使用它。"

根据日本智能住宅研究小组和智能社区联盟制定的标准指南，日本采用了 HD-PLC IEEE 1901 技术。IGRS-PLC1F 与 HD-PLC IEEE 1901 完全兼容（并由 IGRS 联盟推广），在中国被定为国家标准。HD-PLC 联盟还支持欧洲为兼容 EMC PLC 制定标准 EN-50561-1。普罗吉隆股份有限公司首席执行官兼 IEEE-SA 成员让·菲利普·福尔说："作为行业领导者，在 2006 年除了 HD-PLC 产品认证之外，我们还将积极推广 NIST SGIP 推荐的共存协议，并遵守国际标准。"

时机就是一切

可以理解的是，一些标准的研制比其他标准需要花费更长的时间。例如，IEEE 1547 进展迅速，于 2003 年 6 月获得了 IEEE 标准委员会的批准，并于 2003 年 10 月获得了美国国家标准协会（ANSI）的批准。该标准与许多其他技术标准一样，需要由 IEEE-SA 工作组进行修订，为分布式资源与电力系统的互联提供统一的标准。它还提供了系统互联的性能、操作、测试和维护相关的要求。

截至 2013 年 3 月，SGIP 智能电网架构委员会（SGAC）在几个关键领域寻求帮助，特别是电力领域。电力标准组织通常遵循 EPRI 智能电网规则，这是一种基于用例的方法，依赖于架构师识别所谓的参与者或角色以支持预期场景的能力。其他标准机构正在采用 Open Group（一个专注于互操作性和开源问题的全球信息技术联盟）和结构化信息标准推进组织（OASIS）使用的分阶段方法，OASIS 是一个由美国国家标准协会认证的非营利组织。2013 年 7 月，IEEE 还批准了面向工业和商业电力系统的 IEEE 3000 标准合集，该合集为发电和配电的每个方面制定了指南和标准。IEEE 3001.8 是 IEEE 3001 标准中第一个专注于工业和商业电力系统仪表和测量的"点"标准。以太网联盟在 2013 年末成立了以太网供电（PoE）小组委员会，支持新的和正在进行 IEEE 802.3 项目，包含 PoE 和 IEEE 802.3 下一代无源光网络（EPON）。该联盟还在推广拟研制的 PoE 标准 IEEE P802.3 bu 和 IEEE 802.3bj，以解决 100Gb/s 以太网背板和铜缆操作问题；同时还在推广 IEEE P802.3 br，该标准规定了分散快速交通的关键参数。

欧洲互联电网

欧洲的大多数电网都是相互连接的，这就要求不同的管辖区协调标准、政策和电力部门的监管。欧盟正在制定自己的智能电网部署计划，并颁布旨在推动其 28 个成员国智能发展的立法。欧盟执行机构——欧洲委员会于 2009 年 1 月成立了智能电网工作组，并在一年内提出了欧洲电网倡议。一个研发试点项目计划于 2016 年完成，旨在整合电力，并在欧洲多个地点展示智能电网的能力。

自 2011 年以来，英国议会一直致力于智能电网相关的能源立法和与市场有关的问题。英国的能源政策由各机构共享，但能源与气候变化部（DECC）负责该国的能源政策，天然气和电力市场办公室负责管理国家电力基础设施。天然气和电力市场办公室于 2009 年 12 月发布了智能电网愿景，并于 2010 年 2 月发布了更详细的智能电网路线图。此外，还有一个电网战略小组（ENSG）。虽然英国是欧盟成员国[①]，受欧盟政策的约束，但其智能电网愿景的关键是开发和支持成本效益高的低碳经济转型。根据文献，"智能电网将帮助英国实现其 2020 年碳排放目标，同时为 2050 年之前的各种电力系统发展提供基础。"

---

① 英国已于 2020 年正式脱离欧盟。——译者注

不同地域智能电网发展热点

地域	热点 1	热点 2	热点 3
亚太	分布自动化	网络软件	智能物流
中国	分布自动化	AMI	智能物流
欧洲	网络软件	分析	AMI
拉丁美洲	智能物流	AMI	分布自动化
北美洲	分析	网络软件	分布自动化

图 1.1 根据 GTM 研究公司对全球智能电网市场的研究，配电自动化将是全球主要的市场驱动力。GTM 已经研究了单个地区的预期增长率以及离散智能电网技术的累积全球增长率（来源：GTM 研究公司）

由于 2013 年前没有正式的智能电网路线图，法国在实施该计划方面落后于大多数邻国，只有行业协会 Gimelec 发布了进展报告。《智能能源管理白皮书》针对智能电网项目的大部分特征——电力传输质量和效率、计算机数据管理、智能测量系统、活动建筑管理和电动汽车集成提出了指导意见。该报告预计，到 2018 年，法国将推出 3500 万智能电表。

亚洲正在崛起

2012 年，中国智能电网投资 32 亿美元，排名第二，仅次于美国，比 2011 年增长 14%，并继续加大对电力基础设施的投资。预计到 2020 年，中国的传输升级累计收入将超过 720 亿美元。中国还计划到 2015 年安装 3 亿个智能电表。根据中国智能电网公司（SGCC）电网智能建设"十二五"规划，智能电表招标占 2012 年智能电网相关设备电表招标总额的 97.18%，招标量达到 7,804.3 万个。"总的来说，"导航研究公司的高级研究分析师鲍勃·洛克哈特说，"从 2012 年到 2020 年，中国智能电网的发展将累计产生 1270 亿美元的收入。"中国的家庭电子和信息技术产业，如 IGRS 和 ITopHome，已经逐步形成了一整套全面的家庭网络国家标准；而电信运营商，包括中国电信和中国联通，正在推广面向高收入家庭的智能家居服务。

对印度来说，2012 年经历了两次大停电，其中一次导致 6 亿人断电，发展智能电网是当务之急。得到印度政府电力部支持的印度智能电网论坛表示，印度电力系统在过去 10 年中增长了近 1 倍（论坛的成员是全球性的，其美国成员包括 IBM、德州仪器、甲骨文、思科系统和霍尼韦尔等公司）。印度运营着世界上最大的同步电网，拥有 250GW 的连接容量和约 2 亿消费者。然而，40% 的人口用不上电，印度人均用电量是世界平均水平的 1/4。到 2032 年，印度潜在需求估计高达 900GW。该论坛在 2013 年持续举办研讨会，以最终确定一个符合印度第十二个五年计划（2010—2015 年）的项目。印度清洁技术风险投资基金 Magnetar Venture 董事总经理、印度智能电网论坛主席雷吉·库马尔·皮莱（Reji Kumar Pillai）表示："在五年计划拨款完成后，电力部门希望开始智能电网路线图的工作。"至于标准的制定和调整工作，论坛预计第一项"与印度实际相符"的智能电网标准将于 2014 年出台。根据试点项目的结果，智能电网预计将于 2017 年在试点项目区全面推广，2022 年在主要城市地区推广，2027 年在印度全国推广。

印度政府于 2008 年创建了"重组加速电力发展和改革计划（R-APDRP）"，旨在从根本上改变印度的电力行业。通过这个项目，公用事业部门计划建立一个具有应用程序和自动化系统的信息技术基础设施。印度政府已经整合了约 14 个示范/试点智能电网项目，由不同州的配电公司实施，涵盖了一系列计划在 2015 年前完成的项目——从高级测量和停电管理到分布式发电、峰值负荷管理和电能质量。这一领域的繁荣也吸引了不少信息技术专业团队，他们已经建立了合作关系，在印度开发智能电网解决方案。印度政府还成立了印度智能电网工作组，以加快智能电网在全国的部署。

需求响应是关键。印度智能电网论坛的另一个重大举措是与 OpenADR 联盟建立战略关系，该联盟的重点是促进开放自动需求响应（OpenADR）标准的制定和推广使用。该计划旨在帮助印度公用事业部门提高和维持电网可靠性，并为客户提供需求响应产品和服务。

在日本，经济、贸易和工业部（METI）已经与国际标准组织建立了工作关系，包括 IEEE、IEC 和 CEN/CENELEC。METI 制定了日本的能源政策，并经营日本电网；日本有两个工作在不同频率的相互独立电网。每个服务区由不同的电力公司拥有和运营。日本还成立了日本智能社区联盟，代表来自行业、公共部门和学术界的各种观点，以制定智能电网标准和技术计划。日本的智能电网计划因在未来几十年逐步淘汰其近 50GW 核能而变得复杂。（在 2011 年福岛危机之前，核能发电量约占日本总发电量的 30%。）日本计划投资可再生能源并将其纳入电网，但不是彻底改造其整个电网基础设施，利用太阳能、风能和核能等替代能源为住宅和商业建筑供电。日本财团提出的一个潜在解决方案是创建一个分散的系统，将现有电网细分为不同大小的相互连接的电网，并在电网中为发电商、风电场和其他电网资源分配类似互联网协议地址的标识，以满足全国的需求。

韩国的智能电网政策和发展在很大程度上是由国家安全和经济增长的预期需求以及过去几年的一系列极端天气事件推动的。该国电网大部分由国家控制，但其对环保技术的关注有助于在该国创造积极的智能电网规划环境。2011年，韩国立法机构批准了《智能电网促进法》，该法案为可持续智能电网项目提供了框架，并为智能电网的发展和商业化提供了计划。由政府和私营部门组成的韩国智能电网协会，以及韩国智能电网研究所，正在雄心勃勃地主导开展以智能电网和智能交通为主的国家项目。该国的所有计划都重视政府和工业之间的协调，有望在 2020 年至 2030 年间完成智能电网计划的最终规划阶段。

中东和北非（MENA）地区是新兴市场智能电网发展的领导者之一。智能电网活动主要是国家力量驱动的过程，由于海湾国家的强大潜力，预计高耗电量将推动智能电表的部署。

城市智能电网

"智慧城市"对不同的人来说具有不同的意义，这一概念的支持者认为，现代信息技术基础设施的本地化对于完全协调的智能电网的发展至关重要。大多数智慧城市计划都是通过与供应商合作并集成现有和不断发展的技术来实现的。对德国电信来说，典型代表是一个停车场项目，该项目是该公司在意大利比萨市为驾车者发起的一个试点项目，将在市中心的卡拉拉广场安装一个基于传感器的停车系统，用于分析历史交通数据，以优化交通流量。

从全球来看，大多数项目往往更加雄心勃勃，但也更加复杂。在美国，有些社区已经在与地区公用事业部门合作，以更好地满足他们未来的能源、交通、公共卫生和安全以及环保等方面要求，并逐渐成为交叉领域技术的检验场。智慧城市的发展对一些地区的经济至关重要，但对全球数以千计收入拮据的城市来说，这是一项棘手的业务。为了给这一进程带来动力，在智能能源、水和交通方面拥有专业知识的十几家科技公司成立了智慧城市委员会。该委员会成立的目的是帮助处理这些问题，不仅包括融资，还包括技术、政策和公众参与。

Ovum 公司认为，在地方层面发展相互依赖的智能电网是各国政府"重振"经济的一种方式。Ovum 公司首席公共部门技术分析师乔·迪格纳南说："智慧城市市场正处于一个转折点。""在过去的 5 年里，它一直由 IBM 和思科公司等信息技术行业的中坚力量领导，需要注入新的理念，才能将其提升到一个新的水平。我们相信开发者社区会增加所需的动力。"迪格纳南认为，开发商是智慧城市辩论中的关键角色。首先，与信息技术行业不同，他们可以接受智慧城市开发中固有的 5~10 年投资回报模式；其次，他们的物理基础设施使他们能够实现关键的智慧城市指标（可持续性、生活质量和竞争力）；最后，开发商在项目融资方面有多年的经验，并且对所需的金融工具有全面的了解。

让更多城市加入智能电网可能需要一些城市考虑新的业务发展模式。弗罗斯特和沙利文公司的能源和环境首席顾问法拉·赛义德说："联邦和私人资金都有助于促进智慧城市的创新和发展。""正在吸引更多的城市采取这些举措；然而，转变的快慢会有所不同，部署的意图会在权衡能源、安全和公共服务问题（如交通和安全）的决定之间摇摆不定。公众对隐私问题、客户对不一致信息的反应以及不明确标准的担忧可能会阻碍城市做出迅速的决定，世界将联系得越来越紧密，这就是城市的未来。"

智慧城市发展是中国政府的首要公共工程目标之一，这为智能建筑供应商提供了重要机遇。据中国住房和城乡建设部统计，全国有 90 个地区，包括 37 个地级市、50 个区县和 3 个镇，被选为智慧城市发展试点项目。许多国有和私营企业都在投资这一项目。例如，中国发展银行承诺在 2013 年至 2015 年间为各种智慧城市项目贷款 129 亿美元。据上海智能建筑技术博览会的组织者法兰克福展览公司称，上海引领着华东智能建筑市场。

无线无处不在

无线技术是智能电网基础设施的重要组成部分。广泛使用的 IEEE 802 系列标准，包括以太网、Wi-Fi、蓝牙和 ZigBee，已经在智能电网中发挥了重要作用，包括先进的回程测量、变电站和配电自动化等广域网络应用。然而，根据另一家市场研究公司 Reportlinker.com 的说法，在家庭局域网中，基于 Wi-Fi 的节点在对抗 ZigBee 无线网络方面并没有取得重大进展。Wi-Fi 解决方案已经在许多市政公用事业智能电网部署中得到应用。但是，一些公用事业对基于无线标准 IEEE 802.11 的解决方案带来的干扰和不良传播表示担忧。不过，导航研究公司预测，到 2020 年，智能电网应用的 Wi-Fi 节点的年出货量将超过 120 万台。

WiMAX 论坛在 2013 年推广其 WiGrid 计划，当时其所属智能电网工作组发布了系统配置文件要求，以支持将 WiMAX 技术应用于智能电网。他们建议的 WiGrid 系统配置文件是 IEEE 802.16 的以太网版本，包括许多新特性，这些特性允许以上行链路为中心的数据通信、更低的延迟、更宽的范围，并支持使用各种实用程序所需的新频带，如 1.4GHz、1.8GHz、2.3GHz、3.65GHz 和

5.8GHz。这些不断发展以及正在出现的基于 IEEE 802.11 的标准，预计将推动无线网络和相关技术在网格应用中得到更广泛的接受和部署。

导航研究所认为，基于 ZigBee 和 EnOcean 联盟的标准替代供应商专用的无线射频技术是确保设备互操作性的一种方式。该研究所认为，到 2020 年，ZigBee 和 EnOcean 产品占所有无线建筑控制节点出货量的 1/2。2013 年，EnOcean 联盟的一个关键里程碑是批准了无线标准 ISO/IEC 14543-3-10，这是 IEC 努力的成果，也是第一个针对开关和传感器的能量收集解决方案进行优化的无线标准，这些开关和传感器的能量来源于运动、光或温度变化，而不是电池。能量收集装置的一个例子是能量自主的热静态散热器阀，其仅使用热量作为能量源并与另一个太阳能控制装置通信。

EnOcean 拥有 34 个国家的 300 多个公司成员，其组织非常类似于 ZigBee 联盟或蓝牙专题兴趣组。"虽然各种形式的无线控制已经使用了至少 10 年，但是 ZigBee 和 EnOcean 标准正在推动让主流市场采用。"导航研究所的高级研究主管鲍勃·戈恩说，"尽管无线不会取代传统的有线控制，但它将是每个供应商解决方案集中的重要一员，尤其是对于改造的项目。"

随着 ZigBee 家庭自动化和 ZigBee 智能能源的启动和运行，ZigBee 联盟在 2010 年表示，它将调研 ECHONET 联盟（一个促进家庭网络基础软件和硬件发展的组织）的运行情况。对于使用 IEEE 802.15.4g 的 920MHz 选项在 ZigBee 网络协议栈上的精简应用，日本内政和通信部于 2011 年 12 月为有源低功率无线电系统指定了 902MHz 频带。2012 年 2 月，日本 METI 认可了基于 IP 的 ECHONET 精减版标准，该标准定义了电器和电子设备连接到家庭能源管理系统的应用层通信，属于日本智能住宅标准。ZigBee 联盟随后制定了一项协议，与 ECHONET 联盟合作，利用 ZigBee 互联网网络协议，为基于 ECHONET 标准（主要是 ECHONET Lite）的产品开发认证程序。Wi-Sun 联盟是一个全球公司协会，它创建了基于 IEEE 802.15.4g 的能源管理和智能公用事业应用的互操作无线解决方案，并宣布已经完成了 Wi-Sun ECHONET 精简版规范，现在已经准备好进行产品开发。

2013 年 1 月，Wi-Sun 联盟发布了 ECHONET 精简版本 1 作为标准通信接口。该接口已被日本电信技术委员会标准（TTC JJ300.10）接受，并被东京电力公司采用。版本 1 包括智能电表和家庭能源管理系统之间以及家庭能源系统和家用电器之间的加密和认证过程。最近发布的版本 2 增加了新功能，确保无缝互操作性和标准化设备配对功能，并简化消费者和定制安装人员的安装和维护工作。2014 年 2 月，Wi-Sun 联盟与日本电气公司和东芝公司联合认证了其首个支持 ECONET 精简原型的产品，并成功完成了智能电表通信模块的测试。Wi-Sun 和家庭插头联盟（Home Plug Alliance），后者专注于 PLC 网络的发展，已同意合作促进智能电网中无线网络和电力线有线连接的互操作性（HomePlug 的 Netricity 认证计划促进采用 IEEE 1901.2 PLC 标准，目标是家庭外智能电网网络）。这种合作关系有望促使两个联盟的成员公司能够共享媒体访问控制（MAC）和传输层配置文件的要求和规范，提高基于互联网协议的智能电网应用程序的互操作性。

另一个组织 UPnP 论坛，成立于 1999 年，旨在促进设备间的互操作性，并支持家庭互联标准，他们并不认为这件事干起来容易。UPnP 副总裁兼财务主管斯科特·洛夫格伦说："标准提供了一个通用的通信架构，使得从公用事业部门或能源供应商到家庭网络，以及所有智能设备之间可以互通。""这一切都与客户有关，他们中的许多人不愿意仅仅为了支持与智能电网和智能能源平台的集成而购买所有新设备，也不愿意生活在无法相互通信的技术孤岛上。"

优势，消费者

其他标准化组织已经深入参与智能电网标准的研制。2014 年初，美国国家标准协会能效标准协调合作组织（EESCC）发布了一份草案，征求公众对其 EESCC 标准化路线图 1.0 版的意见。路线图旨在成为美国工业、政府和消费者的共同目标，它确定了在已经建成的环境中需要额外的标准化工作来提高能源效率的领域，并提出了推进时间表建议。EESCC 重点关注对美国市场有直接影响的标准和合格评定活动。50 多个成员组织和 4 个联邦机构，包括来自行业、标准和代码开发组织以及其他团体的 150 多名专家，参与了路线图的制定。

WiMAX 论坛将智能电网看作一个垂直商机。该论坛于 2013 年 1 月发布了智能电网应用的 WiMAX 论坛系统支持文件要求，详细介绍了在 WiGRID 上所做的工作，WiGRID 是 IEEE 802.16 标准的以太网版本，用于公用事业领域网络应用，具有 1.4GHz、1.8GHz、2.3GHz、3.65GHz 和 5.8GHz 的公用事业应用上行链路数据通信的附加功能。论坛继续推进 WiMAX 技术的研究，以实现与其他宽带无线技术的互操作。

ZigBee 联盟最大的成就之一是制定《智慧能源白皮书 2.0 版》（SEP2）。SEP 2 使服务提供商和公用事业部门能够与智能恒温器、家用显示器和电器等常见家用设备进行无线通信并对其进行管理。SEP2 联盟（CSEP）本质上是一个家庭网络联盟的联盟，由 ZigBee 联盟、家庭插头联盟和无线网络联盟建立，旨在共同努力促进家庭网络的互操作性标准。CSEP 承担了测试和认证 CSEP 联盟产品的 SEP 2 任务。ZigBee 的光链（Light Link）已经是一个全球标准，它让消费者可以为他们的家庭照明增加无线控制，包括灯泡、发光二极管灯具、开关和遥控设备。"我们开始在苹果公司应用商店获得光链零售空间，"ZigBee 联盟名誉主席兼首席技术专家鲍勃·海尔博士说，"我们正在利用很容易与其他技术融合这个优势。我们不必嵌入其他智能手机中，只要你有无线连接、蓝牙连接，还有一个小小的适配器，这种适配器可以用很少的钱买到，你就可以在家里或任何地方运行 ZigBee 网络。"

2014 年初，ZigBee 联盟宣布，其智能电网成员和几家领先的智能测量公司正在开发一个通信配置文件，旨在实现成员的无线智能电网邻里区域网络（NAN）产品和解决方案之间真正的即插即用互操作性。ZigBee 集团将 NAN 定义为公用事业的最后一英里，这是一个室外接入网络，将智能电表和配电自动化设备连接到广域网（WAN）网关，如射频采集器、数据采集器和现场设备。该联盟预计全球监管机构和公用事业部门都会对基于标准的可互操作 NaS 有需求。开放的全球标准为公用事业部门提供了更广泛的产品特性选择空间、更激烈的价格竞争、更低的供应风险和更灵活的供应商选择空间，同时确保产品无缝互操作。该联盟表示，现有的 IEEE 和 IETF 标准本身并不能确保互操作性，因为标准中有太多的可选项，并期望 NAN 规范通过在标准中选择最合适的选项并定义具有可认证互操作性的通信配置文件来填补空白。

为了确保互操作性，业界正在为 ISO 通信堆栈的第 1 层至第 4 层定义完整的无线通信协议，为各种基于 IP 的应用提供统一的传输网络。第 1 层和第 2 层将基于 IEEE 802.15.4-2011 的 802.15.4g（ZigBee）修正案，支持 NAN 互操作。第 3 层和第 4 层将基于 IETF 标准，包括互联网的 IPv6 网络层、相关的网络方案、适当的路由和传输协议以及相关的安全机制。目前的智能电网应用，如智能测量和配电自动化，将在可互操作的无线 IPv6 通信配置文件的基础上运行。NAN 标准化流程的另一个关键方面是建立一个由独立测试机构支持的测试和认证计划，目的是认证不同制造商智能电网产品的互操作性。ZigBee 联盟表示，它将建立和维护一个注册智能电表和智能产品的登记册，让公用事业客户对选择的智能电网供应商有信心。

来自世界各地的多家公司已经参加了多项"概念验证"活动（通常称为拨插测试大会），以测试将被纳入 NAN 标准的 PHY/MAC 功能的互操作性。所有参与者的 NAN 产品都能够通过 PHY/MAC 层相互通信。部分公司还展示了基本 IP 功能的互操作性。NAN 标准预计将于 2014 年年底正式批准，其中包括

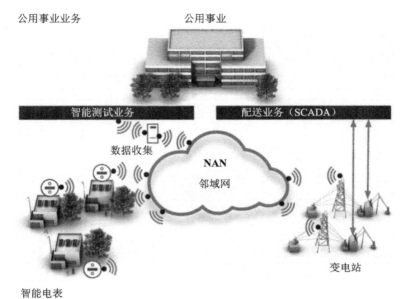

图1.2 NAN被定义为公用事业户外接入网络的最后一英里,将智能电表和配电自动化设备连接到广域网网关,如射频采集器或数据集中器和现场设备

资料来源:ZigBee联盟

技术规范、协议实施一致性声明和认证测试计划。

推动家庭网络改变

家庭网格论坛的G.hn(千兆家庭网络)标准也已被列入SGIP的标准目录。G.hn利用现有的家庭无线设备(电力线、电话线和同轴电缆)实现了非常高速的家庭联网,并提供高质量的网络娱乐包,包括网络电视和支持智能电网的应用。HomePNA和G.hn都是家庭网络技术,利用现有的家庭布线建立家庭网络。很大程度上由于G.hn技术的出现和发展,HomePNA联盟和家庭网格论坛已经合并。家庭网格论坛的重点是推广通用网络,而HomePNA技术过去通常被全球大型服务提供商选择用于网络电视部署。"然而,所有有线家庭网络的未来方向是向通用网络迁移,"HomePNA总裁艾伦·古列什尼克(Eran Gureshnik)在两家公司合并时表示。埃里克·普茨是AT&T行业标准主管,同时也是HomePNA联盟和家庭网格论坛的积极成员,他说:"AT&T认为这两个行业组织的合并是朝着推进和协调这些基于标准的家庭网络技术迈出的一大步。"新合并的协会预计有大约70个成员,包括28个服务提供商,将被称为家庭网格论坛（HomeGrid Forum）。

这两个组织都致力于支持开放的 ITU-T 标准，这些标准为拥有高速网络的服务提供商提供有线家庭网络。这两种技术都与 MoCa 家庭网络技术相竞争，MoCa 家庭网络技术的需求一直在增长，尤其是在北美。G. hn 和 MoCa 也都在与 Wi-Fi 标准竞争，如 IEEE 802.11ac，该标准可以在家中无线传输视频。（G. hn 芯片组在 2013 年年中才刚刚开始上市）。"MoCa 再次推动了家庭网络市场的增长，尤其是北美视频网关的出货量，" Infonetics Research 宽带接入和付费电视分析师杰夫·海宁（Jeff Heynen）表示。同轴电缆多媒体联盟宣布，2014 年年初为其成员实施 MoCa 2.0 规范的产品提供认证计划。"我们对开始 MoCa 2.0 的测试业务持开放态度，" MoCa 总裁查尔斯·切里诺说，"我们已经有几家制造商在排队等待认证。"新的 MoCa 认证计划使制造商能够验证他们的下一代互联家庭技术产品。MoCa 2.0 提供两种性能模式，分别是 400Mb/s 和 800Mb/s 的净吞吐量（媒体访问控制速率）。MoCa 2.0 支持低至 1 亿分之一的数据包错误率，标称延迟为 3.6ms。规格参数中包含了待机和睡眠模式，有助于网络中的电源管理。卡尔弗市的国家技术系统是 MoCa 2.0 的唯一认证测试机构。

由于许多成员公司在某种程度上与市场有利害关系，消费电子协会成立了 CEA 智能电网工作组，作为影响其市场部门的智能电网项目和政策的信息交流论坛，并组织了家庭网络委员会，研究智能电网相关消费电子产品的标准制定。CEA 还发布了一个新的标准 ANSI/CEA-2045，用于能源管理的模块化通信接口（MCI）。ANSI/CEA-2045 设备包括传感器、恒温器和家用电器，以及能源相关设备，如能源管理中心、能源管理控制器和住宅网关。CEA 还与 SGIP 合作制定了一个标准，该标准规定了在住宅设备和外部通信的有线连接插件模块。根据安装的家庭局域网或与能源管理服务提供商接入网的连接，可以为电力线载波和射频提供通信链路。该标准为需求响应提供基础和中间消息集。基于当今大多数芯片支持的 RS-485 和串行外设接口（SPI），MCI 协议能够通过通信模块和终端设备之间的多种协议传递应用消息。电力研究所（EPRI）进行了实验室互操作性测试，以确定标准工作是否符合预期。消息集的选择取决于能源和设备供应商提供的程序。

CEA 还成立了 R7.8 工作组 2，以制定新的标准，使家用电子设备能够为智能能源管理系统和应用程序提供能源使用情况的数据。新标准被称为能源使用信息（CE-EUI），并将与北美能源标准委员会使用信息（NAESB-EUI）模型相一致，该模型构成了国家绿色按钮倡议的基础。"根据设计，产品制造商清楚一台设备在运行过程中会消耗多少能量，" CEA 研究和标准高级副总裁布赖恩·马克沃特说，"通过将这些信息编程到设备中，并使设备能够计算出一段时间内消耗了多少能源，制造商可以帮助房主为能源管理系统和应用提供准确的数据。"

CEA 标准将与相对较新版绿色按钮倡议中"下载我的数据"和"连接我的数据"兼容。绿色按钮倡议定义了消费者和授权的第三方服务如何根据智能电表读数获取其家庭总能源使用和成本的历史记录。随着每台设备能够报告自己的能源使用情况，消费者将能够确定每台符合欧盟能源标准的设备消耗了多少能源，并做出更明智的决策。该标准与网络无关，通过无线网络、以太网、ZigBee 和短波进行操作。预计到 2013 年年中，美国（商业和住宅）将有 2,000 万~3,000 万客户能够访问绿色按钮格式的数据（在加利福尼亚州，太平洋燃气和电力公司以及圣地亚哥燃气和电力公司已经启用了绿色按钮）。

与此同时，最大的电器贸易集团 AHAM 正在与帮助 NIST 组织智能电网项目的咨询公司、能源公司合作，起草一份对所有家庭网络技术的详细审查报告。AHAM 将利用这次审查就智能电网问题向其成员公司提供建议。

符合性评估

一些已发布的标准没有说明应该如何测试它们，这使得它们难以实施。为了确保产品、技术和服务符合特定标准，IEEE-SA 和 IEEE 行业标准与技术组织（IEEE-ISTO），后者支持成员的技术工作组并帮助其加快新产品和新技术的市场接受度，针对电力系统领域的关键利益相关方和主题专家，制定了 IEEE 符合性评估程序（ICAP）。

ICAP 的主要作用是建立项目政策和程序，启动跨多个技术部门的认证计划，并最终认证已成功完成测试并被视为符合要求的产品。ICAP 将在适用的情况下，评估并实施 SGIP SGTCC 制定的互操作性流程参考手册中规定的最佳实践。ICAP 技术总监拉维·亚拉曼尼亚姆说："全球公用事业部门可以从这一重要的、得到行业支持的项目中获得巨大的利益。"ICAP 同步相量符合性评估指导委员会（SCASC）就是这方面工作的一个例子，该委员会成立于 2013 年 6 月，旨在开发和交付基于共识的相量测量装置（PMU）测试和认证程序。同步相量测量装置提供电网的实时测量，有助于确保电网的稳定运行和避免停电。PMU 用于由不同供应商制造的众多同类设备为一个或多个 PMU 应用提供同步测量的系统中。"如果 PMU 应用对电力系统的运行变得至关重要，它们必须符合最新的 PMU 性能标准，"ICAP-SCASC 主席艾伦·戈尔茨坦说。认证计划基于 IEEE C 37.118.1-2011 电力系统同步测量标准。"该标准制定时有明确的要求，需要满足电力系统对改善运行和功能的需求，"IEEE C 37.118.1 工作组主席肯·马丁说。2014 年 8 月，IEEE-SA 与密歇根消费者能源公司签署了一项协议，支持开发同步相量符合性评估程序，根据 IEEE C 37.118.1 提供 PMU 符合性测试。

NIST 还为 IEEE C 37.118.1 标准和同步相量测试套件规范的开发做出了贡献。"标准研发顺理成章的下一步就是符合性评估。确保测试实验室之间有一致的测试方法以产生兼容的结果是非常重要的。建立符合性评估计划是实现这一目标的重要一步。"ICAP-SCASC 计划参与者包括 NIST、仲裁系统公司、多布尔工程公司、电力集团有限责任公司、国际标准化组织新英格兰分部、玛克达因公司、梅塔技术公司、PJM 互联公司、量子技术公司、RTDS 技术公司、南加州爱迪生公司、智能网格公司、华盛顿州立大学网格演示和研究实验室和史怀哲工程实验室公司。

2014 年末，IEEE-SA 从 IEEE-ISTO 手中接管并全面运营 ICAP，IEEE-ISTO 自 2008 年成立以来一直运营该项目。"符合性评估越来越重要，因为它让行业和消费者相信，基于标准的产品将按预期运行和在多供应商环境中实现互操作。"IEEE-SA 业务发展和联盟管理高级主管亚当纽曼说，"ICAP 向 IEEE-SA 的过渡有助于在标准实施、符合性评估和产品认证之间建立无缝链接，最终形成流水线式的市场认可。"

随着公用事业部门致力于增强当前的电力基础设施并为智能电网引入新技术，对数据聚合的需求增加，自动化在报表生成过程中发挥了更大的作用。为了帮助满足这一要求，IEEE-SA 已经开始开发相量数据集中器（POC）的标准。例如 IEEE PC37.247 是一个电力系统相量数据集中器的标准，目的是通过统一对 PDC 的要求，提高使用同步相量测量装置和其他同步数据的设备、系统和应用程序的互操作性。电力系统工作组 IEEE 相量数据集中器分组主席瓦苏德夫·加尔普尔说："因为 PDC 变得越来越普遍，它们的功能需要标准化。""本项目提供了 PDC 必须执行的功能以及应该如何执行这些功能的要求，这也是我们工作组的目的。"另一个正在开发的标准——IEEE PC37.248《智能电子设备命名通用格式指南》，旨在提供命名一致性，使自动化系统和任何不熟悉特定电气系统的人能够确定智能电子设备（IED）正在监控或报告哪些实体。该指南为实物和虚拟 IED 以及其他需要设备名称的各种环境提供了一个通用的命名约定，并介绍了通用的命名约定将如何带来益处。这两个项目都旨在通过制定标准来改进故障管理和其他智能电网功能。当 PMU 测量电网上的电波时，可利用 PDC 技术来收集同步相量数据——根据电力公司的要求，可以在现场收集，也可以在集中位置收集。

网络安全成为一个重大问题

早在 2013 年 2 月 2 日奥巴马总统发布行政命令（EO 13636）之前，网络安全就是美国的一个主要问题，该行政命令呼吁制定一套基于风险的推荐性标准、指导方针和实践来帮助组织管理网络风险。颇具讽刺意味的是，该行政命令要求 NIST 领导网络安全项目，而 NIST 组建的 SGIP 领导该国智能电网项目。到 2013 年年底，现在负责制定保护非国家安全联邦信息系统的标准、指南、工具和测试方法的 NIST，发布了其初步网络安全框架，以帮助企业主和运营商降低发电、运输和电信等行业的网络安全风险。NIST 还要求公众就其智能电网技术安全实施指南的第一次修订发表意见。文件草案《NIST 报告 7628 版本 1：智能电网网络安全指南》是自 2010 年 9 月发布指南初始版本以来的首次更新。NIST 说，这一更新是由智能电网技术在这 3 年中的应用急剧扩大所推动的。自那以后，NIST 发布了一个改善关键基础设施网络安全的框架，相关组织、监管机构和其他机构可以利用该框架来制定或改善全面的网络安全计划。这份计划被确定为 1.0 版，也被称为"活的"文档，需要及时更新以跟上技术、网络安全威胁和其他因素的变化。NIST 已经修订了其智能电网网络安全指南，新增了相关内容来阐述智能电网网络安全与 NIST 网络安全在框架、测试和认证以及隐私监管变化之间的关系。

NIST 还要求公众对相关文件发表评论，其中两份文件可能在一定程度上影响智能电网的运营。一份文件草案《NIST 密码标准和指南制定程序》（NIST IR 7977）描述了该机构如何制定网络安全标准。它介绍了 NIST 密码标准制定工作的原则、过程和程序。公众意见征询期结束后，NIST 表示将审查其现有标准和指南，以确保它们符合 NIST IR 7977 中规定的原则。"如果发现任何问题，"NIST 负责监督这一过程的唐娜·多德森说，"它们会尽快得到解决。"

NIST 还呼吁公众对其更新指南的计划发表评论，该指南将更好地确定其如何保护联邦数据和网络。该指南名为《评估联邦信息系统和组织中的安全和隐私控制：构建有效的评估计划》（SP 800-53A），与指南 2010 年版本相比有几处变化，重点在于评估关键信息系统和基础设施。

NIST 成立了 SGIP 网络安全委员会（SGCC），由 NIST 信息技术实验室消费者安全司领导和管理。该委员会的一个主要目标是到 2016 年推进智能电网网络安全的发展和标准化。该计划的一部分要求委员会评估现有标准，找出网络安全差距，并就如何填补这些差距提供建议，包括为完成网络安全使命可能需要的通信标准。

能源行业的网络安全问题有多严重？一段时间以来，网络安全一直是公用事业的重中之重，因为美国的公用事业部门每天都报告有人试图访问他们的信息系统。美国国土安全部报告了 2013 年上半年有 111 起针对能源部门的信息技术攻击，而 2012 年全年为 81 起。2014 年年初，智能模块技术公司调查结果显示，61% 的能源高管认为安全是智能电网的一个大问题，而 64% 的能源高管认为电网没有为安全威胁做好准备，38% 的能源高管认为"政府标准"是解决智能电网安全问题的最佳方式。

虽然有许多网络安全举措，但不同的运营商、公用事业部门和地区有各不相同的规则。参与颁布或发展电网网络安全要求的美国联邦机构包括国土安全部、FERC、DoE 和 NIST。FERC 已经授权北美电力可靠性公司（NERC）——一个监管北美电网可靠性的非政府标准组织，合法监管美国所谓的大容量电力系统（BPS），包括对 BPS 的所有用户、所有者和运营商实施可靠性标准。BPS 是一个由发电机和传输设备组成的互联电力系统。它不包括当地配电设施，但是如果被破坏，将会影响多个地方。一些州有自己的 BPS 监管要求。

《华尔街日报》2014 年 3 月 13 日的一篇文章披露，FERC 的一项内部研究表明，如果破坏者只要摧毁美国 55,000 个输电变电站中的 9 个，美国就可能会遭受全美大停电。根据这篇文章，2013 年 6 月，时任 FERC 主席乔恩·韦林霍夫在 FERC 为高级政府官员准备的备忘录中指出："摧毁 9 个互联变电站和一家变压器制造商，整个美国电网将至少关闭 18 个月，甚至更长时间。"除了核电站以外，联邦法规中没有一条要求公用事业部门保护重要的子电站。《华尔街日报》称，FERC 允许电力行业在 2014 年 6 月前提出变电站等关键设施的新安全标准。

据研究和市场情况，可能影响网络安全规划的主要趋势之一是通信网络服务费用的增加。"不少家电力公司已签订合同，将智能电网通信网络服务外包给各电信公司或其他服务提供商。这一趋势似乎在美国最为强烈，约 20% 的电力公司将智能电网通信网络外包给第三方。"ABI 研究公司网络安全高级分析师米歇尔·门汀说，"政府和标准化机构解决电力控制系统脆弱性的努力正在提高人们对电网遭受网络攻击潜在风险的认识。"但是，他认为运营商需要将网络安全视为智能电网的一项综合性要求。

ETSI 于 2014 年 3 月成立了网络安全技术委员会。尚不清楚新 ETSI 组织将对智能电网的发展产生多大影响，但 ETSI 总干事豪尔赫罗梅罗当时表示："我们新成立的技术委员会旨在为安全的数字市场制定强大、可互操作、可信赖和透明的标准。"来自工业界和学术界的 100 多个 ETSI 成员组织表示有兴趣加入新的委员会。

如果说网络攻击对智能电网构成的威胁有什么积极作用，那就是它代表了提供网络安全产品和服务的公司潜在的巨大市场机遇。不少分析师认为，关键的市场驱动力之一是，与传统电网不同，智能电网有利于双向通信系统通过智能电网通信网络运行。主导这一市场空间的供应商有银泉网络、伊特隆、美国Sensus、兰迪斯+戈尔和埃尔斯特集团，而不是其他几家大公司，例如IBM、维亚萨、思科、SAIC、布莱克和维奇、洛克希德·马丁、塞拉无线、斯普林特、威瑞森通信和西门子等。据市场研究公司TechNavio称，另一个因素是技术的进步导致许多电力公司网络连接的增加，增加了这些公司遭受网络攻击的机会。根据这一分析，TechNavio预计能源领域的全球网络安全市场将大幅增长，到2015年将达到约2,000亿美元。越来越多的公用事业网络安全咨询项目可能最终创造出一个次级智能电网网络安全市场。导航研究公司认为，到2020年，这个市场将达到6亿美元。尽管美国能源部的国家能源技术实验室没有具体说明是否属于国家智能电网计划的一部分，但它在2013年4月呼吁各方对相关应用进行研究、开发和示范，从而为美国能源基础设施部署下一代网络安全工具和技术打下基础。目标是加强能源输送控制系统的网络安全。

2014年7月，另外两个研究小组敦促美国政府采取措施保护国家电网。应国会议员要求承担特殊研究项目的国会研究服务局建议美国国会更仔细地研究国家层面的电网漏洞，特别是个别公用事业部门采取的内部安全措施，它认为这些措施可能还不够。负责运营美国能源部6个实验室的巴特尔纪念研究所发布了一份报告，反映了大致相同的情况。国会研究服务局表示，对变电站的袭击——即使是服务于相对较小区域的变电站——也"可能会带来灾难性后果"。同样，巴特尔纪念研究所的研究称，公用事业部门应该更密切地关注对区域电力系统的攻击会如何影响更大的区域。

太阳耀斑的威胁

太阳能领域尽管没有网络安全那么受关注，但在美国国家能源研究中心和其他参与智能电网标准制定的联邦机构和标准化组织中，这一领域也没有被忽视，原因在于太阳耀斑和这些地磁事件有朝一日可能会导致世界上所有依赖电力的东西都发生断电。科学家普遍将这个历史事件称为"卡林顿事件"，事件以英国天文学家理查德·卡林顿的名字命名，因为他在1859年绘制了一个太阳爆发图，这次爆发导致魁北克和美国东北部部分地区断电。据美国国家航空航天局（NASA）称，最近一次值得注意的太阳耀斑发生在1989年，当时一场磁暴摧毁了新泽西的一个大型变压器。美国国家科学院2009年的一项研究警告说，对卫星和互联电网的大规模地磁干扰可能导致停电，美国可能需要4～10年才能恢复。2012年5月，美国地质调查局的一份报告估计，在未来10年里，卡林顿事件再次发生的可能性为6%。那么，这与SGIP的工作有什么关系呢？它有没有考虑过这个问题呢？"一直都在思考，"SGIP董事长约翰·麦克唐纳说。

在2013年10月举行的CIGRE USNC网格未来专题讨论会上，发表了几篇关于这一主题的论文（CIGRE是国际大型电力系统理事会，一个永久性的非政府和非营利国际协会，总部设在法国，旨在促进和发展全球高压输电工程知识和信息的交流。USNC是美国CIGRE的全国委员会）。

事实上，有解决地磁干扰（GMD）的标准程序。2014年1月，FERC提出了一项新的可靠性标准，旨在减轻GMD对国家大功率系统的运行产生潜在的严重和广泛的影响。FERC表示，这是在2013年5月实施其所谓的最终规则的第一步，在该规则中，该机构要求NERC制定新的强制性可靠性标准，以解决GMD的脆弱性问题。

NERC分两个阶段制定新标准。在第一阶段，NERC提交一个或多个可靠性标准，要求大容量电力系统的所有者和运营商制定和实施操作程序，以减轻GMD的影响。在第二阶段，国家电力改革委员会将提交可靠性标准，要求大容量电力系统的所有者和经营者对GMD事件对大容量电力系统设备的潜在影响进行评估。根据标准要求，"如果通过评估识别得出GMD事件潜在影响的基准点，可靠性标准应要求业主和运营商制定并实施一项计划，防止GDM事件导致的大容量电力系统不稳定、失控分离或连锁故障。"FERC表示，它并没有明确国家电力公司采用GMD可靠性标准的具体要求，"我们也没有预先判断NERC最终提交审批的内容"，但该委员会确实提供了一些保护大型电力公司免受全球动力系统损害的可能策略，其中之一就是制定新设备的规范要求。根据2013年5月的最终规则，NERC必须在2015年1月提交第二阶段可靠性标准。

奇怪的是，袭击新泽西州海岸线和美国其他大西洋中部海岸地区的热带风暴"艾琳"和飓风"桑迪"，以及美国国家橄榄球联盟超级碗停电事件，对提高公众对智能电网全球发展的认识毫无帮助。Navigant下属能源实践部门的市场研究组Pike研究组通过对公用事业客户进行的调查发现，73%的受访者关心他们每月花在电费上的钱，只有不到1/3的受访者熟悉智能电网，约1/4的受访者表示不熟悉智能电表。市场研究组称，"即使公用事业部门投资这些新技术，他们也很难有效地宣传智能电网的好处以及为终端用户提供的可能性。"那么，人们觉得投入智能电网项目的钱花得值吗？Pike 调查中，63% 的受访者表示，他们对更好地管理家庭能源使用感兴趣。NIST 还表示，它需要更好地开展培训工作，让决策者和公众了解智能电网技术，从而促使新政策和法规被更广泛接受。

智能电网真的能建成吗？全球战略框架在其 2012 年的报告中提出了这个问题。尽管智能电网建设取得了重大进展，但正如报告所言，也存在挑战。住宅和商业建筑的能源管理系统正在开发中，以满足新电网的"智能"需求，公用事业部门也正在开发新的网络控制和通信系统。住宅和商业建筑用的模块化能源管理系统正在开发中，一些公用事业部门正在建设集中式和分散式网络控制系统。智能电表已经在全球多个地方应用，尽管互操作性仍然是供应商之间的一个问题。复杂的智能电网项目正在日本和韩国运行。智能电网是印度全国能源政策的一个新兴部分。其他地方也在进行类似的项目。大多数智能电网项目都考虑使用电动汽车，但电动汽车价格昂贵，市场渗透率低。具有讽刺意味的是，全球供应链论坛认为，最大的挑战可能是技术进步超过标准发展和维持有意义的监管框架的能力。

约翰·麦克唐纳坚信，智能电网在全球协调发展是可能的。"智能电网将我们带入了一个我们称为解决方案的新时代，而我们以前从未真正做到这一点。多年来，我们一直在开发和销售设备和系统。它们是作为产品开发的。而解决方案不是这样。我们去问客户，'您的业务需求是什么？是什么让首席执行官彻夜难眠？是系统可靠性吗？是原始设备制造商的成本吗？'我们将所有这些都整合到一个解决方案中，以满足这些需求。"他说顾客才是司机。"这就是 50 亿美元刺激基金的作用。这是一个集成的解决方案。如果将这些组件放在一起，并且它们需要集成并作为一个解决方案工作，那么让它可行的唯一方法就是它们是否符合相同的标准并且它们可以互操作。这让标准更加重要。"

未来会有更多工作

在构建智能电网方面还有很多工作要做。Pike 研究所在 2013 年初进行的一项研究中表示，"有待完成的工作规模巨大"，没有一个单一的"智能电网解决方案"能适用于所有公用事业。事实上，智能电表的部署数量表明，许多公用事业部门尚未制定智能电网计划的关键要素，如 AMI。这种情况可能会改变，因为他们中的大多数正准备在未来几年内这样做。

美国土木工程师协会 2013 年初发布的一份报告将美国能源网络评为 D+ 级——与该协会 2009 年的早期报告没有变化。该协会表示，到 2030 年，公用事业可能不得不花费高达 1.5 万亿美元来扩大和更新国家的电力基础设施。显然，信通技术在智能电网的发展中发挥着至关重要的作用，特别是在人口稠密的城市地区，据估计，目前世界人口的 65% 居住在那里。ITU 电信标准化局局长马尔科姆·约翰逊在 2013 年 5 月日内瓦 ITU 研讨会上发言表示，在城市发展中实施信通技术将需要无缝互操作的应用，无论服务提供商或供应商是谁。"这将需要制定国际标准，协调频谱，并应用有利的政策和最佳做法。"

显然，标准的制定工作必须努力跟上智能电网研究的步伐。为了帮助完成这一过程，IEEE 智能电网研究正在构建一个全面的资源整合计划，以帮助推动全球智能电网的持续发展，包括解决短期和长期问题以及挑战的愿景文件和相关研究材料。"通过 IEEE 智能电网研究，我们前瞻性地开展工作，融入从标准预先研究到标准被现实世界采用和实施的标准化相关活动的整个生命周期中，"IEEE-SA 战略项目经理比尔·阿什说，IEEE-SA 正在建立一个组合计划，从长期愿景和路线图文件到研究当今紧迫挑战的研究论文，并帮助利益相关者推进他们的工作。"这将使我们能够创建一条从孵化创新技术到形成标准再到让市场接受的通道，从而能够支持智能电网市场的全球增长。"

IEEE 智能电网研究关注 5 个领域：电力、计算、通信、控制系统和车辆技术。该研究计划旨在为每个领域制定长期愿景文件、参考模式和路线图，同时也开展短期研究，以解决更紧迫的问题。研究成果将涵盖智能电网中的技术挑战和机遇，以及需要其他研究的领域。

首批可用资源包括 3 份可下载的愿景文件。第一份文档是《IEEE 电网愿景 2050》，它重点关注智能电网的电力问题，并提供了与智能电网相关的电力远景，包括现有和未来的技术发展。第二份文档是《IEEE 智能电网计算愿景：2030 年及以后》，重点关注智能电网操作概念和计算技术的发展，旨在刺激对计算技术的投资，促进智能电网愿景和提高电力系统性能。第三份文档是《IEEE 智能电网通信愿景：2030 年及以后》，从通信的角度阐述了 2020 年智能电网的愿景，还从信息技术角度详细介绍了不同支持者的目标和通信发展路径，以实现关键的智能电网功能。

IEEE 智能电网研究取得的发展是 IEEE 及其相关方共同努力的结果，它们在 5 个技术主题领域中合作制定长期文件。参与协会包括 IEEE 通信协会、IEEE 计算机协会、IEEE 控制系统协会、IEEE 智能运输协会以及 IEEE 电力和能源协会。

"IEEE 智能电网研究将为智能电网技术发展和投资提供研究课题和问题陈述，"IEEE 电网展望 2050 主编乔治·西玛德（Georges Simard）说，"通过提供 2015 年、2020 年、2030 年及以后的未来快照，这些项目让我们能够回顾今天的智能电网事件发展脉络,并为未来的智能电网规划一条成功的道路。"目前,已经有两篇研究论文发表出来:"智能电网的全球消费者社会化"和"智能电网的网络安全"。

好的市场数据很难获得。Zpryme 公司的智能电网指标表明,公共事业部门的政府数据和统计数据通常滞后 1~2 年。此外,主要行业的公告和交易信息只占市场活动的一小部分。数据的缺乏可能影响运营(或寻求进入)智能电网空间的公用事业和技术供应商的投资决策。提高成本效率、可靠性和协调当前电力基础设施(自动化、通信和信息技术)所需的许多技术都是现成的,但是让当前系统实现现代化,实质上就是创建智能电网,对于满足不断增长的容量需求至关重要。另一个因素是经济形势持续发生变化,能源部门的需求普遍放缓。据美国能源信息管理局称,截至 2012 年,美国的电力消耗在最近五年中有四年下降,并预计 2013 年将再次下降。其结果之一是整个行业公用事业的整合,美国电力行业投资者从 1995 年的 244 家下降到 2011 年的 193 家,自那以后,合并数量依然在增加。

随着时间的推移,通过新技术和其他改进实现电网现代化,将需要大量投资。智能电网相关技术和服务发展迅速,预计到 2014 年美国将达到近 430 亿美元,全球将超过 1,710 亿美元。虽然,传统电网可以说是 20 世纪最大的工程项目,但智能电网很可能是 21 世纪最大的(如果不是历史上最大的)工程项目之一。

与此同时,自 2014 年 4 月 NIST 要求公众对 NIST 框架和路线图草案《智能电网互操作性标准(3.0 版)》发表意见以来,创建下一代智能电网的主要文件在两年内首次进行了重大更新。这份新文件在 2012 年 2 月框架 2.0 版的基础上进行了更新,是 NIST 将老化的国家电力系统升级为可互操作智能电网的计划大纲。NIST 智能电网项目办公室主任克里斯·格里尔说:"自上一版发布以来,智能电网基础设施取得了许多显著进步。""到 2015 年,美国 1.44 亿个电表中的近 1/3 将是智能电表。通过绿色按钮计划的努力,全国超过 45 家电力供应商承诺向 5,900 万个家庭和企业提供能源使用数据。这一新版本包含了这一显著的进步,并为未来智能电网的合作奠定了基础。"

比尔·阿什说:"全面集成智能电网技术以提高效率和可靠性还需要几年时间,消费者还需要很多年才能全面应用负担得起的家庭能源管理系统、智能电器、智能家庭和能在智能手机、平板电脑等上应用这些技术的软件。这些技术和应用程序正开始出现,但广泛采用需要时间。"

第2章
蓝牙和 ZigBee——快节奏的标准制定推动了发展

蓝牙是无线传输市场上发展最快的创新技术之一，目前已有数十亿种蓝牙产品投入使用，是无线行业领域内最快获得标准化地位和知名度的技术之一。

这项技术（和标准）已经经历了多次修订和更新，几乎所有修订和更新都在促进其成本降低，同时也增强了技术性能，这是爱立信公司的工程师们在1994年初次考虑用无线技术代替 RS-232 电缆通信时所想不到的。目前，蓝牙标准 IEEE 802.15.1 为全球用户定义了一个公认的统一架构，以确保任何蓝牙设备的互操作性。它采用跳频扩展频谱技术，使不同电子设备能够在短距离（不超过10m）、2400~2480MHz 的 ISM 频段内进行安全、无干扰的数据传输。

蓝牙技术的迅速兴起

蓝牙技术的发展真正起步于 1998 年 5 月，当时爱立信、英特尔、IBM、诺基亚和东芝5家公司成立了蓝牙技术联盟（Bluetooth Special Interest Group，SIG），进行蓝牙设备的认证及全球推广。时任 IEEE 802.15 无线个人局域网工作组主席、IEEE-SA IEEE P2030 智能电网通信第三任务组联合主席、ZigBee 联盟的名誉主席和首席技术官的 Bob Heile 博士说："难以置信的是在这一年中的所有营销宣传都在鼓吹蓝牙技术所能够带来的好处，这给市场带来了很大困惑。"正如 Heile 所说，他的委员会正尝试将 IEEE 802.15.4（通常称为 ZigBee）作为无线个人局域网（PAN）的标准来发布，而每个在无线技术领域工作的人都说，"为什么总是拿蓝牙来烦我？蓝牙并不是一种网络技术，它不能够完全实现 PAN 的功能，它只适用于无线耳机以及点对点的应用。我曾经参加了一些研讨和会议，走到哪儿都能听到他们要用蓝牙做高清电视，我坐在那说"等一下",在这一点上,目前没法通过技术探讨来取胜,你只能等待市场证明一切。"

SIG的创建者推动着蓝牙技术发展。正如在2004年被任命为SIG的执行董事Mike Foley回忆说:"这项协议是在IBM公司举办的一次会议上正式签署的。那真是个令人激动的会议,因为直到会议的最后一天IBM公司才同意签署,他们认为这一决定是放弃知识产权的行为,因此IBM公司的律师坚决反对以SIG成员的身份签字。幸运的是,一位颇有远见的副总裁做出了签署决定。"

1998年底,蓝牙SIG的成员已发展到400多家公司,在之后的18个月里超过1,600家公司签署了蓝牙SIG支持者协议,蓝牙1.0规范协议正式发布,同时SIG为成员公司的工程师举办了第一届"无插头技术交流会(UPF)"。到1999年年底,爱立信公司已经有20多个独立项目用于开发支持蓝牙功能的电子产品,并且在内华达州拉斯维加斯市的移动焦点与COMDEX上发布了其中一个项目——蓝牙耳机。

2000年,第一款具有蓝牙功能的手机上市,同时上市的还有第一张PC卡,第一块集成射频、基带、微处理器功能的芯片,以及蓝牙软件。美国电子消费协会(CEA)的年度行业报告《技术观察》进一步提升了市场预期,报告指出:电子行业的巨头们正将赌注压在蓝牙技术上,期望其能够取代其他无线技术。

但是业界工程师们对此存疑。一家专门追踪前沿技术发展趋势的网络公司TechSurveys.com在2000年9月对工程师和工程管理人员进行的调查结果表明,只有38.5%的集成电路公司和20.9%的电子消费产品制造商正在设计支持蓝牙的电子产品(注:本书作者是这次调查的组织者和作者之一)。调查还显示,略多于40%(40.6%)的电子消费产品供应商表示,他们对自己的蓝牙产品没有明确的计划。其中一个问卷问题是:随着蓝牙功能的引入,最终电子产品中的红外(IR)功能会不会消失?约52%的受访者表示会取消。67%的受访者表示,他们不确定什么时候开始销售蓝牙产品。当被问及互操作性问题会不会推迟蓝牙产品的发布时,61%的受访者表示不会推迟。

2000年1月,商用蓝牙产品在拉斯维加斯举行的国际电子消费展(CES)上首次推出。大多数SIG成员希望将蓝牙技术应用于手机、掌上电脑和笔记本电脑,并以此备战2000年的假日销售季。只有少数几家公司在截止日期前完成了生产,而且他们所生产的产品在技术上也并非如宣传中那样不凡——主要是耳机附件、遥控设备和集成在PC卡上的蓝牙收音机。实际上,有些产品虽然贴上了"支持蓝牙"的标签,但实际上却相反。

第 2 章 蓝牙和 ZigBee——快节奏的标准制定推动了发展

互操作性——最要命的问题

本书作者于 2000 年 11 月在 IEEE Spectrum 发表的专题文章指出，并不是所有投入市场的蓝牙产品都符合 SIG 对互操作性的要求。SIG 要求蓝牙产品在指定的有资质的测试机构进行测试，以确保产品符合蓝牙规范，包括载波频率、调制、跳频、传输功率、工作距离（以 m 计）和数据吞吐量——但是当时蓝牙官方网站上还没有列出符合要求的测试机构清单。一些测试设备制造商已经开始交付具有蓝牙功能的产品，但是直到 2000 年，制造商还没有获得官方的或经过验证的硬件测试设备。蓝牙组件的发布时间也晚于预期，而且生产能力有限。

互操作性问题一直持续到 2001 年。在《便携式设计》杂志 3 月号和 8 月号上的专题文章中指出，事实上每个新兴的无线技术在出现时都存在互操作性问题，而有关蓝牙的负面报道最多。援引 2001 年 3 月号《便携式设计》上文章的说法："严格的蓝牙认证机制（通过正式的认证流程来确认 SIG 成员的必要专利并对其产品的蓝牙兼容性进行品牌授权）使得耗费的资源和时间远远超过了产品开发人员的预期。众多产品仍在经历这样的认证过程，与其他无线网络和其他各种蓝牙产品的互操作性仍然是一个主要问题。"文章同样指出，"蓝牙规范 1.0b 版本于 1999 年 12 月发布，但该标准的最终测试规范部分尚未完成，完成日期也不确定。新的蓝牙规范 1.1 版本计划于上个月发布，其中包括了对测试规范草案的更新。不论是蓝牙规范 1.1 版本，还是最终 2.0 版本，其具体细节在截稿时都未发布"。

当时的蓝牙规范分为两卷：第 1 卷为核心定义，规范无线电、基带、链接管理器、服务发现协议、传输层，以及与不同通信协议的互操作性等术语；第 2 卷规定了不同类型的蓝牙应用程序所需的协议和规程。

在 2001 年欧洲 CeBIT（世界上最大的高科技贸易展会之一）展会上展示的一些蓝牙产品并不能开箱即用。当时，微软公司决定 XP 操作系统中不支持蓝牙，但这也没有起到什么作用。有些关于蓝牙散射网络模式的传言怀疑它是否能够支持多个蓝牙网络相互连接并传递信息。业内还有一些潜在的关于高速率模式尚未标准化的争论（这一模式由英飞科技公司的 BlueMoon 芯片提供），以及关于蓝牙如何与 IEEE 802.11 无线局域网共存的担忧。

最沮丧的是 SIG 的推广小组，它在 1999 年底由 3Com、朗讯技术、微软及摩托罗拉公司组建，并吸引了 SIG 的最初创始人爱立信、英特尔、IBM、诺基亚和东芝公司加入。实际上，它的使命就是领导 SIG 蓝牙技术的发展和促进成员产品之间的互操作性。而时任微软公司移动设备部门无线架构师的麦克·佛利在

1999 年的 IEEE Spectrum 上表示："我已经专职研究蓝牙的互操作性问题了。"

在制定标准的过程中，特殊利益的存在是不可避免的。Heile 说："在任何标准化活动中，都会有一些拥有雄厚知识产权背景的公司参与利益竞争。他们想在标准制定过程中获得知识产权地位，并愿意为此付出一定的代价，他们希望最终方案是由他们提供的，并以此来占据市场优势。我们在 IEEE 802.11 标准的发展中看到了这样的利益争夺，在随后的 IEEE 802.11n 标准开发等方面我们也将看到类似情况。"

为了加快蓝牙产品的上市速度，SIG 创建了一个临时的认证机制，其互操作性测试相对宽松。对蓝牙产品的测试只是针对被称为"蓝牙单元"的特定部分。这些测试是基于英国 Cadence Symbionics Group 的 Cambridge 设计的开发包进行的，并在 Symbionics、爱立信微电子的 AB、AU Systems 以及 Sigma ComTec 之间推广应用。这些工具包面向首次进行蓝牙相关设计的工程师创建，帮助他们加速原型产品的设计和开发，工具包包括基带、无线电板以及接口（通用串行总线端口、电话插口和 RS-232-c 端口、主机软件、附件和文档）。但"蓝牙单元"并不能完全涵盖蓝牙标准的测试范围，它们为强化对蓝牙关键协议的信心充当了试验台。虽然它们可以测试关键功能，但"蓝牙单元"不能用于测试其他蓝牙功能模块的性能，例如基带上层协议中的逻辑链路控制和适配协议。

最基本的目标是开发所谓的"黄金单元"，这个单元由 SIG 指定，并已经通过所有的质量和一致性测试要求。但是，由于直到 2001 年蓝牙技术仍处于早期开发阶段，其测试方法与那些成熟技术的典型方法不同。测试设备制造商安捷伦技术公司发布的一份蓝牙应用说明指出，"蓝牙测试过程可能需要人工干预或自定义软件控制，不像成熟技术那样能简单地进行一键式测试。"事实上，在这一开发阶段，许多蓝牙设计者被迫创建他们自己的基于蓝牙规范的测试序列和方法。安捷伦公司在 2000 年 9 月推出了蓝牙设计指南；与此同时，德国的测试公司 Rohde & Schwarz 宣布交付了"首个专门针对蓝牙设备和组件的测试系统"。随着资格和认证要求的满足，每个制造商都有责任确保其产品具备与其他蓝牙制造商产品的互操作性。

Heile 说："根据我的商业经验，想生存下去就必须顺应潮流。"蓝牙 SIG 成员开始积极加入专家组和标准制定工作组，参与蓝牙规范的开发和测试以及管理设备认证。2002 年，IEEE 批准 IEEE 802.15.1 作为蓝牙无线技术标准。IEEE 802.15 个人区域网络工作组成立于 1999 年初，它使蓝牙成为一系列消费网络产品的基础。个人区域网络工作组已经开发了一个 10Mb/s 的标准，并希望定义一个"消费级"的 20Mb/s 或更快的无线个人区域网络，可以广泛用于短程数据传输。行业分析师预测，蓝牙产品将成为"下一个大事件"，到 2005 年，其销量有望突破 10 亿部。在大规模宣传的激励下，原始设备制造商（OEM）们希望尽快将他们的蓝牙产品推向市场。

为了确保其成员产品的互操作性，SIG 现在至少每年为全世界的蓝牙开发人员举办一次秘密的培训和测试活动。SIG 还举办了"无插头技术交流会（UPF）"与"可互操作测试活动（ITE）"，旨在确保正在开发及投入市场的蓝牙设备具备互操作性。此类活动允许 SIG 成员将其原型设备与其他成员同类型产品进行对比测试。

"蓝牙"的来历

为什么起名为蓝牙？最初，爱立信公司把它的短程射频程序称为多路通信器链路；英特尔公司也启动了一个名为商业射频的短程无线电连接项目；诺基亚公司的项目名称是低功率射频。家庭射频也曾被考虑过，但爱立信和英特尔公司都改用 BizRF 这个名字（另一个建议是"玩弄"（Flirt），由"靠近，但不要触碰"引申而来）。爱立信公司最终决定采用一种更贴切的名字，这也是在当时的情况下也更合适的选项，采用了 10 世纪丹麦国王哈拉尔德·蓝牙的名字。哈拉尔德·蓝牙以团结了丹麦和挪威两大敌对派系而著称，蓝牙这个名字由此就确定下来了。

蓝牙技术的产生始于瑞典爱立信公司的几个工程师。通常认为 Jaap Haartsen 和 Sven Mattisson 是蓝牙早期开发的主要功臣。前者是核心基带的设计师；后者作为无线电架构师设计了互补金属氧化物半导体（CMOS）无线电概念。

对这种短程连接技术将来如何运作以及如何加以利用，每个人都有自己的想法。早期的蓝牙开发者称其为"无意识"和"隐藏"式的计算。具有蓝牙功能的产品可以自动寻找彼此，并将它们自己配置成网络，最常见的情况是只有两个节点。尽管规模很小，但这样的网络非常实用。人们可以把从手机上收到的电子邮件转发到笔记本电脑上，也可以将数码相机中的数据下载到计算机或手机上，还可以在路过一个蓝牙自动售货机时收到提醒。另一种应用是，人们可以在大街上通过掌上电脑的蓝牙彼此交换名片，但必须以获得授权为前提，否则不能被任何人或任何东西识别，按照最早开始报道蓝牙市场的 Meyrill Lynch 的说法，蓝牙"开启了全新的相亲模式"。

哈森是荷兰代尔夫特理工大学电子工程博士，在爱立信公司获得第一份工作，并于 1991 年被派往美国，从事先进移动通信系统的研究。1993 年，哈森回到欧洲，受聘于爱立信公司在隆德的移动终端部门。2012 年，科技和经济咨询公司 Technopolis Group 就专利价值发表了一篇论文，其中引用了哈森的话："1994 年，我的任务是寻找短距离无线连接的解决方案，距离大约在 3～4m。"哈森在 2011 年孟买的 TechFest 大会上告诉记者，从一开始，爱立信公司的动机就是销售更多的智能手机，并将蓝牙技术作为实现目标的手段。在哈森独立工作了一段时间之后，1995 年马蒂森成为他的合作研究员。1995 年年底，团队成员从 5 人增长到 15 人，主要从事硬件工作，后来由于软件发展需要，扩展到了 30 人。马蒂森回忆起他们的任务："我们要在不增加功耗的情况下取代电缆连接——我们曾讨论过将蓝牙芯片价格定为 5 美元，但在今天，我们会因为定那个价格而被嘲笑。"

该团队的另外两位工程师亨里克·阿维森和罗伯·斯奈登在 1999 年为爱立信公司就蓝牙技术发展写了一篇论文。他们说这个项目始于 1994 年，当时爱立信移动通信公司发起了一项研究，寻求手机和配件之间低功耗、低成本无线电接口方式，以摆脱电缆和视距限制。一个低成本的解决方案就可以独立催生出新设备和附件的大量新用途。

在早期，如果开发人员知道如何集成蓝牙基带，他们可以购买一个符合蓝牙射频接口规范的蓝牙射频模块。模块开发路线图与针对应用程序的集成电路开发工作密切相关。在第一代蓝牙模块上，RF ASIC 基于 biCMOS 技术，ASIC 基带基于 CMOS 技术设计。1999 年 5 月，爱立信公司推出了"爱立信蓝牙开发工具包"，为开发人员提供了一个灵活的环境，以更短时间、更低成本设计蓝牙应用程序，并将蓝牙技术集成到广泛的电子设备中。

斯奈登从 Plessey Semiconductor、National Semiconductor 和 Dialog 的设计职位转到爱立信公司，成为英国爱立信公司斯文顿设计中心的设计经理，在早期的蓝牙收发器和移动电话专用集成电路（ASIC）的开发中起着重要作用。他还曾担任 Chartered Semiconductor 公司的设计服务总监，该公司从 1999 年 12 月开始与爱立信微电子公司合作，成功实现了一种高性能的 $0.25\mu m$ 射频 CMOS 芯片。爱立信公司在 2001 年 4 月推出一款芯片，实现了一次完成硅晶设计，并且功能完备。2007 年初，斯奈登到 Discera 模拟半导体公司担任工程副总裁。阿维森在加入英飞科技公司之前，是爱立信元件公司的设计工程师和爱立信微电子公司的应用工程经理（1995）。在 2007 年底，他离开英飞科技公司，成为瑞典 Connectivity AB 的首席执行官。

至少有十多家公司在公开谈论他们将如何制造彻底改变这个行业的 CMOS 收音机。Cambridge Silicon Radio（CSR）公司的詹姆斯·科利尔是当时英国剑桥咨询公司的顾问，后来成为电视空白频谱市场先驱——剑桥初创公司 Neul 的创始人。科利尔采用 CMOS 工艺制造射频设备的决定为业界所称道，这一方法极大地降低了蓝牙的开发成本。海勒说，"如果 CSR 没有成为芯片的主要供应商，蓝牙就会消亡。事实上，90% 的蓝牙市场开始使用 CSR 芯片。从 2001 年到 2005 年，CSR 几乎垄断了蓝牙芯片供应。如果当时有五六家芯片公司提供蓝牙芯片，蓝牙就会崩溃和毁灭。"1998 年，CSR 与为其他公司设计产品的英国剑桥咨询公司分道扬镳。2012 年 7 月，CSR 将智能手机和 GPS 业务及相关知识产权出售给了三星电子公司。

专利和知识产权成为蓝牙成功的重要组成部分。《科技城》杂志报道称，彼得·内斯特勒在 20 世纪 90 年代中期在爱立信隆德工厂负责知识产权工作，他曾表示，公司的主要目标是创建一个强大的专利组合，"确保我们申请了尽可能多的优秀专利。没有标准的驱动，蓝牙就不会成功。"Haartsen 申请了 5 项对蓝牙标准至关重要的专利，被欧洲专利局称为"蓝牙之父"。他最终获得了至少 200 项专利。Haartsen 说："虽然经常受到挑战，但蓝牙已经取得了出乎我意料的巨大成功。欧洲专利局授予了我蓝牙技术基础方面的专利，让我感到非常自豪和荣幸。"

事实上，直到爱立信公司意识到需要与其他公司合作才能全面开发蓝牙技术并将其推向市场，专利保护才受到重视。创建 SIG 时，其成员同意将蓝牙所需的所有专利放入专利池。知识产权的所有权实际上并没有从这些公司转移到 SIG，但是这些公司同意免费为蓝牙设备的开发提供基本的专利许可。在非歧视和公平的条件下，只对特定解决方案涉及的非必要专利收费。当然，随着技术的快速发展，很多公司都在调整他们的产品，希望创造某种形式的可推广产品，专利问题不可避免地会被加入到大多数标准开发工作组的讨论中。在成为标准的一部分之前，知识产权的所有者必须决定是否同意以合理的、无歧视的条款为基础进行许可。正如海勒所说，"我知道 WiFi 和蓝牙都有特许权使用费，但它们显然没有抑制市场，所以它显然是'合理的'。我不知道它们是什么。关键是，支付特许权使用费不一定是坏事，只要他们是合理、无歧视的。这就是为什么标准开发组织采用基于合理、无歧视的专利政策，只有在所有者同意遵守这些条款的情况下，才寻求将其知识产权纳入标准（在本书结尾处的结语中可以看到对标准基本专利的详细讨论）。Technolopois 的数据显示，2000 年至 2004 年，每年有超过 1,000 份专利申请涉及蓝牙技术。"自 2005 年以来，这一数字已跃升至每年 2,000 份。

蓝牙标准开发时间表

1998 年，SIG 成立。

1999 年，发布了数据传输速率为 1Mbit/s（最大）的蓝牙 v1.0，但一些供应商在开发与其他蓝牙设备可互操作的产品时遇到了困难。

2002 年，版本 1.1 被批准为 IEEE 802.15.1-2002。

2003 年，SIG 采用了蓝牙核心规范 v1.2，蓝牙 v1.2 向下与 v1.1 兼容，但是做了一些改进，包括更快的连接速度、更好的抗射频干扰能力，以及更高的传输速度，最高可达 721 kbit/s。

2004 年，SIG 采用核心规范 v2.0 增强的数据速率（EDR），它比 v1.2 具有更快的数据速率（达到 3Mbit/s）。

2005 年，SIG 发布了概要测试套件（PTS）v1.0，它是一个能够为成员完全测试与认证内部产品的工具。

2006 年，蓝牙设备的累计生产量超过 10 亿部，PTS 测试成为蓝牙产品认证过程中的强制部分。

2007 年，蓝牙 v2.1 于 2007 年 7 月被 SIG 采用，其安全性更强。PTS 协议查看器作为蓝牙 v2.1 的一部分发布，数据传输速率为 3Mbit/s（最大），同时还更新了用户界面和报告生成功能。

2008 年，PTS3.0 版本发布，其中进一步改进了自动更新和报告生成功能。

2009 年，SIG 采用核心规范 v3.0（HS），实现了将蓝牙变为可以处理大量数据传输（如视频流）的高速传输技术（高达 24Mbit/s）。SIG 还宣布在 2009 年采用蓝牙低能耗无线技术，并衍生出了蓝牙核心规范 4.0。蓝牙 HS 在核心规范 3.0+HS 中规定，允许在 IEEE 802.11 链路上实现高带宽速度，用于需要大量数据传输的场合，如视频流。低能耗技术允许蓝牙智能设备（如 3D 眼镜和遥控器）仅用微型电池就可运行数月甚至数年，并可轻松连接到电视、平板电脑和智能手机等蓝牙智能终端。

2010 年，SIG 宣布正式采用蓝牙核心规范 v4.0（低功耗），同时发布了 PTS v4.1 以及蓝牙低功耗技术测试套件。

蓝牙智能 v4.0 核心规范的低功耗能力对其在市场上的成功至关重要（首先 SIG 将标准的蓝牙超低功耗称为"蓝牙超低功耗"；然后将其命名为"蓝牙低功耗"，最后才决定称为蓝牙智能）。智能设备可以利用一块硬币电池运行一年甚至更长时间，从而使一些曾经难以实现的应用场景成为可能，如家庭自动化和个人医疗设备。

蓝牙 v4.0 提供了一种新的低功耗、免许可的通信方式，使智能手机和附属设备能通过应用程序进行通信。尽管如此，在蓝牙开发方面做了大量工作的剑桥咨询公司（CC）表示，如果附属设备制造商想实现电池寿命更长、尺寸更小的目标，那么蓝牙智能会给他们带来一些意想不到的挑战。CC 在 2010 年发表的蓝牙智能研究中指出：虽然智能手机看似是一个开放、透明的平台，但蓝牙智能接口的配置方式可能会直接影响配件设备的性能。这项研究表明，频繁的操作系统更新和新手机的发布使挑战变得更加严峻。

"蓝牙智能的设计定位是一种仅利用一块小容量电池即能运行数周的少量数据传输设备，"CC 在其研究中表示，"这些用例意味着，在高功率技术之外，需要一种不同的通信方案。"研究还指出，"尽管智能手机可保持与 WiFi 接入点或蓝牙耳机的有效连接，以便用户在需要时立即访问这些资源，但蓝牙智能设备通常无法持续维持一个可能不被使用的链接所需的能量消耗。相反，我们看到的正在开发的许多新产品，只有在智能手机有数据可交换时才会与它建立新的连接。举个简单的例子，当有人称体重时，台秤才会将数据传输到智能手机上。当台秤没有被使用时，则不需要与智能手机保持连接。"随着时间的推移，CC 希望蓝牙设备的架构能够随着操作系统和手持设备的发展而改变与智能手机的连接方式，从而使蓝牙供应商能够识别和创造引领市场的新产品。

CC 无线部门的商务主管蒂姆·福勒说："与标准相比，对蓝牙智能更重要的是如何实现。不仅仅是可连接性，还有低成本和网络的便捷性以及使蓝牙对用户有吸引力的安全网络，要让这些东西简单易用。"

2011 年，75% 的智能手机都内置有蓝牙功能。SIG 在 5 月份采用了蓝牙 v4.0 的第一个新配置文件，并推出了"蓝牙智能"和"蓝牙智能就绪"商标来拓宽品牌。微软公司也宣布，Windows 8 将支持蓝牙 v4.0。蓝牙 v4.0 极大地降低了尺寸和功耗以满足运动或者健身市场的需求。IMS 的研究项目表明，从 2010 年到 2015 年，将会销售超过 6,000 万部蓝牙运动、健身和健康监测设备。

2012 年，第一台蓝牙智能平板电脑和音乐播放器上市。8 月，Mark Powell 被任命为 SIG 执行董事。Powell 曾担任 Kineto Wireless 客户软件业务的副总裁，该公司是他在 2001 年与人联合创办的。此前，鲍威尔曾在摩托罗拉和诺基亚工作。

2013 年，累计生产蓝牙设备 100 亿台，SIG 会员企业超过 18,000 家。SIG 采用了 29 个新的蓝牙 v4.0 配置文件、服务、协议和原型规范，为蓝牙智能设备创建了基础。在 SIG 所提及的蓝牙核心规范的更新中，蓝牙 v4.1 预计将在 2014 年底发布，这次更新增加了一个新功能，可以直接将设备连接到云服务，允许用户扩展他们的连接设备网络。据 SIG 称，这些更新使蓝牙智能能够使用互联网协议 IPv6。所有迹象都表明，蓝牙是物联网中最基本的无线连接方式。

2013 年 12 月，SIG 正式采用蓝牙核心规范 v4.2。在关键更新中加强了隐私保护并进行了增速，而且新批准的配置文件将支持互联网协议（IP）连接。新的配置文件使蓝牙支持 IPv6 协议，为设备连接创造了全新机遇。

与此同时，SIG 标准开发工作组已经在消费电子和个人电脑领域进行了超过 20 次的文档更新。近期更新的配置文件包含所有音频和视频配置文件，也包含一个视频分布配置文件，用于对基于虚拟机磁盘的数据进行保护。3D 同步配置文件允许 3D 显示与一个或多个使用蓝牙技术的快门式 3D 眼镜和电池服务 1.1 进行互操作。电池服务 1.1 是电池服务配置文件的增强版，它可以显示设备内的电池水平。

CSR 的首席技术官和 SIG 的董事会成员之一 Steven Gray 说："物联网（IoT）达到预计的 500~1,000 亿台设备规模的关键是低功耗无线连接。"Gray 在诺基亚研究中心开始了他的无线技术研究，在那里他帮助开发了第一代蓝牙低能耗技术，代号为 Wibree，并最终发展成为蓝牙 v4.0。

蓝牙的今天

目前，几乎 95% 的手机都支持蓝牙功能。ABI Research 预计，到 2018 年，蓝牙设备的安装数量将增长到近 100 亿部。到 2017 年，收入预计将以 20% 以上的复合增长率增长，达到近 120 亿美元。

蓝牙行业协会与 NFC 论坛签署了一份谅解备忘录（MoU），旨在促进近场通信技术的应用。他们过去曾合作共同出版了一本开发者指南《采用 NFC 使蓝牙更安全便捷配对》。根据新的谅解备忘录，他们将共同更新和维护一个应用文档，其中涵盖蓝牙规范中的低能耗蓝牙智能产品；评估将利用蓝牙技术的 NFC 技术测试合并到互操作性项目的可行性。NFC 论坛执行董事 Paula Hunter 说："2013 年，市场上部署了 4 亿台支持 NFC 的设备，预计到 2016 年将达到近 10 亿台。现在正是 NFC 论坛与 SIG 建立富有成效的工作关系的良好时机。"SIG 的成员公司预计 2016 年将有超过 80 亿台设备安装。该协议还呼吁两家机构评估加强采用各自技术的电子设备的互操作性和用户体验。NFC 和蓝牙是互补技术，可以用于各种应用程序。例如，制造商可以通过支持蓝牙设备（如无线耳机、个人健康设备、智能手机、汽车和电视）之间的协议和静态切换，将 NFC 技术与蓝牙技术安全便捷配对结合使用。

受可穿戴运动和健身追踪需求增长的推动，蓝牙智能迅速成为可穿戴技术的实际连接解决方案。2013 年，可穿戴运动和健身追踪设备占可穿戴设备出货量的 96%。ABI Research 预计，仅 2014 年就会有 3,200 万台蓝牙运动和健身设备上市。正如热门电视情景喜剧《生活大爆炸》中的谢尔顿·库珀博士所说:"你绝不会嫌蓝牙太多"。

ZigBee 的历史

ZigBee 有着不逊于蓝牙的成功历史,早期无线传感器网络技术在技术研发和市场投放方面进展较慢,它专门为远程监控和控制、无线感应和监控(包括医疗用途)、室内无线照明控制、位置感应、家庭电器控制、建筑自动化和移动设备广告投放而设计。

ZigBee 最初被指定为 IEEE 802.15.4 标准,是整套协议中的一部分,服务于 Wireless HART(主要用于自动化和工业控制应用的高速可定位远程传感器)与网络工程任务组(IETF)所开发的 6LoWPAN(RFC5993 和 RFC4919,网络 IPv6 协议中的一部分)。该技术用于在中介设备间进行远程数据传输,旨在填补蓝牙和 WiFi 无法解决的空白。该标准涵盖了网络第一层(物理层)和第二层(媒体访问控制器(MAC)层)。ZigBee 堆栈式软件提供了网络和应用程序层面。

ZigBee 是一种针对低速率网状网络的短距离多通道系统,可用于快速增长的智能家居市场,分析师预计 2012 年到 2018 年支持 ZigBee 的设备年出货量将增长 5 倍,复合增长率(CAGR)将超过 30%。ZigBee 的芯片制造商有望成为主要受益者。

市场分析师认为 ZigBee 在家庭能源领域将大有可为。多媒体研究小组的 Gerg Peter 说:"因为全球标准化工作取得成效以及被有线电视服务供应商认可,ZigBee 成为互联和智能家居领域的首选技术。只要有线服务运营商迈出了在机顶盒中内置 ZigBee 网络的第一步,必将帮助其创建一个蓬勃发展的 Zig-Bee 家用附加设备产业。"Poter 预计在 2017 年,家用 ZigBee 网络服务的收入将实现飞速增长。ABI 研发的业务主管 Peter Cooney 表示,家庭娱乐已经成为 ZigBee 的最大市场,主要是用于消费级电子设备网络控制的 RF4CE 规范,"在智能家居市场持续蓬勃发展的同时,智能仪表并没有像预期的那样快速发展。"

研究和市场部门将 ZigBee、蓝牙智能、Z-Wave、Dash7 以及 Wavenis 一并作为新兴的无线传感器网络技术市场的主流。Z-Wave 是连接家庭智能设备的专用无线标准,于 2014 年发布了其测试工具的最新版本 2.4.7,旨在测试所有 Z-Wave Plus 设备引入的全新要求。Dash7 联盟成立于 2009 年,以促进 1Hz 以下的无线电技术应用,并于 2013 年 9 月发布了基于 IEC 18000-7 标准的新协议,该协议为 Dash7 应用开发、无缝连接操作和安全性提供了框架(Dash7 还与 OASIS 国际开发标准联盟合作,以促进制定无线传感器网络的交互操作标准)。Wavenis开发标准联盟(Wavenis-OCA)起源于Coronis公司所开发的用于低功率、长距离的无线端到端(M2M)通信技术,例如远程监控器。Coronis于2008年6月将Wavenis规格提供给了Wavenis-OSA;该联盟管理该技术的标准化活动。

蓝牙和WiFi的差距

ZigBee起源于HomeRF,HomeRF是以填补蓝牙和WiFi之间空白为目的而建立的几个组织之一(在采用ZigBee之前,HomeRF Lite、RF-Lite以及PURnet都曾在备选序列当中)。但是,到1999年HomeRF的支持者准备投入市场的时候,IEEE-SA推出了更高数据速率的IEEE 802.11a/b,极大地削弱了HomeRF向开发无线传感器和控制网络方向发展的努力。该组织最初称为Firefly。

由于传感网络成为基础架构的重要组成部分,为Firefly提供了适时且良好的发展时机。但是业界对Firefly的反应并不是很积极。ZigBee联盟的荣誉主席兼首席技术专家鲍勃·海勒博士回忆起人们的想法,"为什么我们需要SIG以外的另一个组织,或者另一种无线技术?"他们担心这会进一步引起市场分散和混乱,并且减缓许多人认为非常重要的一种新模式的形成——"部署一个支持万物互联的系统"。

2001年初,海勒作为IEEE 802.15工作组的负责人与Firefly的领导层接触,建议组成一个与SIG相似的联合组织。Firefly当时已经有大约30名成员,其中包括重量级的摩托罗拉、霍尼韦尔、射频微设备以及飞利浦等公司。到2002年上半年,距离IEEE 802.15.4标准正式认证大约还有9个或10个月的时间,是时候考虑推动将ZigBee商业化了。为什么不使IEEE 802.15与Firefly之间的合作正式化呢?海勒说"我们就2002年8月在阿姆斯特丹举行的会议上需要达成的意见形成了一个共识,并于2002年10月组成了ZigBee联盟"Firefly的成员迅速降至12个,因为要交会员费并且要求成员公司投入的时间增加了。但是到了年底,成员数量又重新增长至30个。

目前,ZigBee联盟在全球拥有400家成员公司,并与全球至少38个组织建立了联系。ZigBee联盟希望扩大其成员规模并增加地区性活动,促进可互操作产品的ZigBee产品认证计划,并确定针对中国的标准需求。2012年4月,ZigBee联盟成立了中国区SIG ZigBee。海勒在2013年5月说:"在过去的18个月中,我们的中国区会员从11名增加到60多名。"ZigBee联盟还拥有一个位于英国剑桥的办事处,为大约130家成员公司提供服务。在欧洲,ZigBee标准

第 2 章　蓝牙和 ZigBee——快节奏的标准制定推动了发展

由欧洲电信标准协会（ETSI）管理，如 ETSI EN 300328。

适应和开始

制定标准和其后的按照标准进行产品产生的过程也不总是一帆风顺的。

ZigBee 网络早在 1998 年左右构思形成，大致与最早的蓝牙上市时间相同。2000 年末，ZigBee 联盟和 IEEE 802.15 工作组实质上致力于家庭和工业用途的低功耗、低成本无线网络的构建。到 2004 年初，几家公司已经承诺制造符合 IEEE 802.15.4 标准的设备。作为该标准的早期支持者，飞利浦半导体对它的赌注进行了对冲，不准备发表声明何时可以进入 ZigBee 芯片市场，之后还停止了对 ZigBee 的投资，并退出了 ZigBee 联盟。蓝牙技术诞生后不久便被笼罩在刻意的宣传炒作中，ZigBee 联盟则表示将努力做到"少承诺，多兑现"。因此，ZigBee 设备上一些被过度吹捧的应用程序获取市场份额的过程比较缓慢。此时，照明和楼宇自动化似乎是 ZigBee 的最佳选择，飞利浦照明公司在 ZigBee 联盟委员会上更换了该公司的芯片部门。（总部位于荷兰埃因霍温的 NXP Semiconductors N.V.，即飞利浦半导体公司的前身，目前活跃于 ZigBee 市场，并于 2013 年 1 月推出了评估套件，旨在简化 ZigBee 无线微控制器和其他 IEEE 802.15.4 应用程序的商品化流程）。

2006 年 3 月，Zensys 公司发布的白皮书指出，ZigBee 等可在 2.4GHz 射频频段中运行的无线技术（ZigBee 可以访问 2.4GHz 频段中的 16 个独立的 5MHz 通道，但在欧洲工作于 868MHz，在美国和澳大利亚工作于 915MHz）可能会对其他无线传输（如无线局域网（WLAN））产生严重干扰。ZigBee 联盟发布了自己的文件，对这些声明提出了质疑，测试最终表明，即使在有其他无线系统的区域，ZigBee 设备仍可以有效且安全地运行。2008 年，Zensys 公司被欧洲的 Sigma Designs 收购，生产用于监视和家庭测量的无线芯片，并成为 Z-Wave 芯片的唯一来源。Z-Wave 芯片工作于 900MHz。

IEEE 802.15.4 标准于 2003 年初完成，2004 年 12 月被批准。此后经历了一系列升级，最终被 IEEE 802.15.4-2006 取代。最早的 ZigBee 产品于 2006 年推出。ZigBee 联盟已从 2005 年的 200 个成员发展到今天 400 个成员。自其被批准成为 IEEE 标准以来，该技术向更复杂的传感器应用服务的方向发展。像 SIG 一样，ZigBee 联盟也有一个认证计划，旨在确保产品之间的互操作并验证 ZigBee 规范。ZigBee 联盟现在正在将其资源从规范开发转移到应用程序标准开发。ZigBee 联盟表示，有关 ZigBee 规范的主要工作已经完成，短期内主要考虑一些较小的维护问题，实际上没有对 ZigBee 规范进行其他更新的预期或计划。

ZigBee 产品

至于产品方面，消费级电子产品和智能电网的迅速发展极大地推动了 ZigBee 的市场推广。2013 年，发布的产品包括一款来自 Luxoft 的分析工具，可用于分析基于 IEEE 802.15.4/ZigBee，覆盖美国和欧洲的工业、科学、医学（ISM）频段的无线网络传输。Anaren 公司开发了基于 TI CC2530 芯片的 ZigBee Booster Pack，使开发人员可以快速启动设计。TI 还发布了无线网络 CC2538，它是一种为单个终端设备配备 ZigBee 智能能源、ZigBee 家庭自动化和 ZigBee 轻链接等三种 ZigBee 标准的无线网络处理器。位于德国纽伦堡的 GainSpan 公司也推出了 GS2000，集合了 WiFi（802.11b/g/n）和 ZigBee（IEEE 802.15.4）两种 IEEE 低功耗标准无线技术的单芯片解决方案。GainSpan 芯片在同一产品中支持 ZigBee IP、WiFi（IPv4/IPv6）。松下公司已开发出一种支持所有频道的多频带无线传感器网络，包含 IEEE 802.15.4x 传感器网络的所有频带（400MHz、900MHz、1.2GHz 和 2.4GHz）。松下公司声称，它拥有 25 项日本专利和 14 项非日本专利，包括未决的申请。

换岗

2013 年 2 月，ZigBee 联盟理事会宣布，自联盟成立即任主席的海勒的新职务为名誉主席兼首席技术专家，同时任命托宾·理查森（Tobin Richardson）为主席兼首席执行官。海勒在其他标准组织中代表着 ZigBee 联盟的技术利益。

ZigBee 在之后的成功很大程度上取决于全球智能电网的发展。从 2008 年到 2015 年，智能电网的全球发展累积支出总额估值为 2,000 亿美元，ZigBee 联盟一直在加大标准开发力度，以使之更符合其市场地位。现任联盟首席执行官理查森（Richardson）自 2008 年以来一直担任 Smart Energy 的负责人。在理查森（Richardson）被任命为联盟主席兼首席执行官时，ZigBee Smart Energy 是第一个被广泛使用的高级计量基础架构标准，全球采用量超过 5×10^7m。CC 无线部门商务总监蒂姆·福勒（Tim Fowl）说："ZigBee 现在在中国的照明、仪表读数和恒温器领域应用广泛，因为其价格低廉。"在福勒的想象中，ZigBee 的应用场景多到难以尽述。"还有更多关于使用 ZigBee 技术来控制房屋锁和关闭窗户的设想，像汽车的门窗控制那样。我们尚未看到这部分应用得以实现是因为如何在门窗上安装驱动器仍是问题。"另一个问题则是需要定期更换电池，这在传统门窗上是不好实现的。

ZigBee 智能电网的最新发展

2014 年 11 月，ZigBee 联盟宣布将无线标准整合到单一 ZigBee 3.0 的标准中，从而实现家庭自动化、互联照明和其他多元化市场，以期在物联网领域为 ZigBee 提供助力。基于 IEEE 802.15.4 的 ZigBee 在发布时仍处于测试过程中。目前，基于 ZigBee 家庭自动化和 ZigBee Light Link 的 ZigBee 认证产品是与 ZigBee 3.0 互相兼容的。2011 年，HomePlug 联盟、WiFi 联盟和 ZigBee 联盟共同组成了智能能源行业互操作性联盟（CSEP），以监督智能电网无线设备的互操作性认证，如恒温器、电器、仪表、网关、车辆和其他应用。ZigBee Smart Energy Profile 2（SEP 2）标准于 2013 年 4 月获批，是第一个针对基于 IPv6 的全无线网络解决方案的开放标准。ZigBee IP 专门为支持 ZigBee SEP 2 标准而设计。实质上，SEP 2 提供了一组有关设备之间如何通信的准则，它还可以轻松地与其他技术结合。ZigBee IP 在 2.4GHz 频率上全球范围内可用，同时可在 868/915/920MHz 频率上在某些特定国家、地区使用。Exegin、Silicon Labs 及 TI 提供了所谓的黄金单元，未来 ZigBee IP 产品都将经过测试以符合规格。

ZigBee 联盟主要的目标一直是在联盟成员所谓的无线智能邻域网（NAN）产品之间实现真正的即插即用式互操作性。ZigBee 联盟将 NAN 定义为可将智能仪表和配电自动化设备连接到广域网网关的公共室外接入网，如 RF 收集器或数据集中器、场效组件（符合标准的可互操作无线智能邻域网需要满足监管机构和公用事业机构提出的全球性要求）。

ZigBee 联盟表示，现有的 IEEE 和 IETF 标准由于在通信框架协议和标准之间存在许多不同的可行选项而难以保证互操作性。为了确保互操作性，正在建立贯穿 ISO SI 通信堆栈第 1 层到第 4 层的完整无线通信协议，以提供一个支持各种基于 IP 应用程序的协调传输网络。据 ZigBee 联盟所说，第 1 层和第 2 层将建立在对 IEEE 802.15.4-2011 标准的 IEEE 802.15.4g 修订的基础之上，以促进可互操作的 NAN 开发；第 3 层和第 4 层将建立在 IEFT 标准基础之上，包括 IPv6 网络层和相关联的网络方案、适当的路由、传输协议以及相关的安全机制。无线通信配置文件将保证不同供应商所提供安装的智能仪表、智能电网设备以及通信基础设施节点产品之间的互操作性。现有的智能计量和配电自动化等智能电网应用将在这种可互操作的无线 IPv6 通信功能中实现。

ZigBee 联盟也一直在与 ECHONET 合作以促进家庭网络的发展，并致力于为基于 ECHONET 标准的产品制定认证计划——主要是针对使用 ZigBee IP 无线网状网络通信协议的 ECHONET Lite 应用程序。ZigBee 联盟于 2014 年 7 月宣布已完成9201P（ZigBee IP 的更新）的测试和开发。ZigBee 联盟成员一直在响应日本内务省以及日本经济产业省（METI）指定的920MHz 家用能源管理将ECHONET Lite 作为智能家居标准的许可。ZigBee 联盟、电信技术委员会（TTC）以及ECHONET 财团达成协议共同支持其发展。TTC 首席执行官 Yoichi Maeda 说，"ZigBee 联盟在M2M 通信和家庭网络的全球标准化方面一直处于领先地位。"2013 年，TTC 与ZigBee 联盟签署备忘录，并制定了TTC 标准JJ-300.10 和TTV 技术报告TR-1043。9201P 标准为ECHONET Lite 和日本家庭能源管理系统提供特定的支持。它通过添加网络和安全层以及一个应用程序框架增强了 IEEE 802.15.4g 标准。它还提供了基于标准互联网协议（如6LoWPAN、IPv6、RPL 和UDP）的高能效无线多跳网状网络。标准更新工作由OKI、NEC Engineering、Ad-Sol Nissin、Texas Instruments 以及Skyley 网络负责。ZigBee 联盟的下一步是将ZigBee 认证机制向使用9201P 标准的ECHONET Lite 设备扩展。

另一个重要的发展成果是，中国电子标准化研究院（CESI）已成为授权的ZigBee 认证程序测试服务提供商。这是第一个设在中国的ZigBee 测试机构。CESI 最初为ZigBee PRO 兼容平台和ZigBee Light Link 终端产品提供兼容性和互操作性测试服务，并希望将其服务范围扩展至其他ZigBee 规格标准。CESI 还在中国标准化管理委员会和工信部的支持下，牵头进行中国物联网标准化工作。

ABI Research 公司资深分析师 Adarsh Krishnan 表示，ZigBee 在家庭自动化市场上非常成功，因为它是具有开放性标准的技术，多家集成电路供应商正在创建ZigBee 芯片组。Krishnan 认为，"与比较封闭的专用射频技术相比，具有开放性标准的技术不仅风险较小而且扩展性强"，但他相信，使用蓝牙v4.0 单模规格的低能耗协议部分的智能设备将在该类别中实现最高增长，并在2018 年超过1.33 亿台。支持蓝牙功能的消费级电子产品将是蓝牙技术在家庭自动化领域中增长的主要贡献者。这些设备不仅能推动具有规模优势的产型经济，在消费级电子产品（包括智能手机、平板电脑以及笔记本电脑）管理家庭自动化系统并与之交互上也扮演着越来越重要的角色。

第 3 章
电伴热系统标准的制定

原油、唇膏和啤酒有什么共同之处？它们都是加工工业的产品，并且其生产和运输都依赖于电伴热系统。

电伴热系统是利用电加热装置来保持管道和容器中所需温度的系统。它在加工工业中使用，也在其他工业中有所应用。电伴热系统通常由沿着管道延伸的电加热元件组成。管道由隔热层覆盖，以防止热量损失。

伴随加热材料和系统用于保护管道免于冻结，并在输送管道中维持理想的温度。此外，这种材料和系统还可用于保持铁路轨道无冰雪覆盖，屋顶和排水沟除冰，保护外露的天线不受积冰的影响，而这些积冰可能掉落导致财产或人身受到伤害。

电伴热系统在 20 世纪 30 年代开始投入商业应用，最初主要是作为管道和容器加热的临时设备。1971 年，自限温电伴热带终于上市。于是在 20 世纪 70 年代产生了专门的电伴热系统，并在 90 年代引入了网络化计算机控制。

在当今众多的加工工业中——从石油化工到食品加工、制药及发电行业，电伴热技术帮助解决了在任何环境温度下都能使材料保持最佳黏度的问题。电伴热系统和设备之所以可以在世界各地广泛应用，成功地应用于解决与温度相关的各种挑战，主要是因为它们符合 IEEE 515 技术标准。

IEEE 515 标准提供了一般工业中电伴热系统的测试、设计、安装和维护的要求，一般应用于管道、容器、预加热和热绝缘仪表管道及机械设备等。电伴热系统通常采用串联伴随加热器、并联伴随加热器和表面加热单元的形式。

为电伴热系统制定全球标准的过程花费了 30 多年的时间。近年来，这项技术（和标准）是如何变化的，它对工业有何影响，以及全球化推动力如何改变它，并如何在未来继续改变它，这项标准的发展过程被认为是全球技术标准发展中的一个相当经典的案例。

该标准的全称是"IEEE 工业应用电伴热系统的测试、设计、安装和维护标准",于 2011 年 9 月 9 日发布,标准号为 IEEE 515-2011。

IEEE 515 的开发目的是帮助保持工业过程、流体或材料的温度,并且为伴随加热系统提供电、热和机械耐用性,使其在正常使用中性能可靠,并且不会对周边用户造成危险。底线是什么?如果遵循该标准,电伴热系统将更加可靠和安全。

为什么需要一个新的标准

在加工工业中,许多流体(如油),需要通过管道从一个位置输送到另一个位置。为了防止一些流体变稀或变得更黏(这可能导致生产中的减速或停止),它们通常需要被加热以获得保持流动性的最佳温度。

所有标准都会遇到来自经济、政治和技术方面的挑战,会有成百上千的人参与其中——主要是生产者、使用者和认证机构——他们在制定标准的反反复复的过程中发挥了关键作用。IEEE 515 也没有什么不同。

本·约翰逊(Ben Johnson)和理查德·H·休利特(Richard H. Hulett)在最初的标准制定过程中发挥了重要作用,几乎从一开始就参与了修订工作。本·约翰逊职业生涯的大部分时间都在电伴热产品和服务的主要开发商 THERMON 制造公司工作。理查德·H·休利特是 IEEE 515 工作组的主席,负责监督标准的修订。理查德·H·休利特早些时候为 Raychem 公司工作,当时 Raychem 公司是 THERMON 制造公司的一个强有力的竞争对手。约翰逊和休利特目前都是 THERMON 制造公司的高级顾问。

在开发电伴热系统之前,加工工业用蒸汽来加热管道。但是,蒸汽有严重的缺点,其中之一就是安全问题。在 20 世纪 60 年代和 70 年代,电伴热系统(electrical trace heating)开始出现,它有显著的优势。本·约翰逊说:"蒸汽肯定能完成这项工作,但它的效率很低,它并不像电伴热系统那样方便灵活——它没有为使用它的电厂提供任何便利。"

电伴热方法有许多优点,但是最初,加工工业用户对采用该方法信心不足,这主要是因为它是新的产品解决方案,并且在测试和安装中存在不一致性。需要一个强有力的标准来提高人们对电伴热系统的信心,提高兼容性从而帮助扩大市场。所有这些原因促进了 IEEE 515 的早期发展。

理查德解释说:"与蒸汽相比,电伴热系统更容易维护,而且可以更精确地控制温度,从而可以节省能源。蒸汽也会泄漏,所以你需要防漏水方案。在蒸汽系统中,总会有漏水的地方,所以电力确实是一种更清洁、更好的解决方案。"

建立新的标准

有些标准是由政府需求推动的，而 IEEE 515 主要由经济和安全需求推动，该标准的目标是为更安全地应用和安装电伴热系统提供指南。与蒸汽加热相比，电伴热解决方案在加工工业中更具经济优势。这意味着制造商、用户和监管机构必须掌握这项技术，就最佳测试程序达成一致，并制定标准，让那些对电伴热系统缺乏了解的人也能更安全地安装这些系统。

"你必须要有通用的系统，否则你会得到各种各样的结果。"约翰逊说，"加工工业不能容忍的一件事是停工，这些行业必须保持百分之百的正常运行，所以我们把整个行业聚集起来制定了标准。当然，这之中肯定有妥协，但共同的目标始终是保持行业的生产率并确保安全。"

制定 IEEE 515 最初版本的工作实际上开始于 1980 年。第一个 IEEE 515 工作组包括用户、供应商和认证机构。工作组的所有成员都来自美国。随着时间的推移，IEEE 515 成为其他伴随加热标准的基础。然而，在全球范围提供伴随加热产品的制造商发现不仅要满足 IEEE 515 的测试要求，而且要满足不同国家的测试要求。这促使 IEEE 515 工作组审查北美和国际伴随加热标准，以确定可以合并和补充的内容来创建更通用的伴随加热标准。当时除美国以外，该技术标准的主要贡献来源于加拿大的电气代码系统。2000 年初，加拿大标准协会（CSA）成立了一个工作组，将其伴随加热标准 130-M1985 和 138-M1983 合并为一个标准。与此同时，欧盟 EU 采用了 IEC 62086 作为爆炸性环境中伴随加热标准。总体来说，这些努力促进了标准的协调，但是仍有许多问题需要解决。随着国际业务的扩大，设备生产商、用户和顾问看到了建立工业伴随加热全球标准的好处。

求同存异

在任何新标准的开发中，代表许多不同组织的个人都将参与到标准制定的工作中来。很明显，每个参与者都代表一方利益并希望标准按他们的方式制定。他们想让一个行业起步，影响市场，或者满足政府的要求。但是，在现实中，总有恰当的规定确保没有任何一个立场或特殊利益能拥有完全的控制权。

IEEE 515 的初始工作组集合了制造商、用户和测试机构。当然，这其中也会有冲突，特别是在标准开发的早期阶段。"从很多方面来看，这就是一场斗争，"约翰逊说，"但我们所做的并不是担心制造商可能想要什么。相反，我们非常依赖于来自用户的反馈，尤其是在 IEEE 515 的早期版本中。这为确定使用什么方法测试产品，使用什么方法确保产品更安全、安装程序更清晰奠定了基础。我们想把风险降到最低。最终，工业界对电伴热解决方案产生了信心。"

成立一个工作组

制定标准的第一步是成立一个工作组，由懂技术和擅长组织协调并有意愿参加的人们组成，他们共同努力为当前的挑战制定最佳的解决方案。"如果你正在组建一个工作小组来制定标准，你需要把用户和主要制造商聚集在一起。"理查德·休利特指出，"你招募他们参与，同时你也在寻求国家级测试实验室或机构的参与，因为你想制定一个标准，把行业真正需要的东西结合在一起。你可能是从零开始，它不会一蹴而就……它也许不那么通用。你想让每个人都参与进来。"

IEEE 515 于 1983 年作为参考建议首次发布。在最初的那几年里，工作组需要就许多问题达成一致，并想尽办法解决一些关键性的技术问题。

"作为一个团队，我们必须在一个关键问题上达成共识：测试过程。"本·约翰逊表示，"在石油和化学工业中，电伴热系统的关键问题是确保伴随加热器的温度不会太高，以免导致气体或蒸汽在易爆环境中燃烧。这就是我们必须要攻克的难关。"

IEEE 515 最终在 1997 年作为正式的标准发布。"当我们的产品通过认证时，"约翰逊说，"当然，它们必须坚固耐用，它采用的材料能够在各种气体环境中工作。这是前提。但制造商也必须向世界各地的安全团体证明他们有能力确保他们的产品可以持续工作。必须证明他们有能力在典型安装配置中预测伴随加热器的最高保护温度——如 IEEE 515 中的管雕测试。它告诉你如何运行测试，以便你可以验证预测的保护温度。"

数十年来，由于代表不同利益的个体希望采用不同的测试方法，挑选最佳的测试方法一直是工作组面临的挑战。严格的测试对于确保产品的可靠性至关重要。在 IEEE 515 发布之后，美国国家认证测试实验室（NRTL）采用了 IEEE 515 中的测试要求。然而，正如休利特在《IEEE 工业应用》1/2 月刊的专题文章中指出的（基于 2012 年 IAS 石油和化学工业技术会议上的报告），国际上伴随加热产品的制造商发现，他们不仅要按照 IEEE 515 的测试要求进行测试，还要按照不同国家的不同要求进行测试。在 IEEE 515 第一个五年期标准修订审查中，标准工作组决定审查北美和国际贸易中的伴随加热标准，以决定可以合并哪些标准，以及需要增加哪些标准，以获得更通用的伴随加热标准。审查的结果把国际标准中的一些测试工作增加进来。

信心倍增

IEEE 515 一发布，其影响就立即显现了出来。加工工业的用户非常有信心地开始使用电伴热系统。"新标准增强了使用伴随加热的信心。工业界不必怀疑它是否会起作用"，约翰逊说。

随着人们对电伴热技术信心的增长，影响迅速扩大。在石油工业中，新的应用浮出水面，效果良好。"以阿拉斯加北坡的石油勘探为例，"约翰逊说："在这项应用中，加热石油是运输的关键。你只需要想出一个行之有效的解决办法。有了 IEEE 515，工业用户能够可靠地向世界输送石油，因为电伴热是可行的，而且是安全的。"

电伴热系统的应用很快就突破了石油工业。其他行业，如制药、食品加工甚至运输，很快就看到了电伴热系统的优势。现在，很少有行业不使用某种形式的电伴热系统。如果没有一个适当的标准来帮助确保系统运行良好并更加安全，这一切都不可能实现。

例如，在化妆品工业中，唇膏在生产过程中必须处于均衡的温度中。制药工业在其生产设施中使用电伴热系统。啤酒生产是另一个例子，其可接受的温度变化范围非常窄。类似地，食品加工使用电伴热系统来制作汤、巧克力、脂肪、油脂和许多其他产品。

其他例子还包括使用电伴热系统来防止摩天大楼的顶部结冰，以防止冰落到人身上或下面的建筑上。电伴热系统还用于帮助防止机场运输系统的轨道结冰，以及帮助防止飞机机翼结冰。在一些新建的旅馆中，通过按需烧水而不是让水在锅炉里一直烧来提高热水分配效率。

制造商经验增长

电伴热技术的发展及其标准投入应用对制造商的影响是电伴热设备生产、系统规划和安装支持需求的巨大增长。自 IEEE 515 问世以来的几十年里，制造商的收入增长了 20 多倍，他们为解决行业问题提供了产品和服务。

大卫·布朗（David Brown）从艾默生通用信号公司（Emerson General Signal）退休，目前是 IEEE 515 工作组的联席主席。他说："在科技发展的早期，人们通过学徒制（与那些知识更丰富的导师一起工作）传授知识。"随着全球经济开始工业化,通过直接经验传递知识的旧方法不再可行。IEEE 515 作为"知识库",为在行业中传播知识价值提供了载体;也就是说,防止新兴工业化社会经历漫长而昂贵的学习曲线。这就缩短了时间周期,从而提高了社会的生活水平。

任何标准都不会停滞不前。IEEE 有标准修订的相关规则。一旦有了一个完整的标准,就意味着要重新确认标准或再次修订它。标准的更新实际上是一个持续的过程,尽管制定标准的人都可能会变。产品和技术这些年来在不断变化,IEEE 515 经常进行全面更新,而且每次都不是简单的修订。有趣的是,许多参与标准初始开发的人在数十年后仍在参与修订工作。

IEEE 515 的全球化是其多年来的主要成绩。"IEEE 515 一经发布,就被美国以外的企业采用",本·约翰逊表示,"例如,在美国使用 IEEE 515 规范和要求的企业将在世界其他地方建厂,他们要求这些新厂执行 IEEE 515。"对用户来说,拥有国际标准非常重要,尤其是那些希望拥有流程化生产工厂的用户。休利特说:"想象一下像壳牌石油这样的公司,它拥有从德克萨斯州休斯敦到加拿大阿尔伯塔省到马来西亚的工厂和业务。""有了统一的标准,他们就可以设计和管理非常相似的设施,从相同的标准中寻求指导。这节省了规划、管理和维护时间,当然也节省了资金。"全球许多没有美国基地的用户也通过制造商和工程设计公司接触到 IEEE 515,这些公司将该标准纳入设计或产品供应中。

走向全球

虽然 IEEE 515 是美国明确使用的电伴热系统标准,但全球还有其他电伴热标准。在欧洲,许多国家向 IEC 的伴随加热标准 IEC 60079-39 寻求指导。虽然这两个标准存在差异,但肯定也有相似之处。多年来,在 IEEE 515 的修订过程中,出现了许多变化,推动该标准朝着更加全球化的方向发展。IEEE 515 的下一步工作是完成一个全新标准的开发,这方面的工作已经开始。目前,业界一致认为 IEC 和 IEEE 的伴热标准将在未来几年中相互协调以建立电伴热应用的全球标准,称为 IEC/IEEE 60079-30。休利特说:"这个联合标准将使电伴热的用户真正受益。"

约翰逊说:"我们需要为全球市场做准备。如果您对全球市场有兴趣,这就是应该做的事。现在的团队基本上与之前参与电伴热标准工作的相同。但是,尽管我们正在共同努力交付一份联合文件,但各个组织的批准过程是独立的。因此,当文件准备好进入投票流程时,IEC 和 IEEE 都必须批准它。我们将继续进行修订，直到这两方都批准，从而建立一个新的国际标准。"

当制定一个新标准或修订现有标准时，行业、政府和其他团体的代表都可参加。那些参与到标准工作中的人有机会从他们的经历中获得显著的专业提升。与制造商、用户、测试机构、政府官员和其他人组成的团队工作，能够了解专业人员的工作情况，也可能为行业带来革命性变化。

"当你参与到标准制定中时，你就可以看到一家公司或一个行业的发展。而且你会和备受尊敬的同行一起工作。"约翰逊说，"它能让你以更广泛的角度去看待自己的工作，这肯定会让你比那些没有参与的人更有优势。"

"在标准制定中需要哪些技能？"约翰逊说，"你必须是一个善于妥协的人，并且有较高的技术水平，因为你的同事将会是这样。最重要的是，IEEE 515 是一个帮助行业发展的标准，是致力于提高电伴热使用信心的所有人员共同努力的结果。"

还有更多的标准需要制定和修订。事实上，当前的技术发展速度在很大程度上推动了全球标准制定活动的发展。

IEEE515 的历史和时间线

一个标准的演变

1983 年——IEEE 515 作为参考建议发布。
IEEE 515 最早发表于 1983 年，作为参考建议，为用户提供电伴热系统集成方面的指导，增加用户对其使用和安全的信心。Underwriters Laboratories（UL）和工厂互助保险公司（Factory Mutual Insurance Co.）（也称为 FM Global）采用这项标准进行认可测试。FM Global 是一家国际财产保险和防损失工程公司，主要工作是对工业和商业产品和服务的火灾和爆炸危险进行测试。

1989 年——第一次修订。
在 1984 年至 1989 年的第一个 5 年审查周期中，相关人员在协调 IEEE 515 与其他北美和欧洲标准之间的关系方面做出了重大努力。此外，他们还讨论了常规情况下，在可能存在可燃气体或蒸汽的地方如何使用电伴热系统，特别是第 1 类第 1 组应用。

1997 年——第二次修订。
1997 年，IEEE 515 被提升为正式标准。标准的适用范围扩大到美标区域加热器。为了提供热冲击循环测试，还增加了 32 周的基准测试。该测试建立了新产品的最低性能标准，提供了能验证制造商所标定的产品温度等级的系统,并提供了加热装置的最低可接受质量/性能水平。

2004 年——第三次修订。

2004 年修订增加了 12 周温度循环测试用于替代 32 周基准测试。本版本还使 T 级最高保护温度耐受性与 IEC 60079-30（IEC 60079-30-1-1-2007 [B15] a 和 IEC 60079-30-2-2007 [B16]）相一致。

2011 年——第四次修订。

2011 年修订包括与国际标准的协调,以及扩展了关于最高保护温度测定和设计的章节。

下一步是什么？共同制定国际标准：IEC/IEEE 60079-30

到 2013 年年中,IEEE 515 进行了若干修改和补充,使其向成为真正的国际标准又进了一步。其中一些测试和程序比其他测试和程序更复杂。

其中一种是冲击测试,旨在确定加热器在安装后是否能承受扳手或其他类型工具的冲击而不损坏系统。现有的 IEEE 515 测试是在建议的最低安装温度下进行的,而 IEC 60079-30 冲击测试是在室温下进行的。理查德·休利特说,从直觉上看,工作组认为更冷的温度试验会更困难。然而,冲击载荷和冲击装置是不同的。IEEE 515 冲击装置是平的,而 IEC 冲击通过 25mm 直径的圆柱体。两个审批小组的成员同意对工作组成员提供的各种伴随加热器样品进行这两个测试。

另一种是 2013 年年中进行的介电试验,旨在验证施工和连接间距中是否有足够的介电材料。该测试在初始构造样品上进行,也在机械载荷和暴露测试之后进行。为了符合 IEC 标准,工作组将机械载荷和暴露测试之后 MI 电缆介电测试电压从 2×工作电压+1000Vac 降低到 2×工作电压+500Vac。从 MI 电气绝缘性相对于聚合物绝缘性来看,这种降低是合理的,并且 MI 电缆在 2×工作电压+500Vac 下测试的结果显示出其可靠的性能。

工作组在制定全球标准的后期仍在努力解决的另一个细节是验证额定输出测试,该测试用于建立测量伴随加热器功率输出的标准方案。IEEE 515 中提供了 3 种方式：电导、电阻和热。恒定功率伴随加热器通常使用电阻法,功率输出随管道温度变化的自调节伴随加热器使用热法。因此,专家组决定,不需要为这项测试采取进一步的协调行动。

IEEE 和 IEC 工作组关注的另一个例子是变形测试,该测试用于证明：在安装到管道或容器上之后,伴随加热器具有足够的强度,能够承受有人踩踏加热器或有梯子靠在加热器上,这也是确定全球 IEEE/IEC 电伴热系统标准的最终细节之一。工作组决定不降低测试负载。

同样，工作小组决定在可燃性测试中不需要进一步协调。IEEE 515、CSA 13003 和 IEC 60079-30 中的测试方法对于该测试来说足够相似，该试验用来测量加热器的易燃性和防火焰的能力。

2013 年仍在讨论的关键要素之一是制定危险场所的伴随加热标准，从而将区域分类纳入国家电气代码并为 IEEE 515 向国际标准迈进提供支持。在 IEC TC31 下成立了一个工作组，用以制定爆炸性环境的伴随加热标准。同样，如 IEEE 工业应用文章所指出的，2000 年初，CSA 在加拿大成立了一个工作组以将其交换加热标准 130-M1985 和 138-M1983 合并成一个标准。随着 IEEE 515 全面覆盖工业伴热的各个方面，新的 IEC 伴热标准 IEC 62086《爆炸性气体环境用电气设备-电阻伴热》（第 1 部分和第 2 部分）和 CSA C 22.2 130-03《电阻加热电缆和加热装置要求》在类型测试要求、常规测试和大多数设计建议方面都遵循 IEEE 515 标准。

正如休利特在他与达斯迪·布朗合著的文章中指出的，用于爆炸性环境中电阻伴随加热 IEC 标准的当前版本是 IEC 60079-30，下一步 IEC 和 IEEE 将签订联合开发协议，该协议的成果将是一个用于爆炸性环境的 IEC/IEEE 电阻伴随加热标准。

2012 年和 2013 年的大部分时间都致力于协调 IEEE 515、CSA 和 IEC 版本的电伴热标准之间的差别。IEEE 515 工作组领导人预计，最终的全球标准将被命名为 IEEE/IEC 60079-30——最迟在 2014 年底前获得批准，当然该标准还需要定期修订。

IEEE 515 标准由 IEEE IAS 指导下的 IEEE PCIC 内的工业应用电伴热工作组开发和维护。

第4章
电视"空白频谱"标准开辟新市场

　　模拟电视 UHF 信道之间的空白频谱区间正逐渐转向提供无执照使用服务。它们被称为"电视空白频谱",为移动数据网络运营商和用户以及其他服务(包括备受关注的物联网)所面临的无线频谱短缺问题打开了一条出路。

　　当然,这其中少不了一场恶斗,尤其是来自电视广播公司的斗争。

　　在 2008 年 11 月美国联邦通信委员会(FCC)同意开放未使用的广播电视频谱供无执照使用之前,有执照的商业广播公司、监管机构、宗教团体、美国国会议员、体育和娱乐场所的管理者和所有者以及移动通信业界进行了 2 年的辩论,FCC 也进行了 6 年的研究。

　　FCC 当时的主席朱利叶斯·格纳科夫斯基(Julius Genachowski)在 2012 年拉斯维加斯国际消费电子展(CES)上告诉听众,"频谱短缺"有可能会打击全球不断增长的移动设备用户,媒体注意到了这个词并一直在使用它。到 2013 年底,移动电话、平板电脑、笔记本电脑和其他无线设备的数量超过了世界人口的数量。扬基(Yankee)集团预计,到 2015 年,消费者对无线应用和服务的需求将达到 2012 年的 60 倍。爱立信(Ericsson)公司表示,预计 2011 年至 2016 年,全球移动数据业务将增长 10 倍,移动宽带连接将从 2011 年的 9 亿条增至 2016 年的近 50 亿条。格纳科夫斯基告诉 CES 听众,如果美国国会不对频谱立法采取行动,那么美国在移动市场的领导地位将岌岌可危。

　　美国消费电子协会(CEA)总裁兼首席执行官加里·夏皮罗(Gary Shapiro)很快表示同意这一观点。"这些设备需要频谱,"夏皮罗说,"几乎每个美国人都将很快拥有至少一款无线产品。推迟频谱拍卖将意味着我们的政策制定者将对未来掉线、服务中断、停电或所有可能出现的不可预测的服务负责。"

FCC 工程与技术办公室（OET）主任朱利叶斯·纳普（Julius Knapp）通过他的 FCC 官方博客写道，"为无执照的设备提供更多的频段已经引发了一波创新浪潮，WiFi 和蓝牙位列其中，需要有渠道为其他无线应用提供可用的频谱，当前有些甚至还没有提上日程或开发出来。"

在决定允许无执照电视空白频谱（TVWS）数据服务进入空闲的电视频道后，谷歌公司联合创始人拉里·佩奇（Larry Page）在自己的博客中写道："作为一名工程师，我很高兴看到 FCC 将科学置于政治之上。多年来，广播业的政府说客和其他人一直试图传播对这项技术的恐惧和困惑，而不是让 FCC 的工程师们简单地完成他们的工作。"佩奇在代表委员会宣布扩大宽带接入范围的决定时说："我们很快就会让 WiFi 蓬勃发展。"

使之成为现实

两个关键因素推动电视空白频谱用于无线宽带和其他服务。首先是商业广播从模拟技术向数字技术的转变。在 FCC 的批准下，美国于 2009 年 6 月实现了这一转变，使得将这些窄频段适配到 700MHz 频带成为可能。由 FCC 分配的空白频谱频带包括 54～72MHz、76～88MHz、174～216MHz、470～608MHz 和 614～698MHz。

美国国会通过了一项扩展工资税法案，允许 FCC 为无线宽带应用创造无执照的空白频谱。FCC 已经在制定一个计划来拍卖频谱，这些频谱来自愿意放弃部分 600MHz 频谱的电视广播公司。一些业内人士估计，这个计划可能会产生 200 亿美元的收入，这笔钱可能会被用来帮助抵消工资税立法中增加失业福利的成本。拍卖定于 2014 年开始。普华永道（Pricewaterhouse Cooper LLC）对北美无线产业的研究预计，拍卖过程还需要 5～8 年才能完成。与此同时，FCC 与美国国家电信和信息管理局（NTIA，美国联邦政府的电信监管机构）合作，对商业组织和政府机构在 1755～1780MHz 频段的频谱共享进行测试，这可能使 FCC 能够在 2016 年底或 2017 年底前拍卖配对频谱。

保护现有系统

为了管理电视空白频谱的使用并保护许可的广播服务，FCC 制定了相关政策要求开发数据库系统用于检测和跟踪潜在用户在新的可用频谱之间的干扰。最终，FCC 工程与技术办公室批准了几个不同的数据库提供商对他们的系统进行 45 天的公开测试。空白频谱设备数据库管理者的初始名单包括 Microsoft、

Google、iconectiv（以前是 Telcordia）、Spectrum Bridge 和 Key Bridge Global，后来又增加了 Comsearch。上述每个公司都将开发和提供数据库以检测对电视广播公司和其他 RF 信号的干扰，从而确定哪些空白频谱可以使用以及何时可以使用；无线设备将查询地理位置数据库以确保在其发射自己的信号之前没有人在使用该频谱。引用 FCC 的 OET 的话说，"虽然多个数据库管理员的操作可能会带来一些协调方面的挑战，但我们发现，让多方为这一新机制开发商业模型符合公众利益。这项工作的价值不仅限于电视频带的数据库，因为委员会还在考虑在其他频带采用类似的数据库方法。"

2009 年，Spectrum Bridge 根据 FCC 颁发的实验性许可证，设计并部署了第一个空白频谱网络，这让它领先于其他厂商。Spectrum Bridge 参与了微软、戴尔和 TDF 基金会为弗吉尼亚州克劳德维尔一个没有宽带连接的农村社区的学校提供计算机和软件的项目。根据该项目的实践经验，Spectrum Bridge 表示该网络不会对本地电视信号造成干扰，因为它是由该公司的电视空白频谱数据库系统控制的。

2012 年 8 月，Spectrum Bridge 开发了合作伙伴认证计划，旨在帮助原始设备制造商（OEM）获得其电视空白频谱设备的 FCC 认证。根据该计划，OEM 必须遵守 TVWS 数据库规则，Spectrum Bridge 表示，"FCC 对 TVWS 的要求比之前的 FCC 文件第 15 部分关于无线电如何才能接入频谱的规则要复杂得多，这使认证过程复杂化。因为 TVWS 无线电通常在很宽的频率范围内工作，并且必须避免干扰频谱的现有用户，例如电视广播或使用无线麦克风的教堂和学校。"

设置标准

美国并不是唯一一个认识到将电视空白频谱用于无执照服务能带来好处的国家。事实上，当 FCC 刚刚开始挖掘这一新的频谱使用机会时，英国通信办公室（Ofcom，相当于美国的 FCC）已经批准了英国宽带互联网和其他服务的空白频段频谱使用，并邀请工业部门参与在英国使用"空白频谱技术"的试点项目。日本在这一领域也很活跃，中国正在主办一系列论坛，以提高其对采用电视空白频谱的兴趣。但是，制定一个技术标准，以确保在指定的电视空白频段频谱中运行的产品和服务的互操作性，是一项挑战。"毫无疑问，世界不同地区制定的标准最初会有所不同，"英国剑桥咨询公司（Cambridge Consultants）的一项研究显示，"长远来看，如果想要获得重要地理区域内的成功，就需要协调统一。"

一旦 FCC 正式释放电视空白频谱之后，IEEE 的标准开发机构——IEEE 标准协会（IEEE-SA）马上开始工作，成立了 IEEE 802.22 工作组（WG），该工作组由工业和其他领域利益相关方组成，制定电视空白频谱相关的技术标准。该组织于 2011 年 7 月宣布发布 IEEE 802.22 作为固定无线区域网络（WRAN）新的全球标准。IEEE 802.22.2 规定了用于部署 IEEE 802.22 系统的推荐做法，以确保在符合监管要求的同时不对电视广播商和许可辅助服务造成干扰。每个 WRAN 可以在 10~30km 的半径上传送 22~29Mbit/s 的数据速率，这将适应新的设备设计而不干扰现有电视广播信号的接收。

IEEE 802.22 工作组一直保持活跃，不断在其初始工作基础上进行更新和扩展。该小组于 2011 年 7 月发布了 IEEE 802.22-2011（在电视频段部署可认知的无线区域网络标准）作为官方 IEEE 标准，并于 2010 年 11 月发布了 IEEE 802.22.1 标准（这是一项针对授权设备的干扰保护的标准）。2012 年 9 月，他们还发布了 IEEE 802.22.2-2012，作为 IEEE 802.22 系统安装和部署的推荐规范。IEEE 802.22-2011 实际上是第一个用于开发利用电视空白频谱的 IEEE 802 标准。这也是第一个关注农村地区的宽带连接的 IEEE 标准，在农村地区有大量闲置的电视频谱。标准小组继续推进工作，包括涉及高级信标的 IEEE P802.22.1（"P"表示该标准正在制定或计划阶段）和涉及信息数据库管理、接口控制、流程和优化完善信息库管理的 IEEE 802.221a 项目。2012 年 3 月，IEEE 802.22 工作组已经批准了 IEEE P802.22b，增强了该技术的宽带和监控应用。到 2013 年年初，IEEE 802.22 工作组已经完成并发布了 IEEE 802.22.2-2012，以及关于安装和部署早期标准——IEEE 802.22-2010 和 IEEE 802.22.1-2011 的附加建议。

在另一个发展方向上，IEEE-SA 在 2014 年 9 月发布了 IEEE 802.19.1——电视空白频谱共存方法标准。"IEEE 802.19.1 使得 IEEE 802 无线共存工作组能够有效地利用电视空白频谱，"IEEE 802.19 无线共存工作组主席 Steve Shellhammer 说，"这是通过在不同的或独立操作的 TVWS 网络之间提供标准化共存方法来实现的。"IEEE 802.19.1 标准旨在帮助实现公平和有效的频谱共享。该标准还对 TVWS 设备的认知无线电能力（包括地理定位认知和对信息数据库的访问）进行了分级，并且规定了收集并提供关于 TVWS 网络共存信息的"共存发现和信息服务器"。此外，它还指定了一个共存管理器，利用来自共存服务器的信息增强 TVWS 的共存。它还定义了通用共存架构和协议以及若干配置文件，以实现共存系统在各种场景中经济灵活地部署。

超级无线网络？

另一项 IEEE 标准 802.11af（称为 Super WiFi 或 White-Fi）也被纳入研究，它非常适用于利用无执照空白频谱的城市地区 WiFi 热点和农村宽带系统中的"最后一英里"连接等低功率宽带系统。鉴于空白频谱的传播效应，远程监控也入围其中，使其更容易提供对远程设施的访问。另一个入选者是 WiFi 回程，那些在商业场所、校园和酒店（IEEE 802.11af 或 IEEE 802.11a/b/g/n）中安装的 WiFi，为 WiFi 接入点提供因特网连接。（WiFi 联盟对术语"超级 WiFi"特别敏感，主要原因在于：当与电视空白频谱同时使用时，可能会造成混淆；WiFi 是 WiFi 联盟的注册商标，术语"超级 WiFi"不是该品牌授权的扩展。）

2009 年 IEEE 802.11 工作组成立 IEEE 802.11af 任务组（TG），对 802.11 物理层（PHY）和媒体接入控制（MAC）层进行修改，以满足电视空白频谱中的频道访问和共存的需求。此后，802.11af 的支持者一直密切关注并遵循各种规则，以便在全球空白频谱中推广 WiFi 技术。2012 年 9 月，IEEE 802.11af 工作组发布了其第一个标准（草案 2.0）。2014 年 2 月，IEEE-SA 发布了 IEEE 802.11af-2013，旨在允许在空白频谱中使用 IEEE 802.11 无线局域网（WLAN）。由"af"添加的功能旨在提供地理位置数据库访问以前不可用、未使用或未充分利用的频率。该修正案确立了一个全球标准。IEEE 802.11af 在 6MHz、7MHz 和 8MHz 信道中运行，允许向后兼容现有的国际电视频带分配。根据修订后的标准，可在 1~4 个信道（或连续或在两个非连续块中）中进行配置，从而使设备能充分利用分段电视频带中的频谱以获得高数据速率。

WhiteSpace 联盟相信 802.11af 将提供与 802.22 类似的用户体验，但仍存在一些差异。由于 VHF/UHF 频段需要更大的天线和组件，在电视空白频谱中使用的设备可能比普通 WiFi 设备体积更大。IEEE 802.22 WRAN 工作组的主席 Apurva N. Mody 博士（促进电视空白频谱开发和使用的行业组织 WhiteSpace 联盟负责人）认为，IEEE 802.22 有可能为 IEEE 802.11af 设备提供回程传输，"速度将取决于可用的总带宽。在城市地区，我们预计只有很少的电视空白频谱。然而，在农村地区，将会有大量的频段，这意味着更大的覆盖面和可用性。"日本国家信息和通信技术研究所（NICT）也已经成为 802.11af 空白频谱技术发展的积极贡献者，千兆位图书馆网络（GLN）已经与无线互联网服务供应商协会建立了伙伴关系，以便于依据 802.11af 标准在美国各地的图书馆部署电视空白频谱应用。超过 90% 的美国图书馆已经使用无执照的无线频谱（WiFi）为约 8,000 万人提供免费的有线和无线互联网接入。

动态频谱接入

从技术角度看，2013 年 6 月动态频谱联盟（DSA）的成立，有力推动了电视空白频谱进一步的发展。动态频谱联盟由近 40 个组织组成，致力于推广"动态频谱接入"技术的使用，它可以通过利用未使用和低效使用的无线电频谱（如电视空白频谱）来避免干扰。该技术能够随着变化的 RF 条件自动调整频率。该联盟表示，它在技术上是中立的，支持所有基于标准的和有利于增加可用频谱数量的技术。具体而言，DSA 要求各国政府向许可、免许可和适量许可的动态接入开放未使用的频谱，并支持允许多种技术平台共存的技术中立法规条款。它还支持长期努力使动态频谱技术成为无线电频谱的默认模式，并制定解决合法干扰问题的技术规则。最初的 DSA 成员包括微软、BSkyB、Ruckus Wireless、InterDigital、日本的 NICT、空白频谱通信 Strathclyde 中心、非洲空白频谱技术、"台湾"信息产业研究所、俄勒冈大学的网络启动资源中心、新加坡信息通信研究所（I2R）和纽埃尔有限公司（Nuel Ltd），其中纽埃尔有限公司成立于 2010 年，是一家总部位于英国剑桥的机对机（M2M）专业公司，它促使 SIG 在 M2M 应用中加速采用空白频谱。谷歌、Facebook 和 TI 也是 DSA 的成员。

DSA 于 2014 年 3 月向 FCC 提交了第一份申请，以支持其增加对 600MHz、3.5GHz 和 5GHz 频带中未使用的无线电频率的动态接入。该联盟的文件中包括了几项对提高频谱使用效率的建议，其中包括 FCC 立即批准那些已经许可频谱的"要么使用要么共享"原则，该原则将允许有一个数据库继续保护新频带中的执照持有人。

共享频谱公司（Shared Spectrum, Inc.）是一家总部位于维也纳的公司，成立于 2000 年，致力于开发认知无线电和其他抗干扰技术。该公司表示，动态频谱接入技术使无线电能够安全地共享多个频带，而不会干扰旧的或遗留的无线系统。DSA 支持的设备通过将射频、信号处理、联网和检测技术与 DSA 软件算法结合起来，能比当前静态频谱接入技术提供更多的通信容量。DSA 还在 3 个维度（频率、位置和时间）上提高频谱利用率。因为许多频段实际上仅在一小部分时间和相对较少的位置上使用，所以 DSA 使得两个或更多个网络能够共享给定的频带，它还使得无线服务提供商或频谱用户能够在给定频带中设置多个应用程序或服务。

DSA 和军队

2005 年，共享频谱公司（Shared Spectrum）凭借在 DSA 研究中占据的优势，获得了一份由美国国防部（DoD）国防高级研究计划局（DARPA）资助并由美国空军研究实验室（U. S. Air Force Research Laboratory）管理的下一代项目合同。该合同要求开发能够动态接入频谱的军用无线电技术和系统概念。根据共享频谱公司发布的信息，该项目的目标是用简化的射频频谱使用计划和无须设置时间的方式来实现访问 10 倍以上频谱的能力。根据共享频谱公司发布的信息，DARPA 正在设法开发一种能够在不干扰现有商业和军事通信系统的情况下成功对抗干扰攻击的系统。"我们完成了合同的工作，"共享频谱公司 Tom Stroup 说，"将 DSA 移植到不同的军用无线电上，并继续将 DSA 应用到其他平台上。我们还与 DARPA 就其他频谱相关事项开展合作。"

随后对动态频谱共享的推动出现在 2014 年 7 月，当时 FCC 和 NTIA 启动了一个开发动态频谱共享测试平台的项目。这两个机构联合呼吁公众支持建立公私伙伴关系，以建立一个"示范城市"来测试先进动态频谱共享的基础技术和系统能力。这些机构表示，这次测试可能包括"在现实环境中跨多个频段进行大规模系统级测试，包括公共安全和选定的政府频带。"

DSA 在加入 ITU 研发部门（ITU-D）后获得了进一步的认可，后者致力于发展和改善发展中国家的电信网络。作为 ITU-D 成员，DSA 将参加 ITU-D 研究组，以促进有效的频谱管理。

认知无线电技术具有自动定位和共享无线电频段的能力，使其能够为商业用户和军事应用提供一种利用空白频谱的可选途径。弗吉尼亚理工大学工程学院（College of Engineering at Virginia Tech）在美国国家科学基金会（National Science Foundation）和美国海军研究办公室（Office of Naval Research）的资助下，研究了一系列基于认知无线电的频谱共享解决方案，解决了不同类型的问题和应用。与此同时，高通（Qualcomm）公司一直在推进移动用户共享带宽，把来自社区内的家庭用小型、低成本、即插即用单元的信号集成到一个统一的网络中。高通公司为这些与家庭蜂窝（femtocell）概念类似的小型网络提供了参考设计，它们比手机大不了多少。

共享频谱公司的 Stroup 说："我们已经将我们的传感能力集成到 InterDigital 开发的家庭蜂窝平台中，以访问电视空白频谱、移动通信和 WiFi 频带。它正在美国以外的地方进行载波测试，在该波段相关的一些问题得到解决后，我们预计将在全球部署。我们还在努力改进相关技术，使其在其他频段上实现共享,例如 3.5GHz 频段,这将涉及与雷达系统的共享。"

寻找共同的基础

在成立 WhiteSpace 联盟时,微软公司技术政策小组负责人保罗·加内特(Paul Garnett)在一个博客中表示,虽然 23 家公司可能不会在所有问题上达成一致,但"我们正在努力寻找共同点,并将利用这一共同目标,加快这项技术在全球范围内的发展。"该小组的核心关注领域是在未获授权的情况下(类似 WiFi)使用闲置的电视频段,这些频段特别适合于在低功率下进行远程连接。

受在空白频谱无线电系统研究、设计和标准化中推广 DSA 应用的热情驱动,IEEE 动态频谱接入网络(Dynamic Spectrum Access Network,DySPAN)标准委员会(前 IEEE 标准协调委员会 41(SCC41))对 DSA、认知无线电、干扰管理、无线系统协调、高级频谱管理和下一代无线电系统政策问题的标准项目提出了自己的建议。IEEE P1900 由 IEEE 通信协会(ComSoc)和 IEEE 电磁兼容性(EMC)协会在 2005 年第一季度联合建立,主要关注空白频谱无线电系统的标准化,为开发下一代无线电技术和更先进的频谱管理系统制定支持性标准。2007 年 3 月,IEEE-SA 标准委员会批准 SCC41 与 IEEE 1900 重组,主要原因在于这两个协会支持该标准计划。2010 年末,ComSoc 标准委员会联系 IEEE SCC41,建议 SCC41 直接对 ComSoc 负责。IEEE-SA 标准委员会批准将项目从 SCC41 转移到 ComSoc 标准委员会,后者将该项目更名为 IEEE DySPAN-SC。

IEEE 1900.1 到 IEEE 1900.6 项目有他们自己的工作组。IEEE 1900.1 于 2008 年 9 月发布,IEEE 1900.4 于 2009 年 2 月发布。IEEE 1900.6 标准于 2011 年 4 月发布,它涵盖了 DSA 和其他先进无线电通信系统的频谱传感接口和数据结构,以增加传感器与其客户之间的互操作性。随后,IEEE 1900.6a 修正案开始启动,该修正案将把分布式传感系统集成到现有和未来的 DSA 无线电通信系统中。到 2013 年年中,IEEE DySPAN-SC 的 IEEE 1900.7 工作组正在为"支持固定和移动操作的空白动态频谱接入无线电系统的无线电接口"制定一个标准草案。

全球在这一领域取得进展的一个关键标志是 DSA 技术试点项目的激增。DSA 开始在开普敦、剑桥、赫尔辛基、肯尼亚和新加坡进行专业的技术试验和示范。包括 DSA 成员在内的一系列私人和公共合作伙伴组成了新加坡空白频谱试点小组,利用未使用的电视频道开展试点项目,以解决当地互联网接入问题。在肯尼亚，这个新的联盟正在使用完全由太阳能供电的空白频谱基站，向网络服务不足的社区（主要是学校和政府办公室）提供低成本接入和设备充电。英国电信监管机构 Ofcomm 和加拿大电信监管机构 Industry Canada 已宣布计划在 2014 年全面实施这项技术，还计划开展其他示范和试点项目。

电视空白频谱的经济学

在很大程度上，推动电视空白频谱被批准和采用是改善农村电信覆盖的需要，这是一个长期的重大政治斗争，但也是一个经济问题。只要电视空白频谱兼容的基础设备比目前服务于许多农村社区的老式微波设备价格高，满足社区服务的需要就依然难以实现。当然，随着时间的推移，以空白频谱市场为目标的发射设备的价格将会下降，但这至少需要几年的时间。另一个更大的潜在问题是能否确定有足够活跃的农村市场，以吸引空白频谱系统的开发商和供应商。一些市场分析人士认为，农村市场还不足以充分发挥电视空白频谱的潜力。例如，据 Diffision Group 估计，美国农村居民的数量不到 100 万人，可能只有 60 万人，相比美国总人口 3.12 亿人要少得多。还有一些人认为，更好的办法是通过 AIR.U（先进互联网区域）将空白频谱项目引入较小的社区。AIR.U 是一个由教育协会、私人公司和非营利组织组成的财团，旨在与大学一起为服务不足的社区建立空白频谱网络。AIR.U 的目标之一是在人口稀少的地区为 500 多所学院和大学提供无线连接。AIR.U 倡议的联合创始人、无线接入网络提供商——声明网络集团（Declaration Network Program）于 2013 年 11 月推出了快速启动网络计划，以加快农村地区宽带网络的发展。该计划是专为 AIR.U 的高等教育机构开展的项目。

关于那些广播公司

FCC 正式批准未授权的无线应用使用电视空白频谱的最大挑战在于商业广播公司及其支持者，他们声称空白频谱将干扰电视的空中广播。从模拟到数字的转变意味着广播公司不再需要部分无线频谱。但那些广播公司特别是美国的广播公司，还没有准备放弃这些无线频谱，他们发起了一场激烈的运动，从本质上扼杀了 FCC 的空白频谱计划。

起初，广播公司有一个案例。2007 年 7 月，FCC 的 OET 发布了全国广播商协会（NAB）所称的一项"备受期待的研究"，该研究揭示了未经许可的便携式设备会对电视广播信号造成干扰。FCC 的报告得出的结论是，"提交给委员会进行初步评估的原型空白频谱设备样品，并不总是能感知或检测到电视广播或无线麦克风信号"，而且"原型设备中的发射器能够对电视广播和无线麦克风造成干扰"。根据当时的在线新闻报道，这个问题主要是原型设备过热，以至于无法可靠地检测到数字电视信号。这是一个很容易解决的问题，但 NAB 很快又发布了另一个声明："未经许可的设备还没有准备好迎接它们的黄金时间。承认这点（原型设备过热）无疑证明了广播公司所表达的干扰担忧是正确的。"

有信心的 NAB 马上开始播放一则电视广告，敦促观众"告诉国会，不要允许在数字电视频谱上使用未经许可的设备"。这则电视广告在华盛顿特区的地方电视台播出了一周，同时在国会的几家出版物上刊登了平面广告。超过 15 家地方和网络广播公司也与 FCC 成员就委员会最近公布的报告进行了会谈。但是，当另一个行业组织"空白频谱联盟"（White Space Coalition）发现该测试是使用了单一来源的有缺陷硬件的时候，这就意味着 FCC 应该意识到这项技术实际上确实有效。2008 年 11 月，FCC 宣布将开始在马里兰州的几个社区对电视空白频谱原型设备进行现场测试。

NAB 再次迅速做出反应。NAB 执行副总裁丹尼斯·沃顿（Dennis Wharton）说："虽然我们赞赏 FCC 试图解决广播公司和其他人提出的重大问题，但是每一个重视无干扰电视的美国人都应该关注 FCC 的投票。通过推进"空白频谱"投票，委员会绕过了有异议的公众或同行审查，而这些对电视的未来至关重要。"沃顿表示，FCC 的决定是一场代表美国 1.1 亿个电视家庭的斗争的"开端"。NAB 在 2009 年向美国华盛顿特区上诉法院提起诉讼，挑战 FCC 的裁决。

沃顿发表上述声明时，还附上了一份支持者名单，其中包括其他广播行业组织，电视网及其附属电视台，专业体育组织（全国足球联赛、全国篮球协会、美国职棒大联盟、NASCAR 和 PGA 巡回赛），电视制造商，政治、人权和宗教团体，100 多名美国国会成员，以及包括多莉·帕尔顿（Dolly Parton）、南方小鸡组合（Dixie Chicks）、尼尔·戴蒙德（Neil Diamond）在内的 100 多名顶级艺人。

无线麦克风成为一个问题

无线麦克风大多在空闲的电视频道中运行，很快就成了一个热点问题。但由于尚未有空白频谱设备或数据库获得 FCC 的最终批准，对于电视和电台来说，要确定如何将新的可用频谱与许多艺人使用的无线麦克风一起播放还为时过早，更不用说音乐厅、剧院、夜总会和其他娱乐场所。从那时起，由律师事务所Fletcher、Hearld和Hildreth发布的CommLawBlog称，"FCC允许未经授权的TVWS数据设备进入无线麦克风使用的大部分空闲电视频道，这增加了问题的复杂化。"这无助于解决众多非法运行的无线麦克风问题。FCC规定需获得要许可证，但许可资格只限制在某些特定的用户类别中，例如广播站和网络。

百老汇联盟（Broadway League）是最直言不讳的关注电视空白频谱服务干扰的组织之一。2013年3月，该组织代表了纽约大多数影院告诉FCC，任何来自无线麦克风用户的干扰都会影响舞台现场表演。百老汇联盟也不认可FCC提出的无线麦克风用户需要注册数据库频道保护的要求，称这是不切实际和不可行的，特别是在音乐和戏剧作品在全国巡回演出的情况下。FCC最终在37号信道的两侧为无线麦克风留出两个信道，允许娱乐场所、新闻制作人员和其他无线麦克风用户在没有干扰的情况下操作。但是，2014年6月CommLawBlog发布的一篇文章称，该项举措尚未被采纳。

公共利益频谱联盟（PISC）认为FCC不应该仅为无线麦克风保留37号信道相邻的信道，而应该是开放信道，与电视设备共享未授权的频谱使用。PISC的观点是，麦克风可以使用在市场外的电视共有频道，这是未授权的设备无法获得的。PISC表示，有两类频道是未授权设备无法使用，但电视广播公司和其他公司的麦克风可以使用的，一种是21号信道之下的未占用的可用于移动电视设备的频道，另一种是麦克风与远距离（因此不可能干扰）无线电视信号共用的频道。

这种无线麦克风的争论实际上导致了另一个标准IEEE 802.22.1的出台，该标准要求使用信标方法来提供对电视空白频谱现有服务（尤其是无线麦克风）的保护。这主要是为了适应新闻报道的需要，因为新闻可能发生在任何时间和任何地方。莫迪（Mody）认为，利用数据库的方法来保护无线麦克风不是最佳的，因为使用无线麦克风的电视广播公司在特定的时间内可能无法访问数据库服务。莫迪说："人们发现，麦克风的频谱感知是不可靠的，因为如果新闻播音员坐在椅子上，来自便携式无线麦克风的信号会受到数千倍的信号衰减。这才制定了IEEE 802.22.1标准。"该系统具有位于无线麦克风附近的专用发射机（也称为信标），用于警告所有需要保护的空白频谱设备。IEEE 802.22.1-2010信标协议还包含可应用于S频带3550~3650MHz中的若干安全特征。IEEE P802.22.1工作组表示，计划为高级信标制定一个标准。

不用理会

2012年5月，NAB决定放弃对电视空白频谱使用的起诉。当时，FCC已经修改了其裁决中的一些语句，以回应无线供应商和其他相关方提出的担忧。NAB的沃顿继续对电视信号受到来自未授权设备的空白频谱干扰表示担忧。"但我们觉得这次请愿已经没有必要了，"他说。事实上，一些媒体专栏作家认为，广播公司意识到他们根本不可能赢得这场战斗，一些电视高管甚至认为，他们也许能够开发自己的能产生收益甚至能赚大钱的应用，如远程视频游戏，而这些应用能在空白频谱间隙中操作。无线行业协会、微软（Microsoft）、谷歌（Google）、戴尔（Dell）和其他行业公司对NAB的决定表示欢迎，指出这将为农村宽带、"智慧城市"（Smart City）和M2M应用领域的一系列创新提供机会。

一些广播公司抓住这个机会出售他们现有的数字频谱。2012年11月，一个名为"广播者联盟扩大机会"（Expanding Opportunities for Broadcasters Coalition）的组织正式成立，游说制定规则，以确保FCC对电视广播频谱进行的首次"激励拍卖"取得成功。2013年4月，奥巴马总统宣布了2014财年预算提案，为FCC拨款5亿美元，以帮助电视台应对频谱拍卖带来的变化。该规则要求广播公司提交投标，在反向拍卖中让渡他们6MHz波段的频谱，FCC将为此给他们支付费用。当然，该过程是自愿的；一些广播公司可能不愿放弃他们的频谱，在这种情况下，他们可能会被重新安置在广播频谱中（FCC和行业称其为"重新包装"），这一过程预计将用那5亿美元拨款支付。到那时，无线运营商就可以开始为频谱竞价了。但是，2013年11月被任命为FCC新主席的汤姆·惠勒（Tom Wheeler）表示，该委员会可能要到2014年末至2015年中的某个时候才会启动600MHz电视频谱激励拍卖，以便让欧盟委员会有机会覆盖其所有技术和政策基础。惠勒在博客中说，"管理这样一个复杂的任务：需要委员会评估它的准备情况和项目计划。"

"这不是阴谋，"惠勒在2014年4月谈到广播公司担心他们将被迫放弃自己频谱的问题，"那些想参与拍卖的人可以放弃，而那些不想的也可以不放弃。"FCC官员表示，一旦规则在2014年5月发布，它将联系广播公司，以确保他们了解拍卖和"重新包装"的程序规则。惠勒表示，2014年6月底，他将提供一份时间表，详细说明广播公司参与拍卖所需采取的步骤，从而帮助广播公司做出明智的决定。他说，FCC还将分发信息材料，这些材料将提供广播商在拍卖中自愿放弃部分或全部频谱权所能获得的大致金额，以及他们如何参与反向拍卖的信息。惠勒还表示将举办网络研讨会，解释这项创新拍卖的规则。FCC 还聘请了总部位于纽约的投资银行 Greenhill & Co. 开发培训材料，帮助说服广播公司参与拍卖。

具有讽刺意味的是，在 FCC 开始为拍卖做准备的时候，一些本应填补那些未授权频谱区间的设备已经促使人们在家不再看电视。据美联社（Associated Press）报道，"有些人已经厌倦了电视。他们已经受够了 100 多个频道。有些只是在削减成本。他们不喜欢根据电视节目表来安排自己的生活。他们厌倦了每个月要支付 1,000 多美元的账单。"事实上，尽管"大屏幕"仍是人们看电视的首选方式，但越来越多的人放弃了有线电视和卫星电视服务，转而使用笔记本电脑、智能手机和平板电脑在互联网上观看节目和电影。电视收视率服务公司尼尔森（Nielsen Co.）称这些家庭为"零电视"家庭，因为他们不再符合该公司对电视家庭的定义。

全球影响

频谱可用性因国家而异。被拍卖的频率或频带可能使欧洲电视空白频谱的发展趋于复杂化。EU 和 ITU 内部正在进行讨论，这两个组织完全支持将频谱共享用于现有服务。ITU 于 2014 年 1 月在日内瓦举行了一次由行业高管、监管机构、系统运营商、制造商和研究机构参加的空白频谱和认知无线电系统研讨会。负责频谱管理研究的 ITU-T 第 1 研究组预期在 2014 年年中之前提供关于认知无线电系统的频谱管理最佳实践的报告。

英国采取了免许可证数据库驱动的方法，并于 2011 年 6 月在剑桥对空白频谱进行了一次重大商业测试。微软公司是美国负责电视空白频谱数据库服务研究的公司之一，它使用 Adaptrum 开发的技术，与几家互联网服务提供商和其他公司（包括提供网络硬件的 BBC、诺基亚、BSkyB、BT 和 M2M Specialist-Neul Ltd.）一起进行了试验。该演示允许 Microsoft Xbox 从 Internet 上实况传输 HD 视频流。Ofcom 宣布了使用电视空白频谱框架，一旦获得 Ofcom 认证的在线数据库的批准，该框架将使空白频谱设备能够在 470MHz 和 790MHz 之间的 UHF-TV 频带频率上实现无执照操作。

Ofcom 首席执行官埃德·理查兹（Ed Richards）表示，电视空白频谱是 Ofcom 的首要任务。"搜索和回收无线电频谱中未使用的间隙，代表了一种完全不同的使用频谱的方法。这对于避免全球频谱容量紧缩至关重要，因为消费者在不同设备上需要更多带宽。" 2013 年 4 月，Ofcom 宣布了一项为期 6 个月的试点计划，名为"创新空白技术"，邀请业界参与。预计约 20 个公共和私人组织将参与 Ofcom 试点项目,该项目用于测试空白频谱设备和空白频谱数据库的互操作性,并研究可能对当前频谱用户造成的不当干扰进程。参与者包括 BT 和 Nuel,它们将与英国交通部合作测试交通信息的潜在增强效果,作为沿 Felixstone 和剑桥之间 A14 公路沿线的更广泛项目的一部分。该技术利用空白频谱向车辆发送关于交通拥堵和变化状况的数据,旨在改善为驾驶员提供的信息,并且可以减少拥堵,甚至改善道路安全。微软公司承担了在格拉斯哥测试空白频谱如何为人们提供免费 WiFi 的任务。格拉斯哥是英国城市中宽带普及率最低的城市。微软公司还将与斯特拉斯克莱德大学(University of Strathclyde)的空白频谱通信中心(Center for White Space Communications)合作,研究如何利用空白频谱将格拉斯哥周围的传感器网络连接起来,创建一个"智慧城市"。英国互联网服务提供商 Click4internet 将利用空白频谱技术,在难以到达的地方测试农村宽带,这些地方被茂密的树叶或复杂的地形所遮蔽。Click4internet 与技术合作伙伴 KTS & SineCom 合作开展了试点项目。

为了帮助加快短程和中程 M2M 连接的开发和营销(分析人士预计,未来 10 年,这一规模将增至数十亿),由 M2M 专家内尔(Nuel)领导的一个小组成立了同样位于英国的 Weightless SIG,专门推动 M2M 应用采用空白频谱。Weightless SIG 成员包括一些欧洲大型技术公司,包括 ARM Holdings、Cable & Wireless Worldwide 和 CSR。

Weightless SIG 相信其标准将降低空白频谱芯片组的成本,而免费频谱将显著降低网络成本。Weightless 的第一个版本 0.9 规范是一份 300 页的文档,它提供了开发人员充分理解和设计其芯片所需的细节,其中还有关于介质访问控制(MAC)、安全性和应用程序的部分。2013 年 4 月,Weightless 发布了 1.0 版,这是一套 600 页的规范。新标准允许该技术用于任何类型的 M2M 通信网络。该规范为灵活网络设计提供了非常广泛的调制方案和扩展因子。SIG 声称这项技术的作用距离为 6.2mile。Neul 快速发布了基于 Weightless 规范的第一个收发器芯片。

英国通信办公室表示,它预计将在 2015 年年中之前最终确定英国的空白频谱服务规则。①

未来的挑战

Ofcom 表示,M2M 通信的出现,以及移动宽带和更复杂的频谱共享技术

---

① 原书如此。

（如使用空白频谱电视频带）的发展，可能对频谱使用的未来产生重大影响，不同行业的竞争需求在未来10年对频谱管理构成重大挑战。

为了应对这些挑战，Ofcom公布了未来10年频谱管理计划的蓝图，并确定了若干重点工作领域，如移动和无线数据需求，重新安排数字地面电视频带以在2018年之后为移动宽带提供更多频谱并为未来节目编排和特殊事件使用提供支持。Ofcom的理查兹还说，该机构正在为消费者对数据服务需求的巨大增长做准备。"空白频谱技术是满足这一需求的一种创造性方式。"Ofcom一直在向欧盟委员会（EC）和欧盟成员国通报其建议的技术法规。

2011年7月宣布完成该标准时，IEEE 802.22工作组抱有更高的希望。当时，该组织表示，"WRAN的这个新标准利用VHF和UHF电视频带的良好传输特性，在距离发射机100km的范围内提供宽带无线接入。每个WRAN将使用被占用电视频道之间的所谓空白频谱，在不干扰现有电视广播台接收的情况下，为每个频道提供高达22Mbit/s的带宽。"尽管如此，BT仍希望其最初提供空白频谱服务的努力（最初是在苏格兰的比特岛上）至少能持续到Ofcom完成其无执照空白频谱规则的制定。当时，Ofcom估计，在英国使用这一频谱带来的经济效益约为5.12亿美元。

据英国媒体报道，当英国2012年初进行的BT试验产生令人失望的数据时，推进的步伐有所放缓。8~10Mbit/s的最大数据速率没有完全达到IEEE 802.22标准。事实上，BT使用的设备不符合IEEE标准。"真正的802.22系统仍在开发中，"IEEE802.22工作组主席阿普尔瓦·莫迪（Apurva Mody）告诉Telecompetor，"你今天在市场上看到的是802.22之前的设备以及其他不符合802.22协议的设备"。

第一台电视空白频谱收发器芯片也来自英国。Neul在2013年2月推出了该芯片，命名为Iceni，并表示它能够通过无线宽带的非视距连接，以及不断增加的M2M和物联网（IoT）应用，在整个UHF电视空白频谱范围内进行调谐。在Iceni问世时，Neul在四大洲建立了空白频谱网络，并致力于在世界各地部署空白频谱基础设施。网络已经被特别设计为仅传输数据，以便支持无线数据的爆炸性增长，其中包括M2M和IoT的数十亿预期连接。

芬兰初创企业Fairspectrum Oy将互联网服务和计算几何应用于无线电频谱共享，2012年8月为欧洲首个地理定位无线电许可证发布了一个空白频谱数据库。在此之前，芬兰通信管理局（Ficora）为图尔库应用科学大学颁发了电视空白频段认知无线电设备测试许可证。许可证覆盖了470~790MHz的频率范围和图尔库周围40km×40km的区域（约24mile^2）。许可证有效期为1年。将近30万人居住在无线电执照区。地理位置数据库是许可证的必要部分，这是欧洲第一次对频率进行地理位置数据库控制。地理位置数据库控制电视空白频谱设备频率和传输功率，使得设备不干扰地面电视或无线麦克风等无线通信系统。

Ficora 颁发的许可证正被用于广播频率空白频谱测试环境（WISE）联盟开发的项目中，该联盟由包括诺基亚公司、Digita、图尔库应用科学大学、图尔库大学、阿尔托大学、Fairspectrum 和 Ficora 在内的几个团体组成。WISE 主要是为认知无线电和网络研究高效和独特的试验环境，它是由芬兰 Tekes 基金资助的研究项目，也是 Tekes 试验计划的一部分。

法国研究与开发机构 CEA 的研究机构 CETi-Leti 在 IT、国防、安全和医疗领域开展了相关活动，自 2005 年以来，该机构一直致力于认知无线电解决方案。2012 年 1 月，CETi-Leti 成为法国首个获得政府许可使用认知无线电在该领域试验电视空白频谱设备的研究中心。"虽然这种动态频谱管理在法国还不被允许，但许多利益相关者认为，这种模式是使拥挤的无线电频谱去饱和化的有效手段，"CEA-Leti 在获得政府批准开始其空白频谱实验时这样说。Leti 说，为了能够量化评价系统容量和无线电系统共存方面的改进，其试验将验证其用于城市和室内到室外场景的低相邻信道的传输泄漏比。Leti 将其做法宣传为相对于典型 WiFi 频率（2.4 或 5.4GHz）的优势，为新的应用提供了机会。

德国电信监管机构联邦网络局计划在 2014 年进行新的频谱拍卖，并表示到 2018 年，它将以至少 50Mbit/s 的速度为全国提供宽带。FNA 希望在 2014 年开始在几个频带中分配频谱时隙，包括广播公司使用的 700MHz 频带，尽管这些频段可能直到 2017 年才向公众开放。

位于加拿大多伦多的 Redline 通信无线宽带系统在 700MHz 以下的空白频段已通过加拿大工业和 FCC 的认证。FCC 的认证批准 Redline 空白频谱系统在美国使用，其频率范围为 473~695MHz，使用 6MHz 信道。加拿大工业界已经证实在加拿大使用相同的技术，频率范围为 512~698MHz，使用 6MHz 或 12MHz 信道。

日本采用空白频谱

日本对如何使用电视空白频谱有一些想法，包括交通和天气预报、娱乐节目和体育，甚至还有广告。其 NICT 开发了第一款便携式 Android 平板电脑，可以在电视频段进行无线电通信。2012 年 10 月，NICT、Hitachi Kokusai Electric 和 ISB Corp. 宣布，他们开发了世界上第一个基于 IEEE 802.11af 规范草案的电视空白频谱 WiFi 原型。它支持干扰估计、地理定位和空白频谱数据库访问等方面的认知能力。NICT 系统主要应用于 470~710MHz 电视频道内未使用的频谱。NICT 表示，这是第一个验证 PHY 层和 MAC 层的原型，PHY 层将数字信号转换为模拟信号并再次转换为数字信号，MAC 层提供单点到多点接入并支持不同的服务质量（QoS）级别（PHY 和 MAC 层由 NICT 和日立开发；ISB 提供了空白频谱数据库）。NICT 还表示，该系统支持干扰估计、地理定位和空白频谱数据库访问等方面的认知能力。NICT、日立（Hitachi）和开发了基于 IEEE 802.22 系统原型的 ISB 表示，该系统完全保护了电视广播公司，还能与注册位置安全服务器共同运行，注册位置安全服务器是 IEEE 802.11af 标准草案中定义的由 NICT 开发的服务器。

NICT、Hitachi Kokusai Electric 和 ISB 计划进一步开发基于 IEEE 802.22 标准的技术，并表示他们将与 WhiteSpace 联盟合作，为全球创造产品市场。NICT 已经开发了世界上第一个基于 IEEE 802.11 无线电通信能够在电视频带 470~710MHz 中操作的便携式平板电脑，并且该平板电脑利用电视频带中的 WLAN 来访问由 NICT 开发的空白频谱数据库。平板电脑通过网络管理器根据数据业务自动选择无线电通信频带。WLAN 系统的原始 2.4GHz 频带也是可用的。

NICT 和 Hitachi Kokusai Electric Inc. 还实现了被他们称为电视空白频谱中的远程宽带通信的突破，成功地在基站和用户住处设备之间 12.7km 的距离上进行通信（通量为下行 5.2Mbit/s 和上行 4.5Mbit/s）。他们使用 IEEE 802.11af 的元件作为骨干链路，构建多跳网络以扩展系统的覆盖。应用包括道路和悬崖的视频监控以及山区中没有有线互联网或宽带无线互联网连接的视频电话服务。此次测试是根据一份合同进行的，该合同旨在扩大日本内务通信部（Ministry of Internal Affairs and Communications）在电视空白频谱的宽带接入。

另一个主要市场

南非是电视空白频谱的另一个主要市场。谷歌公司曾在 2010 年支持该地区在美国进行首次空白频谱试验。2013 年 3 月，谷歌公司在一个空白频谱网络上推出了无线宽带服务，并在开普敦地区的 10 所学校进行了试验。之所以选择这些学校进行试验，是因为它们符合一定的联网标准，包括靠近 3 个基站和具有 IT 支持。

为了建立和运行网络，谷歌南非公司与南非高等教育和研究网络（Tenet）、CSIR Meraka、南非无线接入提供商协会（WAPA）、电子学校网络、Comsol Wireless Solutions、Carson Wireless 和 Neul Ltd 合作。拥有 150 个成员组织的 WAPA 多年来一直在游说南非采用更先进和更高效的频谱管理方式。谷歌公司为该系统测试了多种设备，并进行了修改以适应试验网络的性能要求。WAPA 主席 Christopher Geerdts 表示，为整个南非的农村社区提供宽带接入并倡议电视空白频谱，"极大地增加了我们所能实现的目标范围"。

与此同时，微软公司一直在推动太阳能网络的发展，并为肯尼亚的社区提供互联网服务。最初是为该地区的一家诊所和学校提供服务。2013 年初，微软公司与肯尼亚信息和通信部（Ministry of Information and Communications）、Indigo Telecom Ltd. 合作部署了该网络。太阳能系统填补了电力稀缺的不足。在一所学校里，只有校长办公室有电。由于该地区的频谱是如此的开放和清晰，微软表示，它已经能够实现在使用单个电视频道的基站周围 10km 范围内，为终端用户提供 16Mbit/s 的通量。

关于如何在印度实施电视空白频谱的讨论一直在进行，但是 470~585MHz 频率已经被指定用于空白频谱应用。WhiteSpace 联盟还在印度启动了几个试点项目。新加坡预计到 2015 年将出台有关电视空白频谱的最终规定，目前正在测试 12 个频道的使用情况。像美国和其他国家一样，它需要传感和数据库测试。菲律宾计划开展两个电视空白频谱试点项目，其中：一个项目是由政府启动，作为国家 iGovPhil 项目的一部分；另一个项目由私营部门管理。

中国也积极推动相关活动。2012 年，中国在深圳举行高新技术成果交易会，会上举办了一系列关于频谱使用和 IoT 活动的论坛，并充分期待成为这一技术领域的全球主要参与者。

下一步干什么？

IEEE 802.22 工作组仍有许多工作要做，包括开发适应 M2M、智能网格甚至移动回程的空白频谱规范项目正在进行中。标准组的优先任务之一是提高空白频谱的数据速率——可能将其提高近一倍，达到 40Mbit/s，以处理自动计量和其他应用程序。"提高空白频谱设备的能源效率也在下一步计划中"，莫迪说，"这是标准化过程中可以解决的问题。"

美国频谱分配变化背后的一个非常大的问题是，作为联邦政府频谱最大用户的 DoD 如何应对这些变化。五角大楼公布了其电磁频谱战略，该战略呼吁在保持关键军事能力的同时，提供更多的频谱，以满足商业无线市场日益增长的需求。国防部表示，将继续与联邦监管机构和政策制定者密切合作，包括 FCC、国家电信和信息管理局（National Telecom and Information Administration）、白宫科技政策办公室（White House Office of Science and Technology Policy），以及商业公司。DoD首席信息官泰瑞·高井（Teri Takai）说，"我们必须一起找出办法，让更多的频谱可供商业使用，并找到增强频谱共享的技术，同时改善DoD接入频谱的方式。"此前，奥巴马总统于2010年发布了一份备忘录，名为《释放无线宽带革命》（Unleasing the Wireless Broadband Revolution），要求到2020年提供500MHz的频谱供商业使用；2013年6月发布了一份备忘录，名为《扩大美国在无线创新方面的领导地位》（Extending America's Leadership in Wireless Innovation），指示联邦机构和办公室加快努力，允许和鼓励共享频谱接入联邦使用。在DoD战略研究发布时，高井说，"为了在迁移频谱或共享频谱方面达成平衡，我们需要时间、资金和可比较的频谱。"她还呼吁DoD更多地参与频谱监管政策的讨论。国防部估计，迁移到新频率可能花费约120亿美元，主要用于替换某些专用于特定频率的旧设备。莫迪是IEEE 802.22工作组和WhiteSpace联盟的主席，他说国防部将不得不找到或开发一个系统来监控它的使用，而不是沿用目前使用的数据库服务，而且目前使用的数据库服务不够快，无法处理预期的流量。至于WhiteSpace联盟，它一直在努力推进自己的工作，将重点放在4G衍生的规范上。"我们还试图让数据库供应商加入联盟，因为数据库将在整个过程中发挥重要作用，"莫迪说。

2013年，莫迪出行频繁，举办了多次研讨会，为目前还未开展无线宽带服务的地区提供机会。他的第一站是印度，在那里他向来自政府和工业界的大约100人发表了演讲。他在巴西主持了另一个研讨会。他在推动这些领域的技术进步方面会有多成功？"我们不知道，"他当时说，"我们进行了广泛的思想交流。"技术问题依然存在。例如，很可能在空白频谱应用开发中发挥更大作用的WiFi却在若干领域受到限制，因为市场已经成熟以至于许多行业供应商不愿意对标准进行重大修订。"他们拥有知识产权，"莫迪说，"但他们无法以更高的功率进行传输。"他承认，将新服务和应用程序植入未授权的空白频谱是一项正在进行的工作。"我们不确定这会取得多大的成功。这些事情需要时间。"

IEEE已经建立了一个研究小组，旨在通过支持网络运营商创建频谱图来增强无线空白宽带技术，频谱图能够显示频谱被大量或少量使用的地方。研究小组将不会进行频谱测量。"主要目的是提高频谱效率，"莫迪指出，他的IEEE 802.22无线区域网络工作组（WRAN）将为研究组提供指导。"我们希望对正在使用的频谱以及在不同地点使用了多少频谱进行调查，并（确定）如何向某个更高层次的实体（可能是监管机构或数据库）提供信息。"开发商最初希望将传感技术构建到空白频谱网络设备中，但据莫迪称，成本太高。因此，研究小组考虑创建一个使用外部传感器的独立频谱占用感测系统（SOS）。

网络运营商可以潜在地部署传感器。或者，终端用户设备可以充当传感器并且使用众包方式向中央储存库提交数据。莫迪估计，标准流程可能需要 1~2 年的时间，可能要到 2015 年年中。"人们已经有了传感器，"他说，这可能会加快实施过程。SOS 技术可以潜在地用于电视空白频段之外的频谱共享。

虽然该标准声称在 100km 的距离上空闲电视频道的数据速率高达 22Mbit/s，但"这些数字只有在理想的条件下才能达到，"莫迪说，"如果没有视距，更实际的距离大约是 7~10km。有了山顶上的基站，距离可能是 40~50km。在靠近基站的地方 22Mbit/s 速率才是可能的。""在 10km 的边缘，你能获得低至 384kbit/s 高至 1.5Mbit/s 的速率。"

频谱感知

2014 年 1 月，IEEE 成立 IEEE 802.22 SOS 研究组，以进一步研究 SOS，该技术作为优化射频频谱使用的技术，主要是为无线宽带服务的。在 IEEE 802.22 WRAN 工作组的指导下，一个重要的研究领域将是探索 SOS 技术的标准化。IEEE 802.22 支持传感、信标和数据库访问，以实现认知共享。莫迪认为，"研究小组将把 IEEE 802.22 标准作为未来 SOS 标准以及有效使用该技术的基准。"来自世界各地的政府都在寻求提高频谱利用率。空白频谱数据库访问是实现频谱共享和利用未使用频带（也称为空白频谱）的技术之一。

SOS 标准将侧重于基于认知无线电的无线区域网络，该网络在全球范围内向广大区域提供宽带接入，并向网络服务不足的农村社区提供可靠安全的高速通信。SOS 旨在将频谱感测功能和感测相关消息格式从当前的 IEEE 802.22 标准分离出来，以创建独立的专用于频谱占用调查的外部传感器系统。莫迪表示，精确的频谱占用调查将整合来自多个传感器的信息以及局部地面信息以预测频谱占用模式。

IEEE 802.22 工作组已经完成并发布了 IEEE 802.22-2011 信息技术标准《局域网和城域网特定要求——第 22 部分：认知无线 RAN 介质访问控制（MAC）和物理层（PHY）规范》，作为在电视频谱应用的策略和程序。

同时，政界始终对频谱使用和开发相关新服务充满兴趣。美国众议院的两名议员，众议员彼得·韦尔奇（D-VT）和众议员鲍勃·拉塔（R-Ohio）组成了能源和商业委员会的两党工作组，在委员会内推动解决农村电信问题。该组织有 18 名成员，民主党和共和党各占一半。"美国农村地区，尤其是在电信领域，所面临的挑战跨越了党派界限，"韦尔奇和拉塔在 2013 年初成立该委员会时发表的联合声明中说，"两党工作组以论坛形式开展工作，以使委员会成员充分了解农村问题,以确保该委员会推进工作时将处理农村问题作为重大优先事项。"美国众议院的几名成员特别要求FCC释放5GHz频段的195MHz频谱,供未授权使用。"鉴于在5GHz频段扩展WiFi带来的直接经济效益和消费者利益,"他们在一份声明中表示,"我们认为FCC应该迅速着手合作测试潜在可行的频谱共享解决方案,方案涉及运营商和WiFi行业。政府和行业必须共同努力,制定频谱共享解决方案。"

电视空白频谱的全球前景如何?根据电信法律资源中心2014年7月发布的一份报告称,"充满希望,但还需谨慎"。来自广播公司和其他现有频谱许可证持有者的反对减缓了其在其他几个国家的进展,并阻碍了制造商生产空白频谱设备、芯片组和基础设施。"管理者和现有运营商对空白频谱技术即将应用并不完全满意",报告引用了IEEE工作组主席里奇·肯尼迪(Rich Kennedy)的话(该工作组为所谓的超级WiFi——IEEE 802.11af开发了无线标准)。"复杂性始终与监管有关,"肯尼迪说,"任何一个想要采用该技术的国家,必须首先接受并允许监管"。在美国,电视空白频段的未来取决于FCC可以从电视广播商那里收回多少频谱,然后拍卖给移动运营商。

频谱的争夺远未结束。2014年8月,NAB向哥伦比亚特区巡回上诉法院(U.S. Court of Appeals for the District of Columbia Circuit)提交了一份复审申请,对FCC 2014年5月的广播频谱拍卖令的某些内容提出质疑。具体而言,NAB对FCC决定改变预测当地电视覆盖区域和服务人口的方法提出了质疑。它表示,在FCC将电视台"重新打包"为NAB所称的缩减电视频道后,这可能会导致广播电视台收视率的显著下降。"在这种新方法下,许多广播许可证持证者,包括NAB的成员,在'重新打包'和'重新分配'过程中,将失去所服务的覆盖区域和用户,或者被迫参与拍卖并让渡广播频谱权利,"NAB的诉讼称。NAB负责战略规划的执行副总裁里克·卡普兰(Rick Kaplan)在解释请愿书的博客中写道:"我们只是希望,如果FCC不自行改变方向,法院将帮助让拍卖回到国会设想的轨道上,这样我们就能迅速实现平衡拍卖,让所有利益相关者受益。"

FCC已经重新安排了2016年广播电视频谱拍卖的时间,但一些行业分析人士认为,拍卖将再次推迟。

第5章
新兴标准有助于促进医疗器械的发展

个人医疗设备是消费电子产品中增长最快的部分之一,也是标准开发中最活跃的行业领域之一。

一些数据能够证明该行业的迅速崛起:

移动医疗设备市场预计到2017年将突破250亿美元。

消费电子协会(CEA)的一项调查发现,三分之一的移动设备用户已经在使用他们的智能手机、平板电脑和其他设备为他们的健康进行跟踪记录。

截至2013年年底,各大应用商店可供下载的移动健康应用超过97,000款。

人口老龄化和控制医疗费用的紧迫性是推动远程医疗技术创新和发展的关键因素。新产品开发的快速步伐和更短的设计周期已经成为标准开发组织(SDO)面临的重大挑战,但是这并不是说他们没有努力。"医疗设备之间基于标准的互联互通和互操作性是全球变革的平台,很明显,现在比以往任何时候都有更多的市场决心来建立这样的基础,"美国IEEE-SA常务理事科斯坦丁诺斯·卡拉查利奥斯(Kostantinos Karachalios)说。

多种解决方案

不同厂商的医疗设备无法通过主流的专有接口交换信息,这减缓了全球医疗保健的增长并造成了浪费。根据2013年3月美国众议院能源和商业健康小组委员会听证会上公布的西方健康研究所的研究,医疗设备之间基于标准的互操作性可为美国每年节省300亿美元,将改善病人护理和安全。

与过去的技术相比,无线通信使患者能够实时地、更加密集地收集和传输他们的医疗数据。"需求在增长,"英国剑桥咨询公司的数字健康团队负责人瓦伊沙里·卡迈特说，"但是过多的无线技术、智能手机平台和数据管理基础设施，加上缺乏标准化协议，使得实现设备互联成为一项挑战。"卡迈特说，人们正在采取不同的方法来增加医疗设备的连通性。她赞扬了延续健康联盟，这是一个由 220 名成员组成的国际非营利组织，其工作重点是实现端到端、即插即用地连接个人健康设备和服务，以帮助发展并推动行业标准。Continua 不是一个标准机构，但它确认了最可行的连接标准，并有助于解决标准中的差距，促进医疗保健行业的互操作性。它还更新和发布了一套基于成熟的连接标准的年度设计指南，并创建了一个产品认证计划，公示其他已认证医疗设备之间的互操作性承诺。"它鼓励采用而不是创新，"卡迈特说。

SIG 正在努力使蓝牙变得智能（以前称为蓝牙低能耗）且完全符合开放的 Continua 标准。Continua 首次将蓝牙智能纳入其 2012 年指南，将低能耗技术作为其蓝牙 4.0 规范的核心。"不是每个人都朝那个方向走，"卡迈特指出，"你经常会遇到想要使用自己的协议、自己的知识产权的人"，这使得产品互操作性的预期变得困难。这也使新兴个人医疗设备的监管路径变得复杂。卡迈特说："监管机构正在考虑应对医疗电子产品在诊断成像、药物输送和监测植入物等所有领域的应用制定监管策略。"美国食品和药物管理局（FDA）已经承认，现在大约一半的医疗器械都是进口的，全球化已经从根本上改变了其任务的经济和安全需求，该机构表示，预计进口增长将会加快。因此，人们对电子健康（eHealth）领域基于标准的互操作性的必要性有了越来越多的共识。

为了扩大其基础，同时继续专注于发展消费医疗产品的标准，Continua 与新成立的个人互联健康联盟合作，该联盟与医疗信息和管理系统协会（HIMSS）和健康峰会合作。这些组织中的每一个都为协作带来了自己的视角。与 HIMSS 全球合作并利用其全球业务关系使 Continua 能够扩大自己在医疗和标准开发社区的覆盖范围，同时 mHealth 峰会每年举行几次会议，吸引来自世界各地的医学专家。

其他财团越来越积极地推广其技术，进而推广其标准：

2009 年，ZigBee 联盟和美国远程医疗协会建立了联络关系，重点关注 ZigBee 如何为非关键、低灵敏度医疗保健和无线服务带来安全的无线监控和管理。ZigBee 保健标准的普及很快填补了远程保健和健康社区的许多需求。

2014 年初，微机电产业集团（MIG）同意与 IEEE-SA 合作，加速并扩大全球范围内基于标准的微机电（MEMS）技术在电子医疗和物联网领域的应用。IEEE 和 MIG 公司的合作已经形成了 IEEE P2700 传感器性能参数标准工作组。

无线电太多了？

WiFi 是无线局域网这一市场领域的主导技术，但其他个人区域和广域网解决方案根深蒂固，并想不断争夺获取更大的市场份额，包括蓝牙、ZigBee、近场通信（NFC）、ANT+和 IEEE 802.15.6-2012，后者是一种适用于局域网的短距离 IEEE 标准，在人体设备附近或内部显示出前景。这些个人健康设备通信（PHDC）IEEE 标准中提到的"互连传输"，即使不是其在技术标准中的正式名称，也早已广为人知：

- 以太网（IEEE802.3 和 IEEE11073-30400）
- WiFi（IEEE 802.11）
- 蓝牙（IEEE 802.15.1）
- ZigBee（IEEE 802.15.4）
- 红外通信（IEEE 11073-30300）
- 近场通信（IEEE 11073-30400）

与 CEA 有工作关系的帕克斯联合公司健康和移动产品研究主管哈里·王说："在开发和设计新的医疗设备时，需要根据应用程序对这些技术进行评估。技术方面的考虑包括功耗、延迟、吞吐量和抗干扰水平。"

IEEE-SA 于 2014 年 12 月宣布了两项新标准和一项新修订的标准，旨在支持跨 eHealth 设备的即插即用、可互操作的通信，在推进多供应商互操作能力方面迈出了一大步。第一个新标准是 IEEE 11073-10424，它定义了 SABTE 代理的互操作通信配置文件，SABTE 代理是用来设计可减轻睡眠呼吸暂停患者症状的设备，指导在没有直接专业监督的家庭健康环境中向患者输送治疗性呼吸压力。第二个新标准是 IEEE 11-73-10425，旨在支持个人远程健康血糖仪设备和计算机引擎（如医疗设备、机顶盒、手机和个人计算机）之间的即插即用通信，确保个人远程健康血糖仪设备通过连接到个人的传感器定期测量血糖水平。新修订的 IEEE 11073-20601 提出了一个通用框架，使用与传输无关的语法提供个人健康数据，以实现无缝电子健康通信。

正在进行的工作

国际监测系统医疗信息学研究所认为该领域处于发展之中。该研究所主要关注的是，大多数可用的医疗保健应用在治疗作用有限，该行业称之为"高级健康"。在 2013 年国际监测系统研究所的一项研究中，有超过 43,000 个与健康相关的应用可以从苹果 iTunes 应用商店下载。其中，只有 16,275 个应用程序与患者健康和治疗直接相关。大多数应用程序是围绕整体健康（健康饮食、体重管理和健身）设计的，而关注常见症状和问题状况的应用程序要少得多。只有极少数的应用程序可以帮助病人找到医生或医疗机构，或者提供健康参考资料。

蓝牙 SIG 在 2006 年成立蓝牙 SIG 医疗设备工作组时，开始致力于占领医疗保健市场。"当我们开始的时候，我不确定我们能把它带到哪里去，"罗伯特·休斯在 2011 年 3 月 16 日的电子设计杂志上对这位作者说，他是当时蓝牙 SIG 医疗设备工作组的主席，英特尔数字健康集团的高级无线标准架构师。蓝牙小组最初在慢性病和健康管理领域开发应用。"事实证明，与严格的临床/医疗应用相反，消费者对医疗保健有着极大的兴趣，就像你在医院里可能会看到的设备，"休斯说，"他们担心责任问题，不想与其他人的设备互操作。"但是，该小组的许多成员都为医疗设备制定一些标准。"他们觉得医疗保健革命正在进行中，有了这项技术，我们可以做很多事情。"从那以后，蓝牙 SIG 对消费者医疗保健产生了巨大的兴趣，而不是严格意义上的临床或医疗应用，包括运动/健身类别。该组织支持的第一款产品是基于蓝牙的温度计，这是休斯称为"框架"的起点，适用于其他几款蓝牙家庭保健产品，如血压、体重和身体成分分析仪。

蓝牙 SIG 将未来 5 年内健康/健康和运动/健身方面无线感知的增长主要归功于蓝牙智能，根据 SIG 的说法，蓝牙智能已经被整个可穿戴无线设备市场视为事实上的首选无线连接。截至 2013 年年底，蓝牙在 SIG 评估的健康和健身产品无线传感器网络中占 54%，几乎是下一个无线技术的两倍。ABI 研究预计蓝牙智能将继续在医疗保健电子设备市场领先。ABI 高级分析师阿达什·克里希南说："智能手机和平板电脑是蓝牙智能应用于移动身体区域网络（MBAN）设备的主要原因。""考虑到它们在消费者中的日益渗透和蓝牙智能已经具备支持条件，它们是 MBAN 无线传感器数据应用于基于云的医疗保健服务的渠道。"ABI 还认为 ZigBee 和其他基于 IEEE 802.15.4 的协议优于 IEEE 802.15.6（MBAN）标准，2018 年复合年增长率（CAGR）将达到 72%。

尽管如此，预计 2018 年全球将有 800 万套基于 IEEE 802.15.6 标准的芯片组上市。IEEE 802.15.6 创建了针对低功耗体内/体表节点进行优化的通信标准，以服务于各种医疗和非医疗应用。该标准定义了支持多个物理层（PHY）的媒体访问控制层。IEEE 802.15.6 属于联邦通信委员会指定的标准，适用于 2.4GHz ISM 频段以及国家医疗和/或监管机构批准的频段。无线局域网（IEEE 802.11a/b/g/n）如今广泛应用于医院。为医疗保健市场开发蓝牙解决方案的 connectBlue 公司总裁比尔·萨尔茨坦说，这是实现医院信息技术系统互联的选择。目前部署的标准主要是 2.4GHz 的 IEEE 802.11b/g，但是萨尔茨坦说许多装置已经扩展到利用 IEEE 802.11a 和 IEEE 802.11n（5GHz），利用 5GHz 频段提供的更多独立信道。蓝牙为患者和数据收集设备提供本地连接。萨尔茨坦认为用于病人护理的诊所和门诊设施有潜在的增长空间。

求诸市场

从根本上说，市场正在蓬勃发展。帕克斯联合公司的哈里·王说，到 2013 年底，24% 的美国宽带家庭至少拥有一台数字健康或健身设备。"平均来说，"他说，"23% 的美国宽带家庭会乐于通过电话、电子邮件或网络摄像头接受医疗保健服务。"

一年一度的国际消费电子展（CES）是市场和技术发展速度的最佳标志之一，该展会在拉斯维加斯举行，吸引了超过 15 万人。随着越来越多的公司（其中许多是初创公司）推出新产品，与更大、更成熟的消费电子品牌竞争，消费电子产品展上专门展示 mHealth 相关设备的空间逐年快速增长。对于大型传统消费电子产品生产商及其供应商（主要是半导体和显示器供应商）来说，医疗设备领域已经成为一个重要的增长机会，他们已经具备了在医疗保健行业竞争的大部分关键要素——品牌、设计便携式甚至小型化无线产品的专业知识以及成熟的分销系统。CEA 和帕克斯联合发布的一份报告预测，未来 5 年个人健康、软件和服务收入将增长 142%。正如报告指出的，"消费电子公司正在密切关注一个年轻、充满活力的互联健康设备市场的崛起。"电子分销商（而不是制造商）也加入了便携式医疗设备供应商的行列；经销商未来电子公司称，其 70 亿美元的销售额大约有 10% 来自医疗市场客户。

这一领域的许多新产品的目标是 1946~1964 年间全球婴儿潮出生的 4.5 亿人（美国为 7,800 万人）。据统计，在科技的帮助下，这个群体比他们之前的几代人寿命增长了近 30 年。埃森哲健康公司付款人策略执行董事吉尔·戴利说："对于提供者和健康计划来说，如果他们想吸引老年患者，帮助他们在医生办公室之外跟踪和管理他们的医疗护理工作，就需要增加他们的数字化选项。"

未来还有更多标准

虽然多项移动健康标准已到位，但开发出符合最新技术水平的新标准是个人健康设备营销人员的主要关注点。许多当前的 IEEE-SA 标准（本书中至少有 14 个）是通过 IEEE 医学和生物学学会（EMBS）委员会的赞助和 IEEE-SA 个人健康设备工作组的努力而制定的。IEEE-SA PHDWG 与 IEEE-SA 上层和下层工作组一起构成了 IEEE 11073 标准系列。其中一些是与国际标准化组织（ISO）合作制定的。事实上，IEEE 11073 工作组与几个以医疗保健为重点的全球组织合作，除了 ISO 之外，还包括医疗保健企业集成组织（IHE）、逻辑观察标识符名称和代码组织（LOINC）、欧洲标准化委员会（CEN）、国际电工委员会（IEC）、医学数字成像和通信组织（DICOM）、医学系统命名组织（SNOMED）和 Continua 健康联盟。此外，健康七级国际组织（HL7）有 2300 多名成员，其中包括约 500 名企业成员，他们代表了服务于医疗保健的 90% 以上的信息系统供应商。"第七级"是指开放系统互连（OSI）的标准化组织七层通信模型的第七级——应用级。尽管其他协议已经在很大程度上取代了它，HL7 认为，OSI 模型作为研究网络体系结构的起点仍然很有价值。

一些国际 SDO、行业联盟和贸易协会也围绕便携式/移动医疗行业推出了相应标准。除了 Continua 健康联盟之外，还有美国远程医疗协会、约翰霍普金斯大学发起家庭远程监控/教育倡议和 IPC 协会连接电子产业联盟，其 3300 家成员公司代表了电子产业的所有方面，包括电子组装和测试，以及蓝牙 SIG 医疗设备工作组和 ZigBee 联盟。此外，消费类电子产品零售商，如 Radio Shack，正在增加在其门店展示的数字健身产品。

国际电信联盟（ITU）制定了广泛的电信标准，并帮助协调无线电频谱的全球使用，于 2012 年 4 月在日内瓦国际电信联盟总部举行了首次国际电信联盟–世界卫生组织（WHO）联合研讨会，作为组织路线图的启动平台，他们认为路线图将指导全球电子卫生标准的制定，并确定如何最好地利用当今的先进通信能力。国际电信联盟电信标准化局局长马尔科姆·约翰逊在 2012 年的会议上告诉与会者，"互操作性是电子健康高效和公平推广的关键决定因素"。他说，国际标准将降低成本，增加获取途径，提高效率。研讨会达成了国际电信联盟和世卫组织的几项前瞻性发展协议，包括承认电子卫生标准的相关性和应用，就标准和互操作性对医疗数据交换的重要性编写联合政策简报，成立电子卫生工作组，就未来应采取的步骤向国际电信联盟和世界卫生组织提供咨询，并开始实施一项计划，与其他 SDO 合作开发一个详细介绍所有可用医疗标准的信息门户。在谈到知识产权问题时（确保对既定标准至关重要的专利技术能为感兴趣的供应商所用），约翰逊补充道，"在这个领域，我们无法承受为专利技术进行代价高昂的争论。" 2013 年 11 月，国际电信联盟与国际医疗保健公司保柏（BUPA，一家在美国、欧洲和亚太地区开展业务的国际医疗保健公司)合作,在美国、欧洲和亚太地区开展了一项名为"健康、移动"的全球医疗保健倡议,保柏提供多学科专业知识、健康信息和移动技术,以应对中低收入国家的慢性非传染性疾病。该项目将由国际电信联盟和世界卫生组织牵头。据国际电信联盟称,在该计划正式宣布之前,已有超过 25 个国家表示有兴趣参与。

美国食品和药物管理局承认 IEEE 标准

监管机构通常不会直接参与标准的制定,但是当涉及医疗产品时也会参与其中。美国食品和药物管理局在 2013 年 9 月发布了针对移动医疗设备开发商的医疗行业"最终指南",承认互操作性相关标准的重要性。该机构表示,倾向于对大多数移动应用程序行使执法酌处权(例如,它不会强制执行《联邦药品和化妆品法案》的一些要求),虽然这些 App 对消费者构成了小量风险。然而,FDA 表示,它将监督功能类似医疗设备的应用。FDA 的移动医疗应用政策不适用于作为电子健康记录系统或个人健康记录系统的移动应用。FDA 还表示,它并不期望制造商提交上市前审查申请,也不希望他们的应用在 FDA 注册和上市。在 FDA 列出的 25 项标准中,有 12 项源于 IEEE 11073 系列医疗设备通信标准。

Continua 的执行董事查克·帕克(Chuck Parker)表示,FDA 的最终指导"花费的时间比我们预期的要长,也比我们希望的要长,但这是一次非常慎重的尝试,恰当地处理他们不会监管的东西,并给我们在行业中前进的机会。这花了一段时间,但是他们的方法很谨慎,而且我们不必再重提这个问题。"

Continua 还与 B2 集团建立了正式的战略关系,该集团是一家国际咨询公司,与健康市场和相关垂直市场(如"互联家庭"应用)有关。B2 的角色是支持 Continua 不断增长的成员规模,并为新机遇提供委员会管理和战略咨询服务。B2 集团首席执行官鲍勃·比尔布鲁克在 2013 年 11 月宣布加入 Continua 时表示:"我们已经在新的委员会中开展工作,并与现有和潜在成员合作,进一步建立市场,为所有相关参与者提供机会。"尽管 Continua 和 IEEE-SA 已经合作了一段时间,但这两个组织在 2013 年签署了一份正式的合作战略协议,以帮助加速和扩大医疗保健行业采用全球性的基于标准的技术。预计这种关系将带来的一项成果是推广 IEEE 技术标准,将其作为认证行业产品的最广泛认可的"标准"。IEEE-SA/Continua 关系将侧重于扩展 IEEE 11073 个人健康设备标准系列的实施。Continua 每年发布的设计指南已经包含了 IEEE 11073 标准。

接受 FDA 审查的移动医疗应用程序将采用与该机构适用于其他医疗设备

相同的监管标准和基于风险的方法进行评估。举一个例子：普罗透斯数字健康公司获得了 FDA 对带有可摄入传感器的药品的批准。一旦摄入，该设备会与皮肤上的另一个传感器通信，并将心率、皮肤温度和其他身体功能传递给移动应用。FDA 不会去规范智能手机或平板电脑的销售或一般消费者使用，也不会去规范移动应用分销商，如 iTunes 应用商店或谷歌游戏商店。

FDA 收到了对 2011 年 7 月发布的指南草案的 130 多条意见，其中大多数意见都支持 FDA 量身定制的基于风险的方法，这推动了 2013 年 "最终指南" 的发布。FDA 设备和放射健康中心主任杰弗里·庶人博士说："我们一直在努力寻求正确的平衡，只审查那些如果运行不正常就有可能伤害消费者的移动应用程序。""我们的移动医疗应用政策为应用开发者提供了支持这些重要产品持续开发所需的清晰度。"在市场上约 100,000 款健康应用中，该机构在截至 2013 年的 10 年间受理了约 100 款，其中约 40 款在 2012 年和 2013 年获得批准。目前，市场上的大多数移动应用程序都是为监控和记录个人体质而设计的，而其他应用程序则更加复杂，例如能够诊断异常心律、将智能手机转换成移动超声设备，或者作为胰岛素依赖型糖尿病患者使用的血糖仪的 "中央指令"。"FDA 量身定制的政策在鼓励创新的同时保护了病人，" Shuren 说。

尽管如此，一些健康法律专家认为 FDA 必须更多地参与移动健康技术的监管。在 2014 年 7 月出版的《新英格兰医学杂志》上，南方卫理公会大学德德曼法学院研究副院长内森·科尔特斯写道，FDA 需要额外的资金和内部技术专长来监督医疗保健产品的持续泛滥。"消费者将会在这些产品上花很多钱，风险资本也将飞进这个行业。"科尔特斯对 FDA 对移动医疗技术的监管进行了广泛的研究，他说监管不足的移动医疗行业可能会创造一个 "狂野西部" 市场。他还在文章中说："我们试图推动立法者赋予 FDA 更多权力，而不是削弱它。"

正如科尔特斯指出的，美国国会已经提出了几项法案，将加强 FDA 对健康食品的管辖权。其中有议员呼吁在政府内部建立一个新的无线健康技术办公室。目前已经出台了相应法规来规范 "临床软件"。

是设备？不是设备？

事实上，至少从 1989 年开始，FDA 就一直在处理医疗移动应用案例。当时它准备了一份总体政策声明，说明它计划如何确定基于计算机的产品是否是一种设备，如果是，该机构打算如何监管它。这份名为《计算机产品》的文件以《1989 年法规的软件政策草案》的形式为人所知。随着时间的推移，计算机技术和软件在医疗设备中的应用呈指数级增长，变得更加复杂。因此，FDA 认定，该政策草案没有充分解决与监管所有包含软件的医疗器械的问题。2005 年，FDA 撤回了其软件政策草案，并开始对符合医疗设备定义的某些类型的软件应用进行正式分类。2010 年 7 月，FDA 和 FCC 发布了一份联合声明，阐述了宽带和无线医疗设备的"重大承诺"，指出"所有美国人都应该有机会受益于宽带和无线技术的进步。"声明还称，FDA 和 FCC 一致认为，联邦政府发挥领导作用，鼓励创新和投资于新的医疗保健技术非常重要，各机构应积极寻找创新的解决方案，应对美国的医疗保健挑战。然后，在 2011 年 2 月 5 日，FDA 发布了一项法规，对某些基于计算机或软件的设备进行降级，这些设备旨在用于医疗设备数据的电子传输、存储、显示和/或格式转换，称为医疗设备数据系统。2011 年 7 月，FDA 发布了一份指导文件草案，其中定义了一小部分移动医疗应用，这些应用可能会影响当前受监管医疗设备的性能或功能，因此需要 FDA 的监督。该机构表示，它将关注受监管医疗设备的移动应用软件——例如，允许医疗保健专业人员通过在智能手机或移动平板电脑上查看存档图片和通信系统中的医学图像来做出特定诊断的应用程序。FDA 的指南还涵盖了监管作为医疗设备使用的移动平台，例如将智能手机转变为心电图机以检测异常心律或确定患者是否患有心脏病的应用程序。但直到 2013 年底，该机构才正式解决移动医疗应用中所谓的"支持创新同时保护消费者安全的定制方法"。

FDA 在 2013 年的另一项行动是根据威瑞森公司的企业解决方案制订相关计划，批准一种基于云的远程患者监护医疗设备，该设备可以自动从相连的生物识别设备上收集患者数据，使专业医疗人员能够通过门户网站跟踪病患的健康状况。FDA 还批准了血液中心的 iTrace，这是第一个使用射频识别技术的应用。iTrace 射频识别应用旨在增强现有的血库系统，并与当前的条形码识别和标签流程协同工作。

FDA 对"标准"的定义

在 2013 年 9 月的声明中，FDA 认可了三类标准：互联网络环境的风险管理标准；建立术语、框架和医疗设备特定通信（包括系统和软件生命周期过程）的互操作性标准；与医疗设备最相关的工业控制领域的网络安全标准。该声明旨在帮助制造商选择声明符合医疗器械和相关产品特定要求的共识标准。

FDA 认可的 12 项 IEEE 标准如下：

- IEEE 11073-10101—护理点医疗设备通信，第 10101 部分：术语
- IEEE 11073-10201—现场医疗设备通信，领域信息模型
- IEEE 11073-20101—护理点医疗设备通信、应用概要、基本标准
- IEEE 11073-20601—个人健康设备通信，第 20601 部分，应用程序配置文件，优化交换协议
- IEEE 11073-20601 a-2010—个人健康设备通信，第 20601 部分，应用程序配置文件，优化交换协议
- IEEE 11073-10408—个人健康设备通信，第 10408 部分，专用设备，温度计
- IEEE 11073-10415—个人健康设备通信，第 10415 部分，专用设备，称重秤
- IEEE 11073-10404—个人健康设备通信，第 10404 部分，专用设备，脉搏血氧计
- IEEE 11073-10421-2010—个人健康设备通信，第 10421 部分，专用设备，呼气流量峰值监控器（峰值流量）
- IEEE 11073-10406-2011—个人健康设备通信，第 10406 部分，专用设备，基本心电图仪（1-至 3-导联心电图）
- IEEE 11073-10407—IEEE/ISO/IEEE 健康信息、个人健康设备通信、专用设备、血压监测器
- IEEE 11073-10417—IEEE/ISO/IEEE 健康信息，个人健康设备通信，第 10417 部分，专用设备，血糖仪

IEEE 11073 工作组已经批准了其他几项个人健康设备标准，包括：

- IEEE 11073-10441—2013 年 3 月发布的《健康信息-个人健康设备通信标准》第 10441 部分：专用设备/心血管健康和活动监视器，支持测量个人身体活动和生理反应的设备与计算引擎之间的互操作通信。
- IEEE 11073-10420 涵盖身体成分分析仪。
- IEEE 11073-10423 指睡眠监视器，通常戴在手腕上。
- IEEE 11073-10424 是睡眠呼吸暂停治疗设备的标准。

Continua 还与 ISO、IEC 和 IEEE 有工作关系，并于 2013 年被邀请加入新的欧盟委员会电子健康利益相关者小组。新加坡卫生部控股公司现在要求 Continua 为在其国家健康平台内的所有个人健康设备和服务提供认证服务。IEEE 802 系列标准属于个人健康设备通信（PHDC）的连接传输部分，在 Continua 出版物的年度指南中进行了联合审查。Continua 已经将 ZigBee 指定为下一代无线系统，它正在帮助 WiFi 联盟推进 WiFi 在互联医疗市场的应用。

在医疗设备标准制定过程中发挥重要作用的另一个组织是医疗互操作性中心，这是一个非营利组织，于 2013 年从西方卫生研究所中分离出来，旨在帮助提高对医疗设备互操作性问题的认识，并帮助医院和其他卫生组织在开发医疗设备技术解决方案方面拥有发言权。约翰·霍普金斯大学优质护理创新中心的医学主任彼得·普罗沃斯特博士说："医疗设备需要根据标准共享数据，以便更好地通知临床医生和帮助病人。"技术和团队已从西部卫生研究所转移到新中心，包括与医院安全无线网络技术相关的医疗级无线公用事业参考架构知识产权，以及便于采用互操作性标准的研究软件，所有这些都由免税许可涵盖。

NFC 标准和设备

近场通信（NFC）属于 IEEE 11073-30400 中的"互连传输"类别，而视距红外通信属于 IEEE 11073-30300。"这就是我们所说的上层标准，尽管它们关注的是个人健康设备，"IEEE 11073 系列初级卫生保健系统标准主席、医疗互操作性中心互操作性信托执行副总裁托德·库珀说。NFC 是一种近距离的无线技术（通常在 4cm 处使用，最大范围为 20cm），主要用于电子支付和接入系统。大多数 NFC 标准都是从射频识别和智能卡标准演变而来的。移动手机也非常适合 NFC 应用，随着医疗保健提供商越来越多地倡导无线健康监控设备，NFC 论坛在 2013 年初决定创建一个专注于医疗保健的内部 SIG。

2013 年 7 月，NFC 论坛发布了第一个医疗保健技术规范和两个候选规范。其中，PHDC 技术规范为个人医疗设备提供了符合 ISO-IEEE-11073-20601 优化交换协议和 NFC 论坛规范的可互操作数据传输，该规范使无导线血压监测器、称重秤和血糖仪等设备能够借助外部计算机系统利用 NFC 技术向医生传输医疗数据。两个候选规范是 Connection Handover 1.3 和签名 RTD 2.0，前者定义了允许两个支持 NFC 的设备使用其他无线通信技术建立连接的交互结构和顺序，后者允许用户使用 NFC 数据交换格式（NDEF）消息验证数据的真实性和完整性。它指定了签署 NDEF 记录时使用的格式，并提供了可用于创建签名的合适签名算法和证书类型的列表。

IEEE PHDC 工作组至少还有两个标准制定项目正在进行中——IEEE P 2301 和 IEEE P 2302（"P"表示标准处于项目开发级别），这两个项目都涵盖云中的 PHDC。PHDC 工作组正在研究的一个关键领域是公共网络服务，主要关注如何描述陆基架构，例如，IEEE 802.11.3（以太网）和 IEEE 802.11 系列中的其他设备，将其用于医疗设备。NFC 论坛还与蓝牙 SIG 建立了正式的联络关系,以评估增强其技术在电子设备(包括个人健康产品)中的互操作性和用户体验的机会。

医疗设备设计方面的挑战

拥有3300家成员公司的全球行业协会——国际电子医疗器械协会的副总裁桑杰·胡普利卡表示,在技术日新月异、产品复杂性不断增加、合规性和安全标准严格的环境下,电子医疗器械制造商面临着全球市场带来的持续的上市时间压力。"全球法规、无铅技术、不断发展的制造流程、可靠性要求和R&D问题,正在改变医疗器械公司管理供应链的方式。"

设计师在此类产品中面临的最棘手问题之一是功耗。德克萨斯大学阿林顿分校的电气工程教授、犹他州西南医学中心内科兼职副教授焦立中博士在这一领域进行了大量研究,他说,"我们需要一整天都能工作的设备,而不仅仅是一小时。"这也是ABI研究公司认为专有无线原型在医疗保健市场上被更多基于标准的无线技术如蓝牙、无线网络和ZigBee所取代的领域之一。运动/健身设备类别中的一些设备依赖于低功耗技术,如蓝牙智能,这种技术适用于心率监测器和其他健康/健身应用。

另一个问题是简单地保护病人免受设计不良或有其他缺陷的医疗设备的伤害。鉴于此,ISO制定了ISO 14155:2011标准,用于人体医疗器械的临床研究。该标准本身旨在提高医疗器械的质量,并鼓励制造商在开发产品时更加关注安全问题。该规范是由ISO技术委员会ISO/TC 194《医疗器械生物学评价》人类调查工作组制定的。本质上,它定义了临床调查的流程和临床调查结果的可信度,以及主办方和主要研究者的责任。

更多市场的研究

医疗保健、电子健康和电子病历市场都在快速增长。事实上,每一个独立的市场研究机构都通过发布对医疗保健市场的详细分析来改善其财务状况。市场不仅随着创纪录数量的产品介绍和新玩家的进入而增长,人口统计数据也成为这一领域增长的一个重要因素:第一批所谓的婴儿潮一代,即出生于1946年至1964年之间的人,2012年将达到65岁。到2030年,美国65岁及以上的成年人将占全国人口的1/5。从全球来看,这些数字大致相似。

MarketsandMarkets表示,联网设备已经占据了当前医疗保健市场总收入的85%。无线网络技术代表了这一市场的最大部分,预计至少到2018年仍将是最大的贡献者。根据一份研究和市场报告，"无线可以通过消除医生和病人之间的物理互动，将医疗服务提升到一个新的水平。由于对优化护理的巨大需求，医疗社区和患者越来越愿意连接到实时网络通信系统，预计这将是一个主要的增长因素。"然而，该研究表示，行业需要处理安全、隐私、报销、未经证实的临床收益以及缺乏标准等不确定性问题。研究和市场称，到 2018 年，移动健康将成为一个大众市场，覆盖数十亿智能手机和平板电脑用户。到那时，这些用户中有 50% 已经下载了移动健康应用程序。到 2017 年底，移动健康市场总收入将增长 61%（CAGR），达到数十亿美元的水平。

IHS 公司表示，亚太地区是活动监视器、身体成分分析仪和心率监视器等设备的增长中心，但美洲和欧洲-中东-非洲（EMEA）地区也是市场活动的主要中心。在各国中，国际卫生系统将丹麦和英国列为特别成功地实施远程保健或通过监测器和兼容设备远程监测健康状况的国家。

ABI 研究预计，到 2018 年，医疗设备 IC 市场蓝牙智能和无线网络将带来 1 亿美元的收入。伯格洞察公司的电信分析师拉斯·库尔金在《M2M 日报》上写道："远程病人监护的广泛使用仍需数年时间，但我们正迈向一个移动健康护理解决方案将成为标准护理途径的时代。"

皇家飞利浦公司的一项调查结果显示，互操作性、移动连接和在护理点驱动实时可操作信息的技术已经成为健康信息技术投资的焦点。当被要求确定选择临床技术的相对重要性时，44% 的调查对象认为电子病历可操作性是最重要的因素。

主要的市场和玩家

目前，亚洲的移动医疗市场主要由日本和中国主导，而英国代表了欧洲的大部分活动。MarketsandMarkets 还观察到了几项旨在促进市场发展的政府举措，如 MDiabete、印度-荷兰项目管理协会、母亲行动移动联盟、EpiSurveyor、Ushahidi、前线 SMS、开放式 SMS、快速 SMS 和 Mwana。

连接设备细分市场的参与者名单很长、很广，而且是全球性的。它不仅包括荷兰的飞利浦医疗保健公司、通用电气公司的 GE 医疗保健公司家庭健康部门，还包括博世医疗保健、霍尼韦尔、思科、微软、三星、心康、西门子医疗保健、日本欧姆龙、澳大利亚伊森亚、美敦力、耐克、高通人寿、IBM、爱励连接、美国威瑞森科技以及其他大大小小的公司。在芯片供应商中，英特尔公司的数字健康集团、意法半导体、模拟设备、德州仪器和飞思卡尔半导体都在这个市场非常活跃。飞思卡尔公司在 2010 年获得了 ZigBee 联盟的认证资格，用于 ZigBee 保健无线健康和健康处理设备。扎特林克半导体公司现在是 Microsemi 公司的一部分,与美敦力公司签订了供应协议,向医疗设备供应商提供超低功率无线电芯片和模块。据曼哈顿研究中心称,卡尔蔡司医疗技术公司的论坛浏览器应用程序可以让医生从各种蔡司产品和第三方诊断设备中获取图像和报告,该应用程序可以存储在论坛应用程序中,也可以与 iPad 一起使用,这一点很重要,因为美国一半以上的医生拥有一台 iPad,大约一半的医生在护理点使用他们的设备。

AT&T 健康中心对 AT&T 公司来说是一个相对较新的实践领域,可提供专业服务来改善患者护理。AT&T 健康论坛在 2012 年底发表的博客中确认了几个趋势:一是随着更多医院采用负责任的护理组织模式来降低与慢性病相关的再入院成本,远程患者监测将从试点项目转向大规模应用;二是将创建集成的医疗保健应用程序,与其他设备、应用程序和数据连接,以实现更全面的医疗保健,其中信息可以跨平台安全共享,而无须考虑供应商。(一个例子是,360 多个注册开发商在 AT&T 创建了 190 个下一代互联应用程序站台 Quest Diagnostics,为开发人员提供样本数据,以创建可在编程大赛和协作应用程序开发环境中使用的应用程序。) AT&T 健康基金会也一直在跟踪远程医疗的增长,以缩小医生资源和病人需求之间的差距。AT&T 引用了美国医学院协会的一项调查,该调查预测:到 2015 年,美国的医生缺口将达到 62,900 名;到 2025 年,这一缺口预计将增加一倍多,达到 130,600 人。普华永道和全球移动运营商协会(GSMA)的另一项研究代表了 220 多个国家移动运营商的利益,该研究表明,通过改善治疗依从性和远程患者监测,使用移动医疗解决方案可以将欧盟患者的年人均医疗保健总成本降低 18%,并将慢性病护理成本降低 30%~35%。

远程看护中的 M2M

无线 M2M 传感器和其他智能设备相互交换数据,以监控、控制和收集来自远程机器的数据,预计将对个人医疗保健产生重大影响。通用电气公司的一项研究估计,M2M 可以消除医疗保健行业 25% 的临床和运营效率低下问题,即每年约 1,000 亿美元。通用电气公司的研究表明:"为了让信息变得智能,需要开发新的连接,以便大数据'知道'何时何地需要去哪里,以及如何去那里。"基础设施和交通行业一直是 M2M 最大的用户,但它正迅速出现在自动售货机、安全设备、远程库存管理、智能能源输送等领域,有可能为成千上万(如果不是数百万)的医疗保健用户提供应用,包括监测患者的生命体征,如心率和血压，以及可通过互联网传输到医疗数据库的数据。这一市场活动的成果之一是形成了若干信息和通信技术方案和组织，其目标是创建技术标准以确保 M2M 能够在全球范围内有效运行和互操作。

ITU 移动通信标准化顾问组于 2012 年 1 月成立了一个新的机器对机器服务层焦点组（FG M2M），最初侧重于支持电子医疗应用和服务的应用程序编程接口（API）和协议，并制定这些领域的技术报告。该小组的计划是研究和评估目前由区域和国家标准制定组织开展的 M2M 工作，以便确定一套通用需求。FG M2M 关注三个领域：M2M 用例和服务模型、M2M 服务层要求以及 M2M 应用编程接口和协议。它计划与关键利益攸关方和其他感兴趣的组织，包括 Continua 健康联盟和世界卫生组织开展强有力的合作。

2012 年 7 月，7 家全球领先的信通技术 SDO 推出了一个名为 oneM2M 的全球组织，为 M2M 制定规范。该组织的目标是满足对通用 M2M 服务层的需求，该服务层可轻松嵌入各种硬件和软件中，通过 M2M 应用服务器连接到不同类型的设备。凭借对端到端服务的独立访问视图，oneM2M 还将在多个 M2M 应用程序中使用通用用例和架构原则开发全球一致认可的 M2M 端到端规范。支持 M2M 的 7 个标准化组织包括无线电工业和商业协会（ARIB）、日本电信技术委员会（TTC）、电信工业解决方案联盟（ATIS）、电信工业协会（TIA）、中国通信标准协会（CCSA）、欧洲电信标准协会（ETSI）和韩国电信技术协会（TTA）。然而，加入 oneM2M 是有条件的。如果以第一类合作伙伴身份加入 oneM2M，则必须同意将停止网络服务商提供的与 M2M 服务层内部相关的任何工作，并将其转移到 oneM2M。如果以第二类合作伙伴的身份加入 oneM2M，则可以继续独立开展工作，也可以为 oneM2M 提供投入，但在设定最终标准的方向方面没有任何战略影响力。

在商业方面，Verizon Wireless 已与两家远程医疗解决方案提供商 Carematix 和 Sonicu 合作，以加快 M2M 无线医疗解决方案在市场上的推广。Verizon 允许任何设备连接到它的网络，只要它符合公司的开放开发计划（ODI）。ODI 旨在保护 Verizon 网络免受不必要的干扰并保护网络安全。要让 M2M 设备融入 Verizon 网络，必须符合长期演进（LTE）或码分多址（CDMA）技术规范。在美国运行的 M2M 设备必须符合美国联邦通信委员会的要求，才能通过 ODI 认证。Verizon 表示，它已经认证了用于 M2M 系统的芯片组，并认证了外部测试实验室进行 ODI 测试。

虽然支持 M2M 的联网设备可能有助于改变移动医疗的提供方式，但弗罗斯特和苏利文（F＆S）的一项研究表明，这一领域的 M2M 提供商需要应对严重的设备碎片化，了解当地严格的法规，并能够与广泛的行业利益相关者打交道。F&S 还认为，要成功地将 M2M 解决方案纳入医疗保健系统，提供商还必须提供增值服务以及基本的连接。"移动网络运营商必须建立与健康相关的资源和专业知识，才能提供高度专业化的 M2M 解决方案，"F&S 分析师马尔戈扎塔·丝说。影响 M2M 在医疗应用中被广泛采用的另一个问题可能是 M2M 的构成因素和用途，它们在某些层面上具有复杂的测试方法。

医疗物联网

物联网和 M2M 预计对医疗设备设计产生重大影响，进而影响标准的制定。"从机器到机器到医疗再到能源，有许多令人兴奋的物联网应用正在涌现，它们将影响我们的工作、生活和娱乐方式，"博通首席技术官办公室高级技术主任瓦埃尔·威廉·迪亚卜在德克萨斯州奥斯汀举行的 2013 年 SXSW 互动节上对多到只有立足之地的观众说，"IEEE-SA 标准将在支持物联网生态系统方面发挥关键作用。"事实上，IEEE-SA 有许多标准、项目和活动与创建充满活力的物联网所需的环境直接相关，并且已经成立了物联网医疗集团。IEEE-SA 还与致力于推广微机电系统的行业协会 MIG 签署了一份备忘录，以帮助加速和扩大全球相关的基于标准的电子医疗和物联网技术的推广。

IoT/M2M 技术医疗应用的关键"目标"之一是通过使用专门用于患者的"虚拟访问"技术来防止患者再次入院。橙色移动企业业务发展副总裁弗雷德里克·维西耶（Frederic Veyssiere）预测物联网在健康监测领域的近期机遇。"我相信物联网的概念已经实现，尽管它可能还没有被称为物联网。今天，我们可以看到许多移动健康设备直接与无线网络通信，或者光与室内集线器通信然后再与无线网络通信。对我来说，这是物联网概念的一次突破。我们还没有达到数十亿台设备的级别，但这一数字正在快速增长。"

SDO 的发展速度是否足以满足这个潜在巨大市场的需求？英国半导体和软件设计公司 ARM 控股有限公司公布了它与经济学人智库联合进行的一项研究结果，该研究发现 75% 的全球商业领袖积极研究物联网领域的机遇。该报告还描述了这些公司将资源转移到物联网的几个障碍，其中之一是标准不够成熟。

知识产权之争

公司代表在标准开发工作小组中的一个关键作用是推广他们自己的知识产权（IP），尽可能多地将其纳入已批准和发布的标准中。众所周知，标准工作组成员还试图放慢标准批准过程，希望他们的技术发展能够赶上该工作组中的其他公司。这一直是医疗标准制定过程中的一个问题，其中许多标准是由在该领域具有竞争力的公司推动的。这些公司有钱请人参加工作小组，而且他们这样做了。最终用户出席的可能性要小得多。这也是医疗互操作性中心新的互操作性信托成立的原因之一——将更多的移动医疗提供者带入医疗设备标准的制定过程。

有时，问题不是集中在知识产权问题或特定专利上，而是集中在应用上。例如，当 IEEE 11073 工作组考虑采用 IEEE 802.11 作为其物理分布式控制系统标准包的一部分时，它将让广泛使用的无线标准 IEEE 802.11 系列（包括以太网、无线网络、蓝牙和 ZigBee）面临潜在的安全问题。

IEEE 标准制定过程的参与者需要披露可能对起草和发布正式标准至关重要的专利持有人的姓名。在每次标准会议开始时都会要求提供这些信息。想要将自己的知识产权作为标准候选技术的供应商必须披露这些内容。这些披露的信息都被记录在案。当专利持有人被确认后，工作组主席需要联系专利持有人并要求出具保证书。2013 年 7 月在美国参议院司法委员会反垄断、竞争政策和消费者权利小组委员会听证会上，IEEE-SA 标准委员会主席约翰·库利克博士说，根据其规则，IEEE-SA 不能要求专利持有人填写保证书。如果工作组决定专利技术是标准的最佳解决方案——也就是说，专利对于起草标准至关重要——IEEE-SA 要求专利持有者以合理和非歧视性的条件授予许可。然而，如果专利持有者没有提交保证函或以其他方式表明不会授予许可，IEEE-SA 可能必须考虑是否对标准草案给予最终批准（参见本书结尾部分关于标准制定中"必要"专利的更详细介绍）。

隐私问题

随着移动健康和电子健康市场的不断增长和扩大，个人隐私问题将受到更多的关注。美国国会于 1996 年通过的健康保险可移植性和责任法案限制了包括医生、保险公司和药房在内的医疗信息的获取。但是一些医疗应用程序并不加密消费者加载到医疗设备中的个人数据。并非所有的应用程序都遵循相同的或者所有的隐私政策。

第6章
无线充电器成为标准战场

　　就像变魔术一样，一说到无线，所有的东西看起来都像有魔法。

　　现在只需要把设备放在充电座上或者附近，就可以利用无线的方式给智能手机、平板电脑、笔记本电脑，甚至是一些便携式医疗设备充电，这些充电座通常会有防水罩。最初人们只是将无线充电设备放置在咖啡厅和机场休息室（就像免费 WiFi），很快就吸引了更多消费者的关注。无线充电座不需要随身携带充电线，改变了以往只能将设备插在墙面的交流插座上充电的模式，相比传统充电器，无线充电器让充电更快、更方便，且减少了充电条件的限制。

　　目前已有超过 400 种无线充电产品可供零售。一些汽车制造商也正在进行汽车无线充电功能的研发。市场分析人士预计，到 2015 年，将有大约 1 亿个无线充电设备投入使用。一项研究预测，到 2019 年，无线充电的市场规模将从 300 万美元攀升至 336 亿美元。但技术标准混乱的问题阻止了无线充电市场以更快的速度发展。德克萨斯仪器公司（Texas Instruments）的无线功率芯片设备产品营销经理尼兰扬·帕塔雷（Niranjan Pathare）说，"市场开始迎来了增长的势头，但无线电力市场的持续发展取决于对技术标准的广泛共识，这些标准将确保产品和平台之间的互操作性。"让所有人在标准层面达成共识并不是一件容易的事情。现在，至少有 3 个团体正在与国际知名的 SDO 联手竞争推广他们自己的无线充电"标准"。

　　这 3 个最积极推动无线充电标准的联盟分别是 Power Matters Alliance（PMA）、Wireless Power Consortium（WPC）和 Alliance for Wireless Power（A4WP）。

　　PMA 在 2012 年加入了 IEEE-SA 行业连接计划（Industry Connections），该计划旨在帮助志同道合的组织（如 PMA 的公司成员）共同制定标准提案并提供其他援助，从而孵化新标准。PMA 从一开始就大力支持 IEEE 批准的全球标准的开发，并提交了最初的项目授权请求（PAR），以开发 IEEE-SA 批准的标准。IEEE-SA 于 2013 年 10 月成立了 IEEE 无线电源和充电系统工作组。该协会的技术总监克利夫顿·巴伯（Clifton Barber）被任命为 IEEE 无线充电工作组的主席，该工作组负责制定 IEEE P2100.1《无线电源和充电系统标准规范》（Standard Specification for Wireless Power and Charging System）。（P 表示标准的制定处于项目状态，尚未批准或公布），并期望 IEEE 2100.1 可以成为 IEEE 并行无线电源和充电技术规范系列标准的第一个。以前，无线电源和无线充电仅限于专有的、非标准化的部署，这些部署没有定义组件之间的接口。IEEE P2100.1 工作组表示，它希望为发射和接收设备建立并行的无线电源和充电规范，最初的重点是电感应（或紧密）耦合技术。随着人们对松耦合系统的兴趣不断增加，工作组计划对这项技术进行适当调整，并将其纳入标准中。

走向全球

ITU 已经启动了无线充电标准研究，称为 ITU-R WP1a（无线电力传输通信组），并计划就 ITU 应如何着手制定无线电力传输标准提出初步建议草案。ITU 的研究计划于 2014 年完成。IEC 也有望制定出无线充电的正式标准。CEA 希望推出关于无线充电技术的正式标准，他们在全球标准制定工作中拥有重要的地位并一直保持活跃。CEA 在 2013 年成立了无线电力小组委员会（ANSI/CEA-2042.3），以制定一套能满足便携式消费电子产品要求的规范。2013 年以来，CEA 在拉斯维加斯举行的年度国际消费电子展上展示了多种无线充电产品。CEA 表示，其无线充电标准将确立通用的方法，以确保具有无线电力传输功能的消费电子设备的电力传输效率和待机功率。克利夫·巴伯（Clif Barber）表示，PMA 已经计划与 CEA 进行合作，"我们也在关注 ITU 的活动"[另一个 SIG，即汽车工程师协会（SAE）成立的一个委员会，为制定电动和混合动力汽车的无线充电标准提供建议]。

无线充电

无线充电功能在智能手机和其他移动设备中仍然是一个相当新的功能。WPC 于 2008 年 12 月 18 日在香港召开了第一次会议。该联盟当时只有 8 个成员，现在却已超过 200 个，并声称在全球拥有超过 4,000 万台充电设备。2009 年 8 月，该联盟发布了自己的无线充电标准，名为 Qi（发音为"气"）。2009 年 9 月，首款基于 Qi 的产品获得认证。在 2011 年 3 月的 CTIA（无线协会会议）上，展示了首款集成了 Qi 兼容接收器的手机。WPC 表示，截至 2014 年底，市场上已有 70 多款内置 Qi 规格充电功能的手机。

WPC 是一个全球性联盟（主席是 Menno Treffers，总部位于荷兰），但将新泽西州皮斯卡塔维［IEEE 和 IEEE 工业标准与技术组织（IEEE-ISTO）的所在地］列为其官方地址。WPC 与 IEEE-ISTO 有正式关系，后者为 WPC 提供行政支持。IEEE-SA/IEEE-ISTO 的高级项目经理 Michelle Hunt 说，需要澄清的是，"IEEE SA 和 IEEE-ISTO 是两个独立且不同的实体"，IEEE-ISTO 为其成员组提供计划管理、营销、IT 支持、会计、合格评定以及在全球标准和成员发展方面的经验。IEEE-ISTO 旗下的其他组织还包括应用质量联盟（App Quality Alliance）、互联照明联盟（Connected Lighting Alliance）、VoiceXML 论坛、Nexus 5001 论坛和 MIPI 联盟。

截至 2014 年初，Qi 已在全球 500 多种认证产品中应用。除了集成到 60 多款智能手机和平板电脑中，它还集成到 C+P 家具系统 Cegano Smart Tables 和其他桌面材料中，包括可丽耐玻璃和木质饰面产品。开发可丽耐的杜邦（DuPont）是 PMA 成员。杜邦建筑创新全球营销总监 Rusian Yusupov 表示："我们一直在寻找能将无线电力整合到杜邦可丽耐特定应用中的技术和合作伙伴，在 PMA 那里，两个都找到了。"

截至 2014 年初，Qi 是车辆无线充电技术领域的唯一解决方案。克莱斯勒集团（Chrysler Group LLC）为部分 2013 年款"道奇"紧凑型汽车提供基于 Qi 的充电技术，该技术同时应用于 2014 年款"切诺基"。通用汽车公司表示，将于 2014 年开始为部分车型提供智能手机无线充电服务（通用汽车公司已加入 WPC 和 PMA，并在 2011 年 1 月宣布向 PMA 成员 Powermat Technologies 投资 500 万美元。无线电话充电首次用于车载是 2011 年的雪佛兰 Volt 车型，使用了 Powermat 公司选件。雪佛兰还在为 Volt 开发一款基于 Qi 的应用）。梅赛德斯-奔驰（Mercedes-Benz）公司于 2013 年 9 月宣布，将在 2014 年的车型中引入 Qi 标准。梅赛德斯-奔驰（Mercedes-Benz）、奥迪（Audi）、宝马（BMW）、大众（Volkswagen）和保时捷（Porsche）已与汽车消费电子协会（Consumer Electronics for Automotive，CE4A）就 Qi 标准达成一致，将 Qi 作为其全球标准。CE4A 成立于 2006 年，旨在提高移动设备接口的标准。CE4A 表示，自 2010 年以来一直在跟踪和研究各种充电标准的发展，并建议其成员在当前和未来的车型中使用 Qi 标准。奥迪更新了带有 Qi 的手机收纳盒中控台。奥迪、宝马、戴姆勒、保时捷和大众汽车等德国汽车制造商为 CE4A 做出了贡献，CE4A 在德国汽车工业协会（VDA）的组织框架下运作。

JVIS USA 公司参与 Qi 和 Powermat 感应充电标准的两个主要部分，尤其是在车载应用方面：无线充电设备上的一组接触点和充电座本身。充电座的特征在于彼此平行布置的导电金属带。无线充电座从汽车的电气系统接收电力，并通过其金属触点传递到设备。流经设备的电量取决于其特定的适配器，因此智能手机和笔记本电脑可以在同一个座上充电。

韩国、日本和德国电力、电子和信息技术委员会都不同程度上参与了无线电力标准的开发。2013年12月，韩国科学、信通和未来规划部（MSIP）国家无线电研究局（RRA）批准将6,765~6,795kHz频带（标称6.78MHz）分配为磁共振式无线充电装置专用的工业-科学-医疗（ISM）频带。A4WP表示，韩国的无线电标准与其无线电力标准直接兼容。RRA表示，他们采取这一行动的目的是为基于磁共振式无线充电设备的商业化奠定基础。WPC先前已与韩国无线电力论坛（KWPF）建立了联络协议，并与其成员就标准化问题进行合作，其他合作者还包括韩国无线电促进协会（后者与政府机构合作推动制定无线电力传输方面的法规和政策）。这3个无线充电联盟都与美国环境保护署（EPA）建立了联系，EPA作为能源之星认证计划的管理者，批准通过认证的产品使用能源之星标志。

Verizon Wireless和AT&T Mobility等大多数主要的无线运营商都开始销售具有混合充电功能的智能手机。到2012年下半年，Verizon Wireless销售了HTC Droid DNA，T-Mobile销售了LG Nexus 4，AT&T销售了HTC 8X。2013年夏天，美国AT&T公司对其智能手机供应商表示，希望产品采用相同的技术标准。

它是如何工作的

对于知道尼古拉·特斯拉（Nikola Tesla）在100多年前首次提出了无线充电概念的工程师来说，它的工作原理应该不陌生。

对于无线移动设备，主要考虑两种无线充电技术：电磁感应和磁场共振。从实现的角度来看，不同之处在于电磁感应无线充电要求接收器与发射器或充电设备直接接触。在磁场共振充电中，发射器和接收器仅需彼此非常接近（约1inch）即可充电。

感应耦合无线充电在调谐成以相同频率谐振的两个线圈之间无线地传输电能。通常由一个充电座（发射器）和一个接收器组成。装有线圈的充电座在电流通过时振荡，产生交变磁场。当两个装置接触时，充电座和接收器中的线圈产生电磁耦合。正如TI公司的Niranjan Pathare所解释的，WPC建立的当前标准以及PMA在2013年制定的标准都依赖于紧耦合的系统，这意味着发射器和接收器线圈必须紧密对齐才能进行无线充电。这两个组织还在推动其标准向松散耦合扩展，从而能够提供更大范围的充电区域，实现对多个设备充电，并且是反向兼容的。A4WP 正在开发面向松耦合系统的标准。

根据 TI 公司关于该技术的论文，电力发送器的关键电路是初级线圈，用于将电力传送到电力接收器线圈；控制单元用于驱动初级线圈，通信电路用于解调来自初级线圈的电压或电流。功率发射器需要被设计为向功率接收器提供一致的功率和电压。电力接收器向电力发送器发送表征其兼容性的信息，并且还提供配置信息。通过向主设备发送误差信号的方式来控制传输功率的大小。智能手机等移动设备在充电时可以接打电话。这与某些使用感应耦合式植入式医疗设备、电动剃须刀和电动牙刷充电时可以使用的原理大致相同。

这 3 个联盟均提供详细的技术数据和有关规格信息。WPC 已在其网站上免费提供 Qi 低功耗规范文档，并提供了详细示例。该份 Qi 文件根据线圈之间的近场磁感应强度定义了功率发送器和功率接收器之间非接触式功率传输的接口，还有两个测试规范文档，但仅供联盟成员使用。

Qi 规范文件版本编号由三位数字组成：$X.Y.Z$。例如，1.0.3。

X 称为大修订版本号。具有相同大修订版本号的规范是向后和向前兼容的。Y 称为小修订版本号。小修订版本号的更改意味着引入了新的需求，同时保持了先前认证产品的向后兼容性。Z 称为编辑性修订版本号。编辑性修订包括声明、将新的设计整合到文件中，并可能将新测试添加到测试规范中。

在版本 1.0 中，Qi 发射器向 Qi 电话提供 5W 功率。发射器设计的可选项包括单线圈发射器、线圈阵列发射器和动圈发射器。该版本在 Qi 接收器的设计中提供了高灵活性（或适应性），但是在 Qi 发射器的设计中提供了有限的灵活性（或适应性）。

Qi 的 1.1 版增加了发射器的设计自由度，使设计者可以选择 12 种不同的发射器规格。它还提高了"异物检测"的灵敏度，防止了有源发射器周围金属物体的发热。它还允许使用 USB 充电器为 Qi 发射器供电。2013 年夏季 Qi 规范版本升级为 1.1.2。

A4WP 在标准制定中致力于降低构建兼容产品的难度，让大多数选项对联盟成员开放。只有联盟成员才能访问 A4WP 的完整规范。但是一般的设计理念是让设计人员指定并提供自己的带外无线电、功率放大器、DC-DC 转换器、整流器、微处理器（分立的或集成的）等组件，并且根据需要组装它们，只要组件符合规范，它们就可以利用兼容性进行拓扑。该规范仅保留系统中使用的发射器谐振器的接口和型号。

在共振式充电方面的探索

WPC 一直在制定共振式充电方面的 Qi 规范的谐振扩展，以保持与已安装的 Qi 设备的向后兼容性。该方向的第一个例子是由拥有 100 多项无线充电专利的新西兰公司 Power-Proxi 和总部位于香港的开发无线充电产品的香港便捷电力有限公司（Convenient Power HK Limited）发布的。该方向标准还允许多个设备充电，以及支持无线充电器和智能手机等产品之间更大的充电距离。香港便捷电力有限公司的系统使用磁场共振技术，可以对 Qi 手机进行无线充电，最大距离可达 18mm，而无需额外的中继组件，该技术对现有的 5mm 距离充电平台没有额外的成本。PowerProxi 公司已经根据与德州仪器（Texas Instruments，TI）的许可协议交付了共振式系统。

英特尔公司在 2013 年 6 月加入 A4WP，这一举动令业内许多人感到意外，部分原因是该联盟在当时似乎是三大联盟中履历最低的，而且在媒体报道中常常被视为无线充电发展的后来者。但其成员名单令人印象深刻。除了英特尔，联盟成员还包括高通和三星电子（两个联盟创始人）、LG 电子、博通（Broadcom）、IDT 和保险商实验室（Underwriters Laboratories，UL）。A4WP 还包括几个日本成员——电装株式会社、NEC TOKIN、船井电气和住友电气印制电路。除了获得 A4WP 董事会席位外，英特尔加入 A4WP 的原因还在于技术。英特尔公司 PC 客户小组副总裁兼移动客户端平台部门总经理纳文·谢诺伊在加入 A4WP 时表示："英特尔认为，A4WP 规范，尤其是近场磁共振技术的使用，能够提供令人信服的消费者体验，并启用新的使用模式，使设备充电几乎自动化。"

A4WP 成立于 2012 年 5 月，并于 2013 年 1 月发布了其规范。A4WP 技术以其所谓的"空间自由"设计理念为特征，该设计理念可在充电器和被充电设备之间留出很小的空间，并可以一次对充电座上的多个设备充电。WPC 涵盖了其标准池，在 Qi 规格范围内为其现有的感应充电技术增加了共振充电功能。WPC 表示，尽管 Qi 充电器始终能够进行多设备充电，但 WPC 的规范修订版通过使用单个逆变器降低了为多个设备充电的成本。WPC 在 Qi 规范中列出的技术优势是：充电距离可达 30mm，与现有的 Qi v1.1 接收器相当；现有 Qi v1.1 系统和原型 v1.1 系统之间的互用性试验；支持新的低功率发射器设计，以创造更多的通用性和可供选择的汽车应用，以及无线功率高达 2,000W 的厨房应用。

PMA 和 A4WP 联合

2014 年初，发生了一件大事，PMA 和 A4WP 签署了一项协议，旨在建立两个无线充电标准的全球互操作性——将 PMA 的开放网络应用程序接口（Open Network API）和 A4WP 共振无线充电标准合并为一个标准，从而最终发展成为共振充电全球统一的标准。该协议为协调技术标准和简化无线充电过程建立了更清晰的途径。为了立即推动这两个联盟朝这个方向发展，PMA 同意采用 A4WP Rezence 规范作为单模式和多模式配置中发射器和接收器的 PMA 磁共振充电规范，并且 A4WP 表示将采用 PMA 感应规范作为多模感应、磁共振实现的支持方法。PMA 还同意以 Rezence 命名其产品认证计划。A4WP 表示将与 PMA 合作开发网络 API，以进行网络服务管理。PMA 总裁罗恩·瑞斯尼克（Ron Resnick）当时表示："我们已经听到了业界的压倒性声音，并采取了非常慎重的行动，以简化无线充电技术的推出，并在生态系统中带来更多的一致性"（虽然 WPC 使用 Qi 作为面向消费者的品牌名称，但 A4WP 已采用 Rezence 作为其品牌名称，该名称源自"共振"和"本质"两个词，以表征其共振充电技术，可为多种设备充电。产品 logo 中的 Z 设计成闪电的样子，A4MP 还在其认证程序中使用 Rezence 品牌）。

2015 年 1 月，A4WP 和 PMA 签署了一份合并意向书，同意组建一个新组织，以在全球范围内加快无线充电技术的可用性和部署。根据新协议的条款，新实体将以一个即将宣布的新名称运营。A4WP 董事会主席兼总裁 Kamil Grajski 表示："关于'标准之争'的表述代表了一种错误倾向。""考虑到典型的大众市场智能手机包含多种无线电技术（蓝牙、NFC、WiFi、3G、LTE），每种技术都围绕一个充满活力的生态系统构建，而其他设备则是单一模式的（例如，蓝牙耳机）。A4WP/PMA 合并是本着同样的精神，使市场能够让技术最充分发挥作用。"

A4WP 还与 Bluetooth SIG 签署了备忘录（MoU）。Bluetooth SIG 向 A4WP 发布了通用唯一标识符（UUID），以在其基线系统规范（BSS）中采用。A4WP BSS 使用低能耗蓝牙智能无线电标准来实现 A4WP 充电器和 A4WP 认证的设备（例如智能手机）之间的会话管理和功率控制。合作企业允许原始设备制造商和开发商创造一种新的应用类别，利用这些智能无线充电设备，有可能实现移动支付设备和基于位置的服务。Bluetooth SIG 的首席营销官 Suke Jawanda 说："它为一类全新的无线电力应用、服务和通信解决方案打开了大门，这些设备可以在接触无线充电设备表面时被唤醒。"在 Bluetooth SIG/

A4WP 备忘录中没有提到的是，A4WP 发起了备忘录，相关活动并不局限于 Bluetooth SIG。

2014 年 2 月，戴尔公司加入了 A4WP，成为首家加入无线电力标准组织的大型 PC 原始设备制造商（OEM），A4WP 也算是赢得了一个小的标志性的胜利。在戴尔公司加入的同时，A4WP 表示正在引入第二项更高功率的计划，重点是为 20~50W 的电子产品进行无线充电，其中包括超级本、笔记本电脑和中功率电器。A4WP 表示，其技术规范利用了蓝牙智能等广泛采用的无线技术，从而简化了开发和制造（Broadcom Corp. 实际上从戴尔公司的声明中获得了回报，推出蓝牙智能 SoC，支持基于 A4WP 标准的内置无线充电功能支持）。

PMA：开放式规范

Powermat Technologies 和宝洁（Proctor & Gamble）于 2012 年正式组建了 PMA，当然还有其他利益相关方。Duracell Powermat 是 Powermat Technologies 与宝洁在 2006 年成立的合资企业，其技术已被 PMA 正式采用。宝洁于 2005 年从吉列公司（Gillette Co.）收购了金霸王（Duracell）（吉列也是 PMA 的成员）。截至 2013 年中，Powermat 已在美国部署了 1,500 多个充电点，主要分布在机场、咖啡店和运动场。Powermat 于 2013 年 5 月收购了成立于 2008 年、总部位于芬兰赫尔辛基的 Powerkiss Ltd。Powerkiss 是 Qi 的支持者，它最初在欧洲麦当劳安装的系统都是基于 Qi 的。Powerkiss 在欧洲安装了 1,000 多个充电点，例如在机场（法国里昂）、酒店和咖啡馆以及麦当劳的某些网点。到 2012 年 9 月，日本已有 300 多个公共充电点投入运营，日本最大的移动网络运营商 NTT-Docomo 表示，预计将在公共设施中再安装 10,000 个充电点，新的 Powermat/Powerkill 合作关系使他们进入了 PMA 阵营。

PMA 似乎最擅于修正达成一致的标准，即使这个标准不是它自己提出的。PMA 的技术总监福德·巴伯（Clifford Barber）曾在日本第二大蜂窝运营商 KDDI 担任无线标准问题顾问 10 年之久，他表示，尽管这 3 个无线充电联盟的技术方法有所不同，但 PMA 认为自己是所有版本的无线充电标准的发源地。"我们对任何技术方面的协调都持开放态度。我们以此区别于其他联盟。我们对任何可能出现的无线充电技术都持开放态度。"

PMA 的战略营销和业务发展经理、前美国国家仪器公司业务发展经理谢·克莱默说："显然，这涉及一些政治因素。"克莱默在 2013 年初说，"我们不希望来一场标准大战。我们的目标是让无线充电被接受。但我们关注的不仅仅是无线充电，而是更多地从基础设施的角度入手，关注网络建设和如何管理服务运营。"同时，PMA 预计，其规范的更新版本将在无线充电连接之上提供一个数字层，使数据传输成为可能，并允许零售商监控用户使用充电器的时长。

尽管 Powermat Technologies 系统已经上市了一段时间，但直到 2013 年秋季为止，市场上都没有基于 PMA 的产品。PMA 仍在制定其第一个正式标准，即系统版本 1。巴伯当时表示，标准中仍有 4 个规范需要完成，并计划在 2013 年 10 月完成所有 4 个规范的制定工作。PMA 的最初规范是基于 Powermat 开发的专有技术，该技术向 PMA 开放。Power 2.0 是 PMA 媒体报道中经常提到的标准，是 Powermat 的标志性文件。巴伯说："我们关心的是联盟成员和手机厂商生产的设备之间的互操作性。"PMA 的计划是首先批准系统版本 1，然后批准系统版本 2，最后批准系统版本 3。PMA 表示，它还将测试和认证基于 Powermat 的产品。

Duracell Powermat 在 2012 年初推出了一款名为无线充电卡（WiCC）的产品，该产品有可能集成到移动设备中。WiCC 非常薄，包括了 Powermat 充电情况下可用的所有 Powermat 电路，并且可以兼作近场通信（NFC）天线。为了使其工作（不仅在智能手机和其他移动产品中，而且在市场上），智能手机和其他移动产品制造商必须在电池引线附近添加连接端口。截至 2013 年年中，WiCC 被用作 PMA 可移动接收器接口的基础，该接口包含在 PMA 系统版本 1 中。系统版本 1 的发布日期为 2013 年第四季度。

当时，巴伯表示，他预计可以在智能手机等无线产品（例如智能手机）中同时嵌入两种技术。"我们正在讨论这样做是否有意义，有些因素是需要权衡的。我们不想牺牲可以应用的新技术或任何可以达到更高性能的创新。但我们确实希望在这两种技术之间保持一定程度的反向兼容性。"

PMA 已经与 3 个领先的认证测试实验室合作——保险商实验室（UL）、At4Wireless 和 TUV 莱茵。这些实验室计划在全球范围内测试和认证 PMA 成员公司的产品。PMA 还与美国国家仪器联盟以及 RF 和无线专业联盟建立了正式关系，为成品认证和产品开发过程中的产品验证提供一流的自动测试设备。用于接收器的完整认证计划定于 2014 年 1 月启动。UL 是 PMA 认证计划的主要实验室。Powermat 的另一个重大突破是，凯迪拉克在 2014 年 7 月宣布，计划在 2014 年秋季推出的 2015 款 ATS 运动型 4 门车和 2 门车中增加智能手机的无线充电功能。

PMA 还扩展了其汽车规范的参数，以满足无线充电标准化的需求。PMA 表示，由 Triune Systems 率先推出的规范将为 OEM 提供一套更全面的功能。汽车规范将兼容多线圈模式，以实现更大的空间自由度、更大的可替代频率范围并减少辐射,以防止与其他车辆系统发生干扰。它还将整合体系结构以提高效率和现场升级能力,更好适应未来的需求。具有附加功能的 PMA 系统版本计划于 2014 年上半年发布。

测试市场:星巴克和麦当劳

大多数行业分析师一致认为,这项技术的潜力是巨大的。但由于标准或规范相互竞争,以及这项技术只集成在少量的智能手机中,无线充电并没有产生消费电子行业分析师习惯看到的数字。事实上,直到 2013 年,市场还很不成熟,市场渗透率也很低,花了很长时间才让那些号称积极进取、以技术为中心的独立市场研究团体对无线充电/电力市场产生兴趣。(派克研究公司是个例外,该公司在 2010 年 11 月预测:"2012 年,无线电力市场将在突破 10 亿美元时达到一个转折点,到 2020 年,无线电力系统的收入将超过 118 亿美元。")除了 WPC 会员提供的数百种产品外,几乎只有两家咖啡连锁店,星巴克公司(在全球拥有约 20,500 家商店)和香啡缤公司(在 24 个国家/地区设有商店)在试用店内无线充电,而两者都是 PMA 的成员。麦当劳公司在欧洲的多个地方进行无线充电测试。WPC 与麦当劳公司达成协议,为英国 50 家快餐店配备 Qi 充电器。但这些测试只能反映用户使用无线充电的情况,而不能反映实际的充电器购买情况。2012 年,诺基亚公司宣布将在美国的香啡缤以及伦敦的维珍大西洋希思罗机场(Virgin Atlantic Heathrow)航站楼提供充电座。

星巴克公司在波士顿的 10 家门店开始测试。2013 年 7 月底,星巴克公司表示,将扩大无线充电的测试范围,将其硅谷门店也包括在内。但是,由于很少有人使用基于 PMA 的无线充电移动设备,星巴克公司与金霸王公司合作,提供与智能手机兼容的充电套件。"标准最终是在咖啡馆里制定的,而不是会议室,"Powermat 和 PMA 总裁 Daniel Schreiber 在接受 The Verge 采访时说。Daniel 认为,当 2001 年星巴克公司宣布支持 WiFi 时,HomeRF 和 WiFi 之间的标准之争就决出了胜负。星巴克公司是否影响了标准之争的结果?WPC 主席兼荷兰飞利浦有限公司标准化高级总监 Menno Treffers 则不这么认为,"当星巴克宣布支持 WiFi 时,HomeRF 已经注定要失败。" Treffers 在 WPC 博客中写道,"在星巴克宣布之前,HomeRF 的支持网络使用率已经连续两年下降。众多公司(例如飞利浦、微软、惠普和 IBM 等)在 1999 至 2000 年开始大规模转向 WiFi,因为 HomeRF 无法跟上速率竞争的步伐,""WiFi(当时的 IEEE 802.11b)提供了更高的互联网数据速率,并且在更快地创新。"此外,Treffers 在他的博客中还写道,WiFi 的应用始于 2000 年之前的工作场所,"2001

年星巴克公司宣布打算在店内安装 WiFi 时，许多星巴克顾客已经开始携带支持 WiFi 的个人电脑了。"

尽管如此，星巴克公司在 2014 年 6 月宣布，计划在美国各地的所有咖啡店步署 Powermat 的无线充电点，从西海岸开始，最初在三藩市湾地区，最终在全国范围内安装。星巴克公司的公告被认为是 PMA 的重大胜利。

把想法说出来

早期，消费者对无线充电的关注度很低，零售商不得不向其客户介绍该技术。无线充电盒和充电座上市已经有一段时间了，但并没有带火销售量，这可能是因为它们增加了手机的成本，而且很少有智能手机制造商将它们作为配件提供给客户（诺基亚提供了无线充电外壳作为 Lumia 820 智能手机的配件，Palm Pre 则推出了 Touchstone 充电座，但在市场上表现不佳）。然而，那些紧跟技术潮流的消费者预计，无线充电将被整合到许多新的智能手机、平板电脑、笔记本电脑和其他高端移动产品中。几乎所有嵌入无线充电技术的产品都使用 WPC 开发和推广的 Qi 规范。

WPC 的特雷弗斯（Treffers）在 2013 年曾表示，"目前，用于消费者教育的商业案例仍然相当薄弱。消费者教育必须由销售产品的公司来完成。"这对零售商来说很困难，因为他们试图销售的智能手机需要搭配可以接入充电座的外壳。消费者如果买了一款不具备无线充电功能的智能手机，必须再买两个配件才能进行无线充电——一个是后盖（最初售价为 39.99 美元），另一个是专用无线充电器（刚上市时售价为 59.99 美元）。一些百思买公司（Best Buy）门店下架了一系列只适合某些智能手机的充电配件。"它们就是卖不出去"，一位百思买公司销售员说。

特雷弗斯说，使用 Qi 手机的人数每天都在增长，他相信 WPC 的 Qi 将成为公认的无线充电标准。他低估了几个标准组织为成为世界标准所做的努力。随着这 3 个联盟之间的竞争日益激烈，特雷弗斯说："标准之争现在转变成了为联盟赢得更多成员。这涉及在市场中创造一个支持无线充电的客户群。因此，你必须说服智能手机供应商使用你的规范。"特雷弗斯将 WPC、PMA 和 A4WP 之间的三方标准之争与 20 世纪 70 年代的 VHS-Betamax-VX-2000 录像带大战进行了比较。他认为 Qi 可能通过 IEC 成为正式的全球标准。但直到 2013 年底，该联盟还没有解决这个问题。"当行业团体制定出一个标准，得到采纳并逐渐稳定下来，它就会被提交给 IEC。"同时，他说，"我们需要更多的市场渗透。"

为了扩大成员规模，WPC 为小企业（年收入低于 1,000 万美元的企业）创建了一个新的成员类别，与 Qi 一起开发产品。前 12 个月的加盟费用为 2,000 美元，而 WPC 的正式会员每年支付 10,000 美元。第一家参与这一计划的公司是位于加州圣地亚哥的 Devant Technologies 公司，该公司开发了一个与 Qi 兼容的无线标绘系统，旨在集成到咖啡馆和餐馆等户外场所。该公司的其他产品将被部署用于支持救灾和其他类似事件。

内有英特尔

英特尔公司的探索被认为是另辟蹊径。2009 年 6 月，英特尔公司在加州山景城的计算机历史博物馆展示了一款无线充电的 iPod 扬声器。这只是英特尔公司 45 个研究项目其中的一个，但它引起了麻省理工学院技术评论的注意，该评论很快指出，英特尔公司的无线充电演示与麻省理工学院 2007 年宣布的一个项目非常相似。该项目促成了麻省理工学院的一个衍生公司 WiTricity 的成立，该公司是麻省理工学院无线充电专利的独家许可证持有者。据最新统计，WiTricity 公司拥有超过 300 项电磁共振技术专利。2013 年 7 月接受采访时，Menno Treffers 表示，英特尔进入无线充电市场的努力仍停留在研究项目阶段。"他们还没有准备好把它放到产品中。"不过，2014 年 6 月，同是 A4WP 董事会成员的英特尔和 WiTricity 宣布，WiTricity 将采用 Rezence 规范，未来在英特尔芯片驱动的设备中应用电磁共振充电技术。

最初，英特尔公司使用"Intel Inside"超极本测试了无线充电技术。2012 年 9 月，该公司在英特尔开发者论坛上展示了无线充电技术，该技术使用了经过改进的宏碁 Aspire 超极本为靠近电脑的兼容手机充电。英特尔公司称其为"概念验证"模式，并表示将在 2013 年提供量产模型。英特尔公司将无线充电演示称为"BE BY"实现，这意味着电话或其他移动设备必须处在无线电源附近。在英特尔公司的演示中，能量来自于超级本。英特尔公司宣布，已经要求集成设备技术（IDT）公司为基于电磁共振技术的英特尔无线充电系统开发集成发射器和接收器芯片组。英特尔公司和 IDT 公司表示，他们将提供经过验证的参考设计，目标是部署在超级本、PC 机、智能手机和独立充电器中。但英特尔公司的温迪·博斯韦尔在博客中写道，"英特尔公司肯定会把钱花在无线充电上，并计划在 2013 年之前将该技术应用于超级本，在这些设备中安装发射器，并在使用英特尔芯片的一系列设备中内置接收器。"

IDT 公司已经生产出与 WPC 和 PMA 标准兼容的双模无线电力接收器芯片，允许智能手机、平板电脑和其他移动产品的设计者使用单芯片解决方案。

IDT公司芯片集成了同步全桥整流器、同步降压转换器和控制电路,以无线接收来自兼容发射器的AC功率信号,并将其转换成用于对便携式电子设备供电和充电的经调节的5V输出电压。它在WPC和PMA协议之间自动切换。IDT公司于2013年4月开始对该芯片进行试生产。2013年6月,IDT公司宣布其无线电源芯片经认证符合WPC的1.1 Qi规范,适用于5V单线圈和12V三线圈应用。IDT公司为TYLT与Qi兼容的VU无线充电产品提供无线功率发射器,这些充电设备在Verizon无线和TYLT的网站上销售。

东芝公司推出了自己的无线电力接收器芯片解决方案,并推出了与WPC的Qi设备兼容的移动设备TC7763WBG。其主要特点是提供了最大5W输出功率、集成了用于功率传输的协议认证电路,并支持异物检测功能。

2012年11月,TI公司推出了首款集成电池充电器的单片无线充电接收器。TI公司表示,该芯片具备一个新的"自由位置"发射器芯片,扩大了400%的充电面积。这是首款可集成用于直充电池充电器的WPC Qi兼容接收器芯片(此后,TI公司与Powerby Proxi公司签署了许可协议,人们预计该协议将侧重于按照WPC标准开发共振设计)。除了接收器之外,它还是第一个基于WPC 1.1标准、支持A6发射器的无线电力传输控制器。TI公司正式推出了无线电力传输电路,支持WPC的1.1版bq500212A,该产品将于2013年9月交付。TI公司当时表示,正在积极开发供电电路,以支持WPC标准,以及其他无线电力规范,包括A4WP和PMA(TI公司是所有3个无线联盟的付费成员)。与此同时,高通公司于2013年1月开始交付第二代符合A4WP规范的评估套件,称其为首个具有真正空间自由度的无线电力规范,允许在充电座和移动设备之间有一定距离,并扩大了可同时充电的设备数量。高通WiPower系统是基于电磁感应技术开发的。

随后,博通公司于2014年5月推出了一款多标准无线充电芯片,称该芯片覆盖三大领先无线充电联盟规范中的任何一个。

微软公司是WPC董事会的成员,也是PMA的一般成员,这让它可以访问PMA的规范,2014年4月微软公司正式收购了诺基亚手机业务,加入PMA可能是为了诺基亚手机业务的利益。三星电子公司是WPC的另一个董事会成员,该公司已经获得了新西兰PowerbyProxi公司的技术许可(PowerbyProxi是奥克兰大学无线电力系统工程系的子公司,该公司从三星风险投资公司获得了400万美元的战略资金)。

位于匹兹堡的Powercast公司成立于2003年,前身是萤火虫动力技术有限公司(Firefly Power Technologies LLC),是匹兹堡大学的另一个子公司。它致力于开发基于RF的无线功率芯片组,并为嵌入式、低功耗、无线充电应用提供参考设计。截至 2013 年年中，Powercast 公司尚无任何面向市场的产品可为消费电子设备充电。

总部位于加州的线性技术公司（Linear Technology Corp.）推出了无线充电领域的首款产品——一个 400mA 的无线电力接收器（LTC4120），旨在简化跨 1.2cm 间隙的非接触式电池充电，该接收器专为 PowerbyProxi 公司生产的货架产品发射器而设计。上述装置将无线电力接收器与恒定电流/恒定电压电池充电器组合，在由发射电路、发射线圈、接收线圈和接收电路组成的完整无线电力传输系统中充当接收电路组件。

英国莱尔德科技（Laird Technologies）公司还推出了一系列基于 Qi 的无线充电线圈模块。

军方需要无线充电

毫无意外，美国国防部早已对无线充电产生了极大的兴趣。军事人员正携带越来越多的便携式电子设备进入战场，国防部的主要研发办公室——DARPA，正在寻找一些使部队能在移动中对便携式设备进行实时充电的技术。一些国家已经转向使用可充电电池，以帮助减小便携式军用电子系统的尺寸和重量。提到这，收音机和 GPS 立即浮现在脑海中，但是对战场上的士兵来说，小型化的无人机、地面车辆和机器人才更加需要更轻、更高效和更强大的电池。携带 5~10lb 各种类型的电池以维持关键功能的情况并不罕见。DARPA 一直在考虑将无线充电作为解决以上问题的一个解决方案，重点放在短距离（小于 2m）行进间的无线传输系统上。

DARPA 称，问题在于美国海军陆战队和美国陆军认为便携式电子设备在战场上的使用导致作战人员需要携带电池类型的数量大幅增加。而这些电池是使用一些重要电子设备如无线电和 GPS 等所必需的。2011 年 4 月，DARPA 为 WiTricit 公司探索短程无线电力传输提供了启动基金。2011 年 7 月，DARPA 向 WiTricity 公司发放了第二轮融资。WiTricity/DARPA 计划涵盖了能源效率的原型、评估和验证，也包括了对潜在脆弱性、健康影响和该机构所谓的"未来潜在优化"的评估（WiTricity 公司是 A4WP 的董事会成员，也是 PMA 的成员）。

2013 年 8 月，DARPA 表示已经对 WiTricity 公司的工作成果进行了评估，但没有提供细节。2014 年 4 月 9 日，为军事和商业市场生产电源管理和便携式电池的 WiTricity 和 Protonex 科技公司获得了美国陆军纳迪克士兵研究、开发和工程中心的一份项目合同，为作战人员开发无线充电系统。该项目的目标是开发无线充电和无线能量分配技术，避免在电池充电时遇到麻烦和故障。在预期的方案中，当士兵坐在车辆里时，士兵携带的中央电池组将会自动充电。与此同时，两家公司还在研究从背心到头盔的无线电力传输，以减少为头盔佩戴设备配备昂贵而笨重的电池的需求。

据报道，英国未来步兵技术（FIST）部队也在进行类似的计划。

苹果公司也来分一杯羹

截至2014年6月，苹果公司尚未加入WPC、PMA、A4WP或任何相关的类似组织。但它已经获得了两项专利，这些专利描述了如何通过将Macbook Air插入供电电源来为鼠标、键盘和其他苹果产品供电。本质上，计算机创造了一个"充电区"，利用近场磁共振技术（A4WP的焦点）将无线电力传输到专利所描述的"任何数量的具备合适配置的设备"。

苹果公司在2010年11月申请了一项专利，但直到2013年4月才被美国专利商标局公布。该专利描述了一种可转换的MacBook-iPad混合动力，可以无线充电，意味着笔记本电脑的显示屏可以从底座上取下。正如苹果专利申请中所述，"基座包括处理器、基座无线芯片和电源。显示器包括用于显示视频输出的屏幕、与基础无线芯片通信的显示无线芯片和与电源通信的功率无线芯片。基础无线芯片将数据从处理器传输到显示器。而且，当显示器相对于基座一定位置时，电源将电力传输至显示器的电力转换部件。"

令人好奇的是，苹果公司内部人士透露，此前苹果公司还获得了"有源电子媒体设备封装"专利，该专利可以使用射频功率或磁感应为苹果公司的iPod nano充电。由于无线充电技术还没有集成到苹果公司产品中，Duracell公司推出了一款使用Powermat技术的iPhone 5充电盒。它包括一个专门为iPhone 5设计的外壳，外壳顶部扣在手机上，底部有苹果公司的闪电连接器。顶部和底部夹在一起为iPhone 5无线充电。

苹果公司还于2011年向美国专利商标局提交了一项专利，该专利使用的电压转换器的输入端可以与附着在移动设备上的太阳能电源耦合。2012年，苹果公司提交了一份类似的专利申请。苹果公司于2013年10月31日提交的最新专利描述了包括系统微控制器（SMC）和充电器的电力管理系统。在使用过程中，系统将从电源适配器和/或太阳能电池板接受电力。电力管理系统在不使用太阳能面板与电力管理系统之间的转换器电路的情况下将电力供应到电子装置中的组件。三星公司是苹果在智能手机市场的主要竞争对手，尽管它在几项专利上存在争议，但也被认为是在为其产品开发太阳能充电技术。

苹果公司的立场可能使标准开发组织工作组本已很复杂的工作变得更加复杂。也就是说，识别和实施的知识产权（主要是专利）通常由实施技术标准所必需的公司持有。在某些情况下，为了使标准正式化，专利持有人在许可其专利时已同意所谓的"公平、合理和无歧视"（FRAND）条款。当专利持有人违反其 FRAND 承诺，在标准制定过程中利用其他杠杆来争取比专利被纳入标准之前更高的特许权使用费时，就会发生所谓的"专利停滞"。随着 IEEE 无线电力和充电系统工作组的成立，情况可能会变得更加明朗，但在撰写本书时，WPC 的 Menno Treffers 表示："无线充电的专利情况尚不清楚。通常需要数年时间才能知道哪些专利是必要的。"（有关标准必要专利的更多详细信息，请参见本书末尾的结语。）

创新，无线电力的其他探索

这可能需要一段时间，但 WPC、PMA、A4WP 和 WiTricity 正在推广的技术最终可能会在能量采集方面进行竞争，后者从其周围环境中汲取风能、太阳能、振动、光、射频、热能。这一领域的大部分发展似乎集中在几所大学，这些大学在利用这项技术为包括智能手机在内的电子设备充电方面取得了一些成功。为 Research Moz 公司开发能量采收研究的团队的首席专家 Susan Eustis 说："将环境能量转化为可用的电能是一项有用且引人注目的技术。这些技术提供了一种廉价而紧凑的方式来为便携式电子设备供电，从长远来看可以用于电力储备。"

一些公司和个人正在用 ZigBee 802.15.4 模块进行能量采收实验。位于印度班加罗尔的高级计算发展中心（C-DAC）是印度政府电子和信息技术发展计划下的一个研究和发展组织，它研究了基于自供电系统开发开放标准的可能性，用于与感知和控制相关的物联网（IoT）应用。

2012 年，IEC 批准了用于超低频无线应用的新标准（ISO/IEC 14543-3-10）。EnOcean 联盟（该联盟基于该标准为相关应用开发规范）认为它是针对能量收集的第一个且唯一适用的无线标准。该国际标准与 EnOcean 联盟制定的 EnOcean 设备配置文件共同为完全可互操作的开放无线技术奠定了基础，这个标准可与蓝牙和 WiFi 标准相媲美。该联盟称，EnOcean 公司的产品目前安装在全世界 25 万多栋建筑中。该标准覆盖开放系统互联（OSI）1~3 层（物理、数据链路和网络层）。该联盟声称，该标准旨在与无线传感器和传感器网络配合使用。（开发能量采收无线技术的 EnOcean GmbH 公司在几年的时间里推出了多种用于建筑和工业自动化应用的无线传感器产品。）

基于对可用于为薄膜电池充电的微型发电预期需求，Research Moz 公司的 Eustis 预测，2019 年的市场规模将达到 42 亿美元。市场研究表明，这一增长将基于对传感器和无线传感器网络的全球需求，这些需求允许对包括远程医疗系统在内的系统进行控制，但是无线充电是其中的一环。

据报道，位于英国剑桥的诺基亚研究中心可以从数英里外的空气中提取无线电波，并产生几乎足够的能量给手机供电。技术诀窍是从一定频率范围内的不同资源中收集大量电力，这些电力共同为无线设备供电。诺基亚表示，这一领域的研究仍处于原型阶段，但有望在 3~5 年内将该充电技术配备到智能手机上。

东京大学已经证明，微波炉泄漏的电磁能可以储存起来，并用于为小型便携式设备供电。该系统设计的关键是将天线调整至微波炉的频率。研究人员承认，开发实用、适销对路的系统需要改进电源管理系统的性能。

杜克大学普拉特工程学院的研究人员开发了一种可以将微波信号转换成直流电的装置。根据杜克大学出版物的介绍，接收器由电路板上的玻璃纤维和铜能量导体组成。佐治亚理工学院教授王仲琳博士认为，他可以通过实验产生足够的电流，利用摩擦电效应，捕捉走路、刮风、振动、海浪，甚至是路过的汽车等产生的机械能，为传感器和智能手机等移动设备提供动力。

华盛顿大学的工程师们一直在研究一种称为"环境反向散射"的无线通信技术，该技术利用了现有的或环境中的射频、电视和蜂窝传输。在该系统中，两个设备通过反射现有信号来交换信息彼此通信。研究人员制造了小型的、无电池的设备，这些设备带有可以探测、控制和反射电视信号的天线，然后电视信号被其他类似设备接收。华盛顿大学计算机科学与工程和电气工程副教授约书亚·史密斯说："我们的设备凭空形成了一个网络，你可以稍微反射这些信号，在无电池设备之间创建一个莫尔斯代码通信系统。"这项技术已经在彼此相距几英尺以内的信用卡大小的原型设备上进行了测试。该研究由谷歌学院研究奖和美国国家科学基金会位于华盛顿大学的感觉运动神经工程研究中心资助。

然而，WPC 的 Menno Treffers 表示，华盛顿大学的技术并不适用于智能手机或平板电脑，因为"收集"射频能量所产生的功率通常在微瓦量级，不足以运行手机中的处理器。此外，传输距离只有几米。Treffers 说："你至少需要每隔 1km 建立一个可用网络，才能覆盖一个国家，如果每个基站的距离是 10m，你在美国需要多少个电话基站？"

日本 Nikkei 报道称，索尼公司和罗姆公司已经开发出可以将充电时间缩短一半的无线充电技术，并且索尼公司可能会在 2014 年底之前推出采用这种技术的移动设备。Nikkei 提供的索尼公司和罗姆公司开发技术的细节非常少，只知道该技术使用功率为 10~15W，符合 WPC 的 Qi 标准。

ICAP 专利经纪公司（一个知识产权经纪和专利拍卖公司）于 2013 年 8 月宣布，将出售位于佛罗里达州奥兰多的极智能工程公司的全部无线专利组合。5 项美国专利组成了该投资组合（编号：7817401、7940534、7960867、8098472 和 8247926）。其中前两项于 2008 年 5 月向美国专利局提交，最后一项于 2011 年 3 月提交。作为无线电力传输系统，专门适用于移动设备无线充电的专利要求将小型无线发射器插入电源插座。发射器产生可向接收器聚焦的球形电磁场。根据 ICAP 的说法，磁场的范围取决于发射器的特性，例如发射器的大小，但是，根据极智能工程公司的文献表明，发射器"可以"达到 5ft。这些设备通过一个小的附加组件与无线接收器耦合，或者集成到与发射器通信的设备中。在发射器范围内的电子设备配备有稳定的无线摆线装置，从而无须将其插入插座。像几种早期版本的无线充电设备一样，无线接收器可以集成到保护套中或设备本身中。

一家名为 SolePower 的初创公司认为，它可以在没有任何电源插座的情况下为智能手机和其他无线设备充电。用户只需步行就能产生能量。走路或摆动腿的动作可以转换成可用的电能并存储在鞋垫的外部电池中。

另一项无线充电技术被称为 Cota。2013 年 9 月推出时，它的开发者，物理学家 Hatem Zeine 创立的 Ossia 公司表示，该系统使用与 WiFi 相同的频率，可以在 10ft 的高度提供 1W 的电力。该技术使用相控阵来传输功率，而无须感应线圈、磁共振、充电座或垫子。它由一个充电器和一个接收器组成。Zeine 说，充电器会自动定位内置于设备或电池中的 Cota 接收器，并传送全方位发送的信号。Cota 能够持续向多个设备提供电力，包括相机、遥控器、视频游戏控制器、手电筒、烟雾探测器以及智能手机。Ossia 公司表示，它已经拥有美国专利商标局授权的 4 项核心专利以及国际专利，并预计其他专利也将很快获得批准。该公司计划在 2013 年底将技术许可给设备制造商，并于 2015 年提供定制版本。

东京大学也有一个研究小组开发了一种塑料片，可以将电力无线传输到放在塑料片上的物体上。最初测试时，"智能板"可以通过单个线圈传输超过 40W 的电能。据报道，这一概念仍在开发中，但将添加额外的线圈用于进一步测试。

南安普顿大学一个与诺基亚公司合作的小组表示，通过在 12inch 的气隙中传输 2×10^5 V 电压，他们已经能够在实验室中通过制造闪电来为手机充电。诺基亚公司强烈建议人们不要自己进行试验，但建议有一天可以在没有可靠电力的地区使用。

  德克萨斯大学的研究人员开发了一种微型风车,用来给移动设备充电。该大学的报告说风车非常小,数以百计的风车可以嵌入在移动设备套筒中,该套筒可以通过简单地在空中摆动以产生足够的电力来对移动设备充电。该校的研究人员已经为他们的微型风车申请了专利。

  本书在成稿时还不清楚这些技术(或产品)是否已经寻求或何时将满足所有国家或全球公认的技术标准。然而,IEC 在 2013 年底批准了一项标准,IEC 技术规范 62700,用于规范通用笔记本电脑充电器插头和插座。新规范涵盖了外部充电器的所有方面,包括充电器的形状、互操作性、性能和环境条件,旨在减少进入垃圾填埋场的电子垃圾数量。根据 IEC 的数据,每年会产生超过 5×10^5 吨与充电器相关的废物。IEC 表示,有几家手机制造商已经采用了该标准。

第7章
汽车"黑匣子"有自己的标准

你可能没有意识到,在美国销售的大多数汽车都配有一个事件数据记录器(EDR),这是一个"黑匣子",像商用飞机一样,记录来自碰撞或类似碰撞的事故情况。要在每一辆汽车和轻型卡车上安装 EDR,并为这些设备制定技术标准,是一个漫长的过程,而且远远还没有结束。

早在40多年前,人们就想要为每辆车配备一个可以记录事故发生之前和事故发生期间车辆运行数据的装置。但由于技术、监管、立法(各级政府)、经济(安装、维护和测试成本)、技术、法律和缺乏标准等方面问题,要求在汽车和小型卡车碰撞调查中使用这些装置的工作陷入了停滞。

美国政府目前不强制要求制造商安装 EDR。欧洲国家也不例外,至少现在还没有。然而,联邦法规确实要求车辆制造商在配备有 EDR 的车辆的用户手册中提供一份描述其功能和性能的标准化声明。

背景介绍

20世纪90年代,以通用汽车公司(GM)为首的汽车制造商开始为部分汽车配备传感和诊断记忆模块——不是为了收集碰撞数据,而是为了进行质量控制研究。EDR 技术内置在控制安全气囊展开的车辆感应模块中。AIRMIKA 公司的总裁托马斯·科瓦利克(Thomas Kowalick)说:"最初加装可回收记录装置的动机是防止在保险理赔中把责任归咎于安全气囊出现故障,安全方面的动机是对已部署的系统进行改进。"科瓦利克生产了一种连接到车辆诊断端口的电子密码锁,以保护 EDR 数据("黑匣子"仍按照设计工作,但该数据受州和联邦隐私法的约束),他是 IEEE P1616 工作组("P"表示该标准仍处于开发阶段)的联席主席,也是 IEEE 1616 和 IEEE 1616a 工作组的主席,这两个工作组均代表了对"P"版本的修订,并成为机动车 EDR 领域第一个通用标准。科瓦利克说,一旦收集到这些数据,汽车制造商就开始使用这项技术对数据进行更广泛的分析,这将有助于他们更好地理解汽车和驾驶员在碰撞前的行为。

20 世纪 70 年代中期美国技术评估办公室(OTA)发表的一份报告得出结论,当时的国家机动车碰撞数据库不足以解决当前和拟颁布的联邦机动车安全计划的不确定性。OTA 报告包括对 20 起事故的研究结果,这些案例中包括了配备有汽车工程师协会(SAE)开发的碰撞记录仪的车辆。OTA 的一个更重要的发现是:"我们以 95% 的把握相信,10% 的报告把碰撞速度变化量高估了至少 35mile/h,而 25% 的报告把碰撞速度变化量高估了至少 25mile/h。"科瓦利克在其 2005 年出版的《致命出口:汽车黑匣子辩论》一书中指出,这份报告的重要性在于,重要的政策决定是基于监管机构和事故调查人员对碰撞速度的错误估值做出的。研究结果的时间安排颇具讽刺意味,因为在 OTA 报告发布的那一年,通用汽车公司在选定的车辆上推出了首款量产的驾驶员/乘客安全气囊系统,该系统包含了在严重碰撞中对气囊的展开情况进行数据记录的功能。通用汽车公司的这套系统最终安装在大约 1,000 辆车辆上。20 世纪 90 年代初,通用汽车公司在 70 辆印地赛车上安装了碰撞数据记录仪,继续测试这项技术。

到 1994 年,通用汽车公司和其他汽车制造商采用了更复杂的车载计算机并更新了传感和诊断能力。福特汽车公司(Ford Motor Co.)从 2001 款车型开始安装 EDR。今天,每一辆通用汽车都配备有 EDR。

EDR 的快速发展

2012 年 12 月,美国国家公路交通安全局(NHTSA)发布了一份拟颁布法规的通知,要求在 2014 年 9 月 1 日开始在美国生产的所有乘用车中安装 EDR,由此启动了确保在美国销售的所有轿车和轻型卡车配备 EDR 的过程。NHTSA 根据联邦机动车安全标准,为 2012 年 9 月 1 日及之后自愿安装在车辆上的 EDR 制定了技术标准:EDRS,联邦法规第 49 号文件第 571 部分,文件编号为 NHTSA-2012-0177,监管信息(RIN)2121-AK86。NHTSA 的这项法规将影响所有重量低于 8500lb 和需要气囊的乘用车。当 NHTSA 发布通告表示截至 2013 年美国 96% 的乘用车和轻型卡车已经配备了 EDR 时,该局 2012 年的提案开始引发质疑和担忧——与其说是技术问题,不如说是这些设备产生数据的所有权问题。也就在那时,"安装"日期推迟到了 2014 年。

具有讽刺意味的是,大多数车主似乎并没有意识到他们的车可能已经安装了 EDR。直到 2014 年 2 月，通用汽车公司以汽车在点火开关失灵时熄火为由宣布召回 160 万辆雪佛兰 Cobalt、土星 ION、庞蒂亚克 GS 和雪佛兰 HHR 汽车时，人们才意识到这一点。另外还有 971,000 辆 2008—2011 款的汽车被召回，原因是发现了有故障的转换开关。美联社（Associated Press）开展的对 NHTSA 投诉的审查显示，在 9 年的时间里，至少有 164 名司机报告称，他们 2005—2007 年款的雪佛兰 Cobalt 在没有警告的情况下熄火。这远远超过了其他任何车辆的投诉，除了丰田花冠，这批汽车在 2010 年的联邦调查后被召回。

据美联社报道，通用汽车公司表示，这些开关可能会滑出"运行"位置，导致发动机熄火并导致动力转向和动力辅助制动器失效，激活安全气囊的装置也被切断。通用汽车公司承认，它早在 10 年前就知道这种转换开关存在缺陷，美国众议院和美国参议院成员呼吁对通用汽车公司和 NHTSA 进行调查。这两家政府机构认为，早在 2005 年底，这两家机构就应该针对消费者对汽车的投诉采取行动。

事实上，NHTSA 在 2005—2007 年间开展了三次调查——不是对点火开关进行调查，而是针对 2005 年发生碰撞的 Colalt 上安装的新安全气囊的性能进行调查。2007 年 4 月，NHTSA 发布了第三份调查报告，这份报告指出，2005 年出厂的一辆 Colalt 汽车上的 EDR 检测到车辆撞上树时，点火开关处于"辅助"模式，而不是"开启"状态。《华尔街日报》报道，两年后的 2009 年 5 月，通用汽车公司工程师和传感器供应商 Continental AG 分析了从涉及 14 起正面碰撞的汽车中获得的 EDR 数据。在其中 7 起案件中，数据显示汽车处于"辅助"模式。据《华尔街日报》报道，目前还不清楚通用汽车公司是否或何时向 NHTSA 通报了 2005 年和 2009 年对 EDR 的分析结果。

截至 2014 年年中，通用汽车公司在全球召回了近 3,000 万辆汽车。

成本是个问题

NHTSA 对汽车制造商在采用 EDR 作为标准设备时所面临的成本和其他问题非常敏感。该机构首先提出了一个合规期限——所有美国制造商的汽车和轻型卡车都必须在 2008 年 9 月 1 日之前配备 EDR 设备。但汽车制造商表示成本太高，他们需要更多的时间，以便在生产计划上做出所需的改变。在"慎重考虑"之后，NHTSA 将合规日期改为 2010 年 9 月 1 日。事实上，汽车制造商在 EDR 的规划和实施方面进展顺利。NHTSA 估计，在 2005 年款的乘用车和其他轻型车辆中，64% 具有一定的数据记录功能。该机构报告说，到 2006 年底，"黑匣子"已经作为标准设备安装在大多数轻型机动车上。

NHTSA继续就技术问题向汽车制造商施压。NHTSA和汽车工业争论的问题之一集中在所需数据元素的采样速率和采样间隔上。NHTSA期望通过规范该项数据来推动汽车和小型卡车相关所有品牌和型号范围内的EDR数据的标准化，但行业中的一些人对采样速率和采样间隔表示担忧。通用公司、福特公司、戴姆勒克莱斯勒公司和丰田公司认为NHTSA建议的采样速率和采样间隔要求过高，因为大量的测试数据和在极高采样频率速率下延长的记录时间将要求EDR的存储容量增大5~10倍，这可能需要升级微处理器，从而导致EDR成本的增加。为了解决存储容量和微处理器问题，汽车制造商建议删除几项数据元素，并为特定数据元素提供可选的记录间隔/时间和采样率。现代公司、起亚公司、德尔福公司和本田公司提出了它们自己的一些专门与记录时间/间隔和采样率相关的技术变化。Public Citizen等公共建设团体也加入进来，告诉NHTSA，它应该要求更长时间的事故后记录。作为回应，NHTSA修改了两个数据元素的记录间隔，建议车辆制造商使用SAE J1698-1和IEEE 1616作为标准指南。

更多的研究，更多的数据

在几年的时间里，NHTSA、美国交通部、美国联邦汽车运输安全管理局、美国联邦公路管理局、美国运输研究委员会、美国国家科学院以及世界上许多汽车、卡车和公共汽车制造商对EDR的开发和使用进行了研究。20世纪90年代初，美国总会计师办公室（GAO）启动了研究调查，认为在预测撞车事故时，司机的年龄和交通违规等特征往往超过了其他因素。到1994年，通用公司和其他汽车制造商已经更新了他们的技术，让传感和诊断模块连接到机动车配备的电脑上，从而记录更多的数据信息。1997年，美国国家运输安全委员会（NTSB）正式支持"分析EDR收集的碰撞信息"的计划，NASA喷气推进实验室（Jet Propulsion Laboratory）建议NHTSA"研究安装和获取碰撞数据的可行性，以便从车辆碰撞记录仪上获取数据用于安全分析"。

1998年初，NHTSA研究和发展办公室成立了一个由工业界、学术界和其他政府组织组成的工作组，推动利用车载EDR收集和使用防撞和耐撞性数据。该小组发表了一份含有29项调查结果的报告，概述了EDR用户以及制造商的情况。1998年11月和1999年6月，NHTSA否决了要求强制在所有新机动车中安装EDR的立法请愿书。在回应这些请愿书时，NHTSA表示EDR可以提供对理解碰撞非常有价值的信息，并且能够以多种方式使用这些信息来提高机动车的安全性。NHTSA还表示拒绝强制安装EDR的请求，是因为汽车行业实际上已经在自愿安装这些设备，而且"这个领域存在一些问题，至少在目前，这些问题最好在非监管环境下解决"。

2000 年，NHTSA 发起并成立了第二个工作组。根据 1999 年国家运输安全委员会的安全建议，专门针对卡车、校车和机动客车开展 EDR 调查。在这一点上，NHTSA 多年来一直在使用 EDR 来支持其碰撞调查计划，定期收集数据存入 NHTSA 车祸的 EDR 数据库。2001 年，NHTSA 的一个工作组发布了一份报告，强烈支持 EDR 在改善车辆和公路安全方面具有巨大潜力。据 Kowalick 称，该报告对 EDR 的进一步研究和开发有着极其深远的影响。下一步则是标准化工作。

SAE 为收集碰撞试验数据制定了实践指南并将其正式命名为 SAF J211。当时，许多人和组织认为推广 EDR 收集数据所需要的是一个技术上可行的标准。2001 年底，IEEE-SA 委员会批准了 EDR 的标准开发项目。Tom Kowalick 说，IEEE-SA 是领导这项工作最合适的组织。"由于在过去十年里，在机动车中使用电子元件的情况急剧增加，我们所面临的挑战在于如何将通信和信息技术结合起来改善运输安全。"

IEEE P1616 工作组的第 1 次会议于 2002 年 1 月在华盛顿举行，有 13 人出席。1 个月后召开了第 2 次会议，18 名代表参加，IEEE P1616 工作组联席主席兼 NTSB 前负责人吉姆·霍尔强调了制定技术标准的必要性。他指出，几乎所有的飞机安全措施都是从飞机"黑匣子"所收集的信息中分析得出的。到 2002 年 6 月，P1616 工作组又举行了 4 次会议，出席人数增加到 40 人。在第 7 次会议上，专家组商定了该标准的两个关键要素，即范围和宗旨，正如科瓦利克（Kowalick）在他的《致命出口》一书中指出的那样。在 2002 年 9 月的第 8 次会议上，出席人数已增至 45 人，其中包括《纽约时报》的记者和 Ricardo Martinez 博士，后者曾在 1994—2000 年期间担任 NHTSA 局长。Martinez 建议将"改进的车辆、设计、性能和安全性"等词语反映在 IEEE 标准中。到 2003 年初，其他团体也参与进来，产生了各自的报告和研究成果，包括卡车制造商协会、公路安全保险协会、校车制造商技术委员会、汽车乘员限制委员会、新泽西州交通部门、Bendix 商用车辆系统有限责任公司和查尔莫斯理工学院的碰撞安全部门。这些部门审查了 NHTSA 就一系列主题提出的意见，这些主题包括安全评估、车辆结构要求、道路设计和在区域和国家政策基础上制定标准的相关政策。

标准的重大修订

IEEE-SA 以缺乏使车辆和公路运输更安全和减少死亡所需的统一的科学的

车祸事故数据为由，于 2004 年 9 月将 IEEE P1616 升级为 IEEE 1616-机动车辆 EDR。新标准规定了适用于所有类型和类别的道路车辆的车载防篡改和防撞存储设备的最低性能特征。IEEE 1616 包括 86 个数据元素的数据字典，同时它还涵盖了设备的生存性。"我们收集的高速公路碰撞数据越准确，我们就越有可能减少车祸的破坏性影响，"吉姆·霍尔（Jim Hall）说，"这就是为什么要让记录仪能够客观地记录碰撞前和碰撞过程中发生的情况，作为对受害者、目击证人和警方报告提供的主观信息的重要补充。"NTSB 也认为这一点非常重要，因此将"自动碰撞记录和发送设备"放在"最想要的"运输安全改进清单中。

IEEE 1616 工作组在标准获得批准之前的两年里召开了 13 次会议，吸引了来自全美工业界和政府的专家。Kowalick 说："鉴于机动车辆中电子元件数量的急剧增长，我们在标准中集成了先进的通信和信息技术。"工作组继续开发 IEEE 1616a《汽车事件数据记录器标准（MVEDR）-修正案 1：制动和电子控制单元（ECU）电子故障代码数据元素》，这是一个带有闭锁系统的规范，以阻止受到未经授权的访问。这要求单元存储与其他车载 MVEDR 设备同步存储带有时间戳的故障代码历史数据。IEEE P1616 和 IEEE P1616a 的开发由 IEEE 车辆技术协会赞助。

IEEE 1616a 对 EDR 开发和实现的影响是巨大和广泛的。除了其对驾驶员和汽车制造商的明显影响（例如，帮助汽车制造商改进其车辆的安全特征）之外，汽车和卡车制造商预期使用该数据来评估其产品的总体性能、安全性和潜在设计变更。各级政府机构还表示，他们可以利用 EDR 生成的碰撞数据来评估安全标准，并帮助识别基础设施和其他可能改善特定地点驾驶安全的问题。通过 IEEE 1616a，包括车祸调查人员在内的执法部门将从能够按照正规流程访问重要碰撞数据中受益。

驾驶问题涉及隐私

车辆 EDR 可以记录哪些信息？EDR 记录车辆在碰撞时的行驶速度、是否在碰撞前施加制动（如果是，何时施加制动）以及其他数据，如碰撞时的碰撞力、关于发动机节气门状态的信息、碰撞前的气囊展开时间和气囊准备情况，以及车辆乘员的安全带是否扣紧等，这些信息都可能会被记录下来。EDR 数据在碰撞前后存储 20s。但究竟这些数据该归谁所有呢？谁有权访问它呢？

事故调查人员、保险公司和律师对这项技术很感兴趣。这里列举关于其潜在用途的两个例子。2007 年，新泽西州州长乔恩·科尔津在一辆由一名州警驾驶的汽车上发生车祸严重受伤。这辆车的 EDR 显示，这辆车在限速为

65mile 的新泽西收费公路上以 91mile/h 的速度行驶。记录仪还显示，科尔津没有系安全带。2011 年，马萨诸塞州州长蒂莫西·默里说，他在驾驶一辆政府所有的汽车时没有超速，并且当时他系了安全带。但是记录仪却显示他在没有系安全带的情况下，以超过 100mile/h 的速度在路上行驶。

事实上，隐私问题早在标准制定过程中就出现了。2012 年 11 月，Kowalick 发布了"正式提交并记录在案的提案"。他指出，NHTSA 的"安全至上"指令忽视了保护消费者、消费者接受度和消费者隐私问题。"简单地说"，他在文件中这样写道，"NHTSA 错误地要求提供大量证据，在它正式实施之前已经存在很大的问题（关于篡改 EDR 和里程表的问题）。实际上，NHTSA 在不为车主提供基本消费者保护的情况下，强制要求轻型车辆使用 EDR，实际上会造成相当大的问题。" Kowalick 呼吁 NHTSA 遵守《国家技术转让促进法》，并参考 IEEE1616a—2010 将其纳入 NHTSA 2006 年 8 月制定的"最终裁决"（49 CFR 563），该文件中 NHTSA 有意开展 EDR 标准化工作。

EDR 收集数据不会像商业飞机那样记录车载通讯和对话，但会记录、保留和报告长达 30s 的与驾驶员操作有关的数据。联邦机构要求的数据量已在其规范中概述，但电子隐私信息中心（EPIC）对可能收集到的数据不受 NHTSA 的限制表示担心。EPIC 的另一个关注点是，某些较晚的"联网"汽车已经具有无线数据通信功能，这表明可以在不与车辆进行物理接触的情况下无线传输数据。该小组说，一种解决方案是禁止未经授权的第三方访问诊断链接连接器（DLC）（联邦法规涵盖了车载 DLC，并对随后的车型按年份进行了修订）。EPIC 还建议加强 EDR 软件的加密保护，并指出对 NHTSA 将来可能需要的数据元素数量没有限制（法律规定：从 EDR 下载碰撞后数据的组织通常在碰撞时需要获得车辆所有者的许可。但是，如果车辆"报废"，并成为保险公司的财产，则该公司可以访问车辆的 EDR 数据）。

Kowalick 的观点是车主拥有数据。"EDR 是汽车的一部分，而这是你的汽车，"他说。IEEE 1616a 旨在保护车主的隐私和碰撞数据的滥用。

NHTSA 表示，EDR 数据的所有权属于州法律问题，但它认为该车辆的所有者是该数据的合法所有者。然而，只有 15 个州（阿肯色州、加利福尼亚州、科罗拉多州、康涅狄格州、特拉华州、缅因州、内华达州、新罕布什尔州、纽约州、北达科他州、俄勒冈州、德克萨斯州、犹他州、弗吉尼亚州和华盛顿州）颁布了与 EDR 相关的立法，但只有其中一些州专门解决了隐私问题。弗吉尼亚州禁止保险公司因为车主拒绝授予保险公司访问 EDR 数据的权限而减少保险范围、增加保费、收取附加费或拒绝打折。阿肯色州禁止保险公司要求将 EDR 数据访问作为保险单的条件。俄勒冈州规定，在 VIN 的最后四位数字的机密性以及车主或驾驶员识别的机密性上，EDR数据披露必须"促进人体对机动车碰撞反应的医学研究"。华盛顿方面则更进一步规定：在该州，任何未经车主同意而访问EDR数据的人，且不是在有限的例外情况下获得授权的人，都属于轻罪。但是，律师和法院可以调取这些数据进行民事诉讼和民事诉讼。

2014年初，美国参议员克里斯·库恩斯（特拉华州民主党），约翰·霍文（北达科他州民主党）和艾米·克洛布查尔（明尼苏达州民主党）提出了一项名为《驾驶员隐私法》的立法，规定车辆所有者拥有EDR收集的任何信息，并且只有在得到州法院批准（可能是通过传票）并且车主或承租人同意的情况下，才能从EDR检索数据。如果汽车涉及NHTSA召回或用于交通安全研究，也可以检索该信息。美国参议院商务委员会批准了该法案。

驾驶员隐私升级

IEEE 16d16a的目的是满足联邦数据收集标准，同时保护消费者的隐私，这被定义为防止车主的数据被滥用。IEEE 1616a中新增的防护措施解决了几个问题。其中一个问题是数据篡改，即修改、移除、擦除或以其他方式使任何设备或元素（包括EDR）失效。IEEE 1616a还涵盖了车辆识别号码（VIN）的盗窃，包括复制和转移唯一的VIN号码，这一过程称为"VIN克隆"（使被盗汽车能够被盗走而不被发现）。

里程表欺诈，即车辆里程表的回滚，是IEEE 1616a所解决的另一个问题。

IEEE 1616a还通过确保车辆车载输出DLC的安全，为EDR输出数据的可访问性定义了一个锁定协议。DLC是SAE车辆电气工程系统诊断标准委员会标准，它基于SAE J1962-2002制定并通过了ISO 15031-3：2004国际标准组织认证，并会根据后续车型进行修订。虽然许多车辆配备了EDR系统，但大部分EDR在一定程度上是专用的，且EDR在其内部设计中没有通用的控制装置。DLC具有通用的设计和引脚排列，并且通常用于访问EDR信息。该标准未规定车辆电子控制单元内或车内通信、诊断网络内的数据安全性，而是定义了对于合法的车辆排放状态、维护和/或修理、电子扫描工具对DLC的受控访问权限。对DLC数据的访问是通过扫描工具或微型计算机和网络接口实现的。IEEE 1616a还定义了一个协议，以防止电子工具的滥用，这些工具利用DLC擦除、修改、篡改电子控制器或里程表的读数，或违规下载数据。

并非所有人都对当前的汽车EDR规则或政策提供的隐私保护觉得信服。例如，EPIC表示，NHTSA的法规草案中对隐私的保护很少。事实上，截至

2013 年，还没有关于如何使用碰撞数据的联邦准则或法律。EPIC 的 Khaliah Barnes 告诉《纽约时报》说："这些汽车配备了可收集大量数据的计算机。如果没有保护，它可能导致各种滥用。"车主或驾驶员没有选择退出 EDR 的机会，也就是说，设备并没有打开或关闭的开关。

2013 年 2 月，EPIC 与 20 个公民自由组织和隐私权倡导者（包括美国公民自由联盟、电子前沿基金会、消费者监管机构、隐私权信息交换所、世界隐私论坛和"公众成员"）一起，向 NHTSA 提交了一份长达 14 页的涉及 EDR 隐私问题的文档。其论点之一是，汽车中的计算技术在轻型汽车行驶时"构建一个新的数据服务层，让车主和驾驶员在乘坐轻型车辆时可以访问"。其中一个例子是 OnStar，OnStar 现在被保险公司（与其他提供类似服务的提供商一起）用来监视驾驶员的习惯，以设定他们的保费。

EPIC 一度要求 NHTSA 在其 2014 年修正案中明确限制 EDR 必须收集的数据量，在授权安装 EDR 之前进行全面的隐私影响评估，接受隐私法保护，授予车主和运营商对其数据的控制权。EPIC 还要求 NHTSA 发布安全标准，以维护 EDR 数据的完整性，并建立最佳实践以充分保护车主和运营商的隐私权。

破解你的汽车密码

入侵汽车的 EDR 是另一个问题。事实上，随着汽车制造商积极地为自己的汽车增加高科技功能（据某些估计，如今几乎一半的新车价值都体现在电子产品上），当今的车辆大多采用嵌入式数字系统，技术的进步使得黑客攻击或以其他方式破坏汽车变得更加容易。2010 年，华盛顿大学和加利福尼亚圣地亚哥分校的计算机安全专家在一次 IEEE 会议上发表了一篇名为《现代汽车的安全分析实验》的研究论文，强烈表明访问汽车计算机的黑客"可以利用这种能力来完全规避各种各样的安全系统……包括禁用制动器，按需选择性地制动单个车轮、停止发动机等。"研究人员声称，黑客们可以"在汽车的远程信息处理单元中嵌入恶意代码，在撞车后完全消除其存在的任何证据"。这可以通过无线方式实现吗？如果是这样，是否会给黑客，以及给保险公司和执法机构带来道德问题？（YouTube 上有几个关于"如何从 EDR 中删除数据"的视频片段。）

2013 年 2 月，AIRMIKA 推出了汽车安全锁 AUTOCyb，目的是保持车辆 EDR 碰撞数据的真实性。车辆连接器是为 1996 年后配备有 DLC 的轻型车辆专用设计的。连接器连接到位于转向柱下的车辆接口，而不干扰车辆 EDR 的运行。在推出 AUTOCyb 之前不久，由隐私、消费者权利、公民自由和技术组织组成的联盟加入了 EPIC，要求 NHTSA 确认在 EDR 法规提案（要求所有新的乘用车和轻型卡车具有 EDR）中需要采用安全标准来收集 EDR 数据。AIRMIKA 总裁 Kowalick 在推出 AUTOCyb 时表示，他正在为 AUTOCyb 设立经销商。

欧洲开展的测试推动了 EDR 普及

世界其他国家的 EDR 情况如何？从 1992 年开始，几个欧盟国家参与了一项名为"自动记录车辆安全评估监测"的计划，并为车队配备了不同类型的车辆数据记录技术。850 多辆车参加了对照组。为期 12 个月的试验得出的一个结论是：EDR 提供了快速、详细和高度准确的车辆碰撞分析。

2011 年 9 月 27 日，欧洲议会关于道路安全的决议呼吁欧洲委员会"在 2012 年底之前提交立法提案，包括时间表和详细的审批程序，规定分阶段引入具有标准化的集成事故记录器系统，该系统可记录事故发生之前、事故中和事故后的相关数据。最初是在租用车辆中引入，然后在商用和私人车辆中引入。"该决议还强调了权衡道路安全和保护 EDR 收集的个人数据的必要性。随后，欧共体发起一项提议，对研究安装 EDR 带来的道路安全效益进行公开招标。

在英国，警车都配备了 EDR，而在德国，Mannesmann/VDO 公司开发的名为 UDS 的碰撞记录仪已经上市 15 年多了。欧洲的 Euro NCAP（新车评估计划）也对 EDR 产生了兴趣。Euro NCAP 成立于 1997 年，总部设在布鲁塞尔，由 7 个欧洲政府以及在每个欧洲国家运营的汽车和消费者组织组成。Euro NCAP 在 2013 年 9 月宣布，正在测试几款配备防撞技术的欧洲汽车。

根据 2014 年 5 月发布的 EC 报告，欧盟 EDR 的"下一步"实施计划是 1 份基于智能碰撞评估（VERONICA）的车辆事件记录建议清单，该计划最初于 2003 年由欧盟资助，旨在明确 EDR 在欧洲应用的相关技术和法律要求。2014 年的报告呼吁为整个欧盟使用的 EDR 制定技术规范。其他建议包括审查检索数据的程序，还包括关于数据所有权的问题。欧盟的 EDR 工作组还建议对任何新的 EDR 计划引入应用指南，而不是法规，以赋予成员国应用碰撞数据记录器的灵活性。

日本国土交通旅游部于 2008 年 3 月批准了 EDR 的使用。2010 年，丰田公司卷入了一起 EDR 事件。当时，律师和安全倡导人士试图获取存储在丰田汽车中的数据，希望能确定是什么导致了几家汽车制造商的车型突然加速，这一问题引发了数百万辆汽车的召回。当时，《亚洲商业新闻》援引丰田公司发言人的话说，调查涉及的丰田车型中安装的 EDR 是原型机，"仍处于试验阶段"，在处于开发过程的系统中发现了数据异常现象（据报道，本田汽车和日产汽车当时也在使用专有的 EDR 系统）。与此同时，丰田公司在 2014 年 6 月表示将召回 230 万辆汽车，因为本田公司生产的安全气囊部件有缺陷，可能会导致乘客受伤。

更多通用汽车被召回

截至 2014 年，通用汽车公司的召回数量继续攀升，并将至少 54 起碰撞和 13 人死亡归咎于点火开关缺陷。预计这些数字将根据这些事故中车辆的 EDR 所提供的数据而有所增加。奇怪的是，即使通用汽车公司和想要起诉通用汽车公司的原告律师都积极地试图找到 EDR 以支持针对通用汽车公司的任何法律诉讼，但 EDR 在其他大量的召回报道中几乎没有被提及。

通用汽车公司关于如何处理点火开关故障召回的内部报告显示，黑匣子给了通用汽车公司一些动力，促使其正视多年来被忽视的问题。正如《华尔街日报》2014 年 6 月中旬报道的那样，车主常常不得不依赖汽车制造商来下载 EDR 数据。据《华尔街日报》报道，EDR 数据显示，点火开关的缺陷可以追溯到 2005 年，当时 Amber Marie Rose 冲出马里兰州的一条公路，撞上一棵树，并导致其身亡。据执法官员称，这名 16 岁的司机当时醉酒、超速且没有系安全带。但调查车祸现场的一名副警长指出，汽车上的安全气囊失灵了。该副警长向 NHTSA 缺陷调查办公室报告了撞车事件。几天后，NHTSA 的调查人员将电缆插入汽车的黑匣子。2005 年 9 月，该身亡司机的家庭雇用的一名调查员和两名通用汽车公司代表一起下载了同样的资料。《华尔街日报》称，政府的报告指出，车的"车辆动力模式状态"在撞车前处于"辅助"位置，这意味着车的钥匙转动得足够到位，可以开收音机和自动车窗，但不能为车的其他部分提供动力。基于这一数据和其他初步数据，该家庭同意与通用汽车公司达成和解。但 NHTSA 官员在 2014 年 2 月的报告中称，EDR 读数缺乏来自通用汽车公司的足够信息，无法明确将安全气囊和点火开关问题联系起来。之后，罗斯家的人表示，他们正在重新考虑针对通用汽车的法律行动。

更多技术

EDR 由谁生产？有很多供应商和制造商。其中，博世诊断（Bosch Diagnostics）公司最常被提及，可能是因为它长期以来一直是通用汽车的供应商，多年来开发了多个版本的 EDR，其工作主要体现在软件升级上。视频有可能是EDR下一步发展的支持技术。NHTSA于2013年10月宣布，将在其新维护评估计划（NCAP）的推荐功能列表中增加后视镜视频系统。后视镜视频系统将取代电子稳定控制作为推荐的高级功能。

汽车制造商开始将黑匣子记录功能集成到所谓的高级驾驶员辅助系统（ADAS）摄像头中。汽车和卡车车主也在他们的车辆上安装了摄像头，以进行EDR记录。作为ADAS市场的主要参与者，Texas Instruments公司认为，随着相机在市场上变得越来越流行和普及，拥有两个独立的系统是没有意义的。另一些人则指出，保险业将摄像头整合到新型车辆中的努力，与美国高速公路的基础设施并不十分协调，美国高速公路的弯道、车道变换和边缘标志往往难以识别，或者在联邦高速公路资金不成比例地分配给城市道路而非农村公路的系统中也是如此。

推进EDR技术标准的下一步是什么？IEEE 1616和IEEE 1616a标准将在2015年进行审查。Kowalick说："未来IEEE EDR相关标准的发展目前还不清楚，但是继续进行下去是非常有意义的。在不知道需要什么的情况下，不可能确定继续进行的范围和目的。标准工作组成员正在等待拟议的联邦机动车辆安全标准的最终结果。"

推进EDR技术可能会产生一些政治后果。美国参议院在2010年考虑立法，要求在所有中型和重型卡车上安装EDR。该法将成为《机动车安全法》的一部分，旨在解决乘用车的安全问题。美国卡车协会（ATA）支持使用EDR，只要它们用于改善车辆工程安全，但明确表示希望避免在碰撞后的诉讼中使用这些数据。当时，ATA正在与SAE合作，为装有EDR的重型车辆推荐政策和程序。据《重型卡车运输》杂志网站Truckinginfo称，这项立法是由2010年丰田公司召回事件引发的。在2011年2月发布的一项为期10个月的研究之后，NHTSA表示，它没有发现丰田汽车存在可能导致意外加速的电子缺陷。尽管如此，NHTSA表示将采取多项行动，其中之一是提出要求在所有乘用车上安装EDR的规定。车载技术对当今购车者来说已经成为车辆的最大卖点。汽车制造商一直在努力把产品归类于已经配备了内置平板电脑、支持手机蓝牙通话、GPS、防撞雷达和具有更先进设备的相机系统的所谓"联网"汽车。通用汽车公司的2015款克尔维特Stingray配备了摄像头和全球定位接收器，通过安装在挡风玻璃上的摄像头和用于记录速度、档位选择和制动力的全球定位接收器，提供有关驾驶性能的实时反馈。在售后市场，Garmin现在提供了一个安装在挡风玻璃上的摄像头，它可以在汽车启动时自动打开，并在发生碰撞时记录碰撞时的速度、位置和时间，以及一个麦克风，用来记录车内的声音。

"技术正在以前所未有的速度发展，这给个人隐私带来了新的风险，也给公众带来了新的担忧，"参议员 Hoeven 说，"虽然 EDR 在使汽车和街道更安全方面提供了有用的功能，但对数据的访问应视为特殊情况下的个人行为。"该法案的共同提案者已扩大到包括美国参议员 Roy Blunt（共和党）、Joe Manchin（弗吉尼亚民主党）、Johnny Isakson（共和党）、Mark Begich（阿拉斯加州民主党）、Saxby Chambliss（R-Ga）、Ron Wyden（D-Ore）、Angus King（I-Maine）、Orrin Hatch（R-Utah）、Michael Bennet（D-Col）、Mike Johanns（R-Neb）、Maie Hirano（D-Hawaii）和 Mark Kirk（R-Ill）。

2012 年底，NHTSA 要求，从 2014 年 9 月 1 日开始，在美国销售的每一辆新车都必须配备 EDR。

你如何知道你的汽车是否具有 EDR？如果你不确定，请查阅用户手册。法律要求汽车制造商在用户手册中明确告知在车辆中是否配备了 EDR。

第 8 章
EDA 为复杂性设定标准

在电子设计自动化（EDA）工具用于辅助生产最初的集成电路之前，电子元件是由机械方式绘制的。那大约是 50 年前的事了。如今，电子设计自动化供应商在提供高度复杂的软件工具以帮助创建日益复杂的集成电路方面发挥着重要作用。半导体是一个价值 3,000 亿美元的行业。其中的 EDA 领域每年的收入约为 70 亿美元，并由几家公司主导。IC 和 EDA 领域彼此相互依赖。

新产品的快速引入和片上系统（SoC）日益复杂的设计使得行业供应商很难跟上市场的需求。EDA 社区面临的挑战是尽量在客户提出需求之前就为他们准备好解决方案。问题越复杂，开发解决方案就需要越多的努力和资源，这意味着 EDA 行业必须更快、更智能地工作。EDA 厂商似乎总是能押对赢家，继续保持强劲增长；事实上，到 2014 年，该行业已经连续 16 个季度出现正增长。"越来越多的人在使用复杂的工具，"曼托图形公司董事长的兼首席执行官、EDA 联盟市场统计服务董事会的发起人瓦尔登·雷恩说。

EDA 标准从何而来？

大多数 EDA 的标准制定工作都是从 Accellear Systems Initiative 开始的，该组织最初开发 EDA 标准，然后将它们移交给 IEEE-SA 进一步研究和考虑。Accellera 和 IEEE-SA 工作组认可通过的标准最终被 IEEE-SA 标准委员会正式批准为全球标准。Accellera 由 20 世纪 90 年代初的两个引领 EDA 标准制定的机构 VHDL International 和 Open Verilog International 合并而成，已成为 EDA 和半导体知识产权（IP）领域的强大力量，影响 EDA 标准的创建和升级，并加速其发展（所以起名叫 Accellera）。自成立以来，Accellera 已经创建了 4 个主要标准，并将其移交 IEEE-SA 进行正式标准化。它还成立了 6 个工作组来探讨其他标准。

"这为行业标准制定过程提供了更强的稳定性和一致性保证，"IEEE 标准教育委员会前任主席、IEEE-SA 和企业咨询小组成员以及 Synopsys 公司标准和互操作性项目总监 Yatin Trivedi 说。Accellera/IEEE-SA 工作模式也加快了标准制定过程。"这样想，"Trivedi 说，"由于 Accellera 标准可以预期被'推广'到 IEEE-SA 供全球采用，Accellera 联盟成员就有动力完成自己的工作；也就是说，要使它具有足够高的质量，以便能提交给 IEEE-SA，从而在更广的范围内得到认可。即使会再用几个月走流程，设计联盟也知道接下来会发生什么，所以它有机会做好准备。"

IEEE-SA 的工作从项目授权请求（PAR）开始。初始形态是一个制定标准的建议，通常在许多 IEEE-SA 标准制定的早期会用"P"进行标记，例如 IEEE P1801，它是最初由 Accellera 为低功率设计制定的标准格式。该项标准后来发展为 IEEE-SA 的一个技术工作组。

许多人同时在 Accellera 和 IEEE-SA 工作组任职，但是将标准从 Accellera 移交到 IEEE-SA，给了其他联盟和相关方一个机会，使他们能参与到 EDA 标准的制定工作中并为其最终完成做出贡献。IEEE-SA 与 IEC 有一个双重 logo 计划。一旦 IEEE 批准了 Accellera 制定的标准，一个 IEC 工作组就会用自己的标准流程来运行它，并通常很少进行改动。由一个联合的 IEEE-SA/IEC 工作组来决定标准内容的更新。其中一个例子是 Accellera 开发的低功耗标准，该标准已提交给 IEEE-SA 批准。与此同时，Silicon Integration Initiative（Si2）正在制定低功耗标准。Si2 是一个由一些工业公司（包括 EDA 供应商）成立的组织，他们在工业标准的开发和采用方面进行合作，Si2 把他们在该项标准方面的成果贡献给了 IEEE-SA。

Si2 在 2014 年集成电路（IC）设计领域的开放式参数化单元（PCell）标准的开发中进行了多次技术捐赠并做出了建设性贡献。IC 设计中使用 PCell 会导致一些设计方面的互操作性问题，最终导致更高的成本、延迟交付和测试问题。Si2 成员一直致力于开发一种新的标准来解决这些问题。Si2 联盟开放 PDK 工作组的任务是创建一个开放的 PCell 描述标准，它可以被翻译成适用于不同 EDA 工具的格式。开放 PCell 数据是用 XML 定义的，创建开放 PCell 内容的函数是用开放 PCell 语言编写的。开放式 PCell 语言还用于定义回调函数，以便当 PCell 参数被质疑、PCell 需要重新评估时能够调用该函数。

核心目标是开发一种能够广泛应用于 EDA 工具的 PCell 设计，兼容各种专有 PCell 格式。在这方面有不少支持性成果，并有望加速这一目标的实现。例如，Synopsys 公司最近贡献了一组应用程序编程接口（API）来实现开放 PCell

的创建，IBM 公司提供了一个 PCell 模板示例。英特尔公司正在开发一个元语言翻译器原型，该翻译器将采用开放 PCell 源并生成多个目标语言输出，并将由通用语言语法（Python 的子集）产生的 OpenCell 描述转换为多种目标语言。随着开放式 PCell 工作组不断制定新的标准，更多的功能将被增加进来。

Accellera 和 IEEE-SA 之间长达 25 年的关系有不少优势。例如，IEEE 1800 的修订版《Verilog 系统标准——标准硬件设计、规范和验证语言参考手册》可通过 IEEE Get Program 获取，该计划允许公众无限制免费查看和下载选定的 IEEE 标准。其他 Accellera/IEEE-SA 制定的标准也属于同一类别。IEEE 1800 是与 IEEE-SA Get Program 合作交付的第三个标准，其他两个标准是 Get 1685 标准（工具流中封装、集成和重用 IP 的 IP-XACT 标准结构）和 Get 1666（SystemC 语言参考手册）。Accellera 还支持 IEEE 1076 VHDL、IEEE P1735《IP 的加密和管理》、IEEE 1801《统一电源格式（UPF）》和 IEEE 1850《属性规范语言》。

1801 UPF 是标准化进程另一个好的例子。Accellera 创建了 UPF，这是一个旨在表达电子系统和组件电特性的程序。IEEE 1801-2013 是 1801 标准的第二次修订版本，旨在为用户提供定义芯片级规范方面更多的能力、精度和灵活性。在 2006—2007 年进行了 6 个月的初始工作后，Accellera 将其移交给了 IEEE-SA 的 IEEE 1801 工作组。IEEE 1801-2013《低功耗集成电路的设计和验证标准》由 IEEE-SA 历史上规模最大的实体表决团体之一批准和发布。Cadence 系统设计公司技术市场小组主任王琦在公司博客中强调了该标准的复杂性，他指出，由于新标准的巨大变化，该文件比前一版本厚了 358 页。王琦写道："上一版本应用中发现了大约 300 个实际问题，其中大部分在新版本中得到了修复。"IEEE UPF 工作组计划在未来几年继续增强 UPF，解决对更高级别的提取、功率建模和功率分析的新要求。它现在可以通过 IEEE-SA Get Program 获得，该计划由 Accellera 资助并免费提供对其所有标准的访问。

半导体和 EDA

为什么芯片制造商不直接在其内部使用 EDA 功能呢？

"过去是这样的，"IEEE-SA 2013/2014 年度主席、Synopsys 科技公司社区营销高级主管卡伦·巴特列森说，"我毕业时在德州仪器公司工作，我们有自己的内部 CAD（计算机辅助设计）部门，我们编写自己的仿真器、编写自己的布局和封装软件、编写自己的一切。"在 20 世纪 80 年代早期，Mentor 图形、Daisy 系统和 Valid Logic 系统三家公司开始积极开展工作，为半导体行业开发

EDA 产品。"我相信,德州仪器公司等和其他半导体厂商都会这么说:我们要不要权衡一下,省下大量的钱,同时让其他人去做那些烦人艰苦的工作,处理所有的 bug?"随着这些新公司的出现,巴特列森说,"它们允许我们写自己的程序库,里面有我们的秘密内核。'试试吧,我们不想再这样做了',这样对半导体厂商在经济上很划算。"

其他 EDA 公司开始涌现。截止 20 世纪 80 年代中期,Verilog 是一个强有力的竞争者,美国国防部通过资助硬件描述语言 VHDL 的开发而参与其中。但是随着编程语言的发展和日益复杂,芯片设计也变得越来越复杂,进一步增加了集成电路厂商削减成本和缩短上市时间的难度。随着复杂性和成本的增加,一些芯片制造商抱怨标准阻碍了创新。最常见的抱怨就是"EDA 公司没有足够快地解决我们的问题"。

从集成电路发展的角度来看,变化不大。设计团队正面临越来越大的压力,要求他们生产更小、更可靠、更便宜、功能更先进的芯片,很难确定他们在解决标准问题或创建基于标准的解决方案上花费了多少时间。设计资源跟不上片上系统(SoC)技术的发展,这导致了不断发展的制造潜力和有限的设计能力之间不断扩大的差距。为了解决这一日益扩大的差距,全球市场研究和咨询公司(MarketsandMarkets)表示,半导体设计者和制造商正逐步选择使用第三方半导体 IP 公司的知识产权许可,如处理器内核、内存和特定应用逻辑模块,而不是在内部开发这些技术。MarketsandMarkets 预计,从 2014 年到 2020 年,全球半导体知识产权市场的收入将达到 56.3 亿美元,CAGR(复合年增长率)为 12.6%(市场研究公司给出的半导体知识产权领域的主要市场参与者名单包括:英国 ARM、美国 Cadence 设计系统、美国 CEVA、英国想象力技术公司、美国蓝布斯、美国硅图像、美国 Synopsys 等)。

为满足日益复杂的设备需求,广泛的 IP 采购策略并不罕见。解决标准问题或创建基于标准的解决方案需要多少工程时间?"一般来说,当问题在设计和验证过程中更加普遍时,某个供应商可能会考虑通用解决方案,因为该工具或解决方案会有市场。"Trivedi 说,"在这个过程中,他们提炼出一个标准来保护一个算法或实现。这样你就可以与潜在客户和竞争对手分享或合作,同时保护你真正的知识产权、算法。"

产品的差异化仍然很重要,但比较普遍的是,EDA 和芯片公司不仅通过合作逐一地解决具体问题,而且发展为合作关系、共享成功(Cadence 公司宣布,它已经基于 ARM Holding 的知识产权推出了一个新的验证工具概念原型,在验证过程中提供更高的速度。Synopsys 公司表示,它与富士通半导体有限公司合作,为共同客户提供更快、区域优化和高度可预测的 ASIC 设计流程,这将有助于富士通客户加快设计进度）。

巴特斯顿说，"这些年来，人们一直在讨论半导体公司是否想把开发工作带回公司内部。一个有趣的想法是，如果英特尔公司收购了 Synopsys 公司，AMD 公司收购了 Cadence，会怎么样？我只是在假设这些情况，但是它们能带来什么样的优势呢？我相信他们已经讨论过这个问题。"巴特斯顿说，她可以预见，在下一代技术中，英特尔公司可能会说它需要更快的速度来主宰行业，并拥有一个只为他们工作的工程师团队。"但也许不是现在。"

正在开展的工作

如今，设计验证和低功耗是 EDA 和半导体社区面临的两大挑战。2014 年，IEEE-SA 批准成立两个新的工作组，对混合信号语言扩展以及 LSI 集成和电路板设计的互操作性方面的 EDA 步骤进行标准化。IEEE P1666.1 系统模拟/混合信号（AMS）扩展工作组和 IEEE P2401 LSI 插件板互操作性设计格式标准工作组由 IEEE 计算机学会设计自动化标准委员会（DASC）资助。Accellera 开发了 AMS 并将其移交给 IEEE-SA，但 Accellera 和日本电子和信息技术产业协会（JEITA）都对这些标准的制定做出了贡献。

"这些标准草案旨在帮助开发更强大、更经济实惠的电子产品，"DASC 主席斯坦·克罗利科斯基说，"在可负担成本基础上扩大了电子产品的使用范围。"正如克罗利科斯基解释的那样，作为核心标准的 IEEE 1666-2011《SystemC 语言参考手册》为数字电子提供了高级设计和建模语言。扩充标准 IEEEP1666.1《SystemC 模拟/混合信号扩展语言参考手册》，旨在允许 SystemC 捕捉模拟和数字设计内容。IEEE P1666.1 将 AMS 扩展定义为系统级电子设计过程中一种强大的语言选项，目的是使 SystemC AMS 扩展标准化。

IEEE P1666.1 工作组主席马丁·巴纳斯科尼说："IEEE P1666.1 正在扩展 SystemC 的数字和 AMS 两方面建模功能。""这两个领域越来越多地出现在 SoC 和嵌入式系统中；因此，这种扩展使得这些新兴异构系统的建模和设计更加高效可行。"IEEE P2401 旨在标准化集成电路的数据交换格式，硬件系统的三大组件。这种可互操作的格式将加快三大组件之间的设计信息交换，以更低的成本加快系统设计。IEEE P2401 的目的是提供一种通用格式，LSI 插件板设计工具可以使用它无缝地交换信息和数据。该标准建议消除各不相同的输入和输出格式，并在设计过程中允许采用通用的可互操作的格式。

这是门生意

"技术专家往往在标准方面犯一个错误,"Bartleson 说,"他们认为标准是纯技术性的。根据我的经验,标准至少有一半是关于商业和政治的。技术令人着迷,但参加这些会议的一些人会感到震惊。这就像,'哇,某人有一个隐藏的议程。'这些委员会会议关系到很多钱。如果你是(在某个市场或产品类别中)的领导者,并且你的技术被采纳为行业标准,这足以让你在竞争中领先数年。这不仅仅是技术的事。"Bartleson 以许多人看待消费电子行业的方式描述了 EDA 的商业结构。"这是我能想象到的最颠倒的模型。我们能解决的问题越复杂越困难,我们的产品就越便宜。"

在纯粹的竞争层面上,EDA 几乎很难在任何行业类别中名列前茅。该领域的三大公司在客户的帮助下,利用一切机会发布新闻。2014 年 6 月 3 日,英特尔公司发布了三份单独的新闻稿,标题如下:

"Cadence 公司和英特尔公司合作为 Intel Custom Foundry 客户提供 14nm 三栅极设计平台。"

"Synopsys 公司和英特尔公司合作为 Intel CustomFoundry 客户提供 14nm 触发器门设计平台。"

"Mentor 图形工具公司为 Intel CustomFoundry 客户提供英特尔公司 14nm 工艺的全面支持。"

2012 年 Trivedi 在一篇公司博客中重温了该行业的一些历史,他描述了近十年来 EDA 厂商是如何在 Verilog 和 VHDL 上平分秋色的。Verilog 之所以胜出,是因为它对学习"更简单的语言"来实现复杂逻辑的设计者有广泛的吸引力。然而,Verilog 编写复杂测试平台的能力是有限的,当时有多股竞争力量在试图扩展设计语言及其实现(模拟器),以创建更强大的方法来对设计进行测试。各种竞争在广阔市场上的吸引力有限,这促使业界认识到需要更强大的硬件设计和版本语言。Trivedi 说:"在 2002 年至 2005 年间,几家居于主导地位的用户和供应商创建了 System Verilog(IEEE 1800),最初遵循 Accellear 标准,后来遵循 IEEE 标准",其中,Synopsys 公司为 Accellear 做出了原创性技术贡献。到 2008 年,System Verilog 已经成为该行业事实上的标准。"随着 System Verilog 及其前身 Verilog(第三方设计 IP(多年来一直被称为'可合成核心')应用的激增,该行业从一个家庭手工业转变为公认的、与 EDA 行业密切合作的主流行业。"System Verilog 的成功推动形成了面向对象验证方法。最终,涌现出类似的不兼容验证方法——验证方法手册(VMM)和开放验证方法（OVM），二者都是通用验证方法（UVM）的基础。

  Accellera 还为 Verilog-AMS 标准开发了新的验证和设计建模扩展。Verilog-AMS 为混合信号设计提供结构和行为建模能力，其中不同学科（如电气、机械、流体动力学和热学）的影响和相互作用非常重要。Verilog-AMS 是一个成熟的标准，最初发布于 2000 年。它建立在 IEEE 1800-2012《System Verilog 统一硬件设计、规范和验证语言》的 Verilog 子集之上。IEEE 1800 最初发布于 2009 年，取代了 IEEE 1364-2005 标准的内容。该标准定义了模拟行为如何与基于事件的功能交互，提供了模拟世界和数字世界之间的桥梁。修订后的标准 Verilog-AMS 2.4 包括有益验证、行为建模和紧凑建模的扩展。语言参考手册已经过修订，以涵盖更新的内容。

关键标准

  源自 Accellera 的 UVM 标准（UVM 1.0 于 2011 年 2 月获得 Accellera 批准）已经确立，并已被大多数 SoC 项目采用。具有新功能的 UVM 1.2 于 2014 年 6 月发布，作为 SoC 验证的类参考文档。UVM 1.2 提高了互操作性，降低了每个新项目的知识产权开发和重用成本。新版本包括增强的消息传递、对寄存器层的改进以及其他特性。与往常一样，作为 90 天审查期的一部分，新版本将转换为 IEEE 格式，并提交给 IEEE-SA 进一步审议和正式批准。Cadence 已经提交了一个开源的 UVM 参考流程，一个完全基于 RISC 的 SoC 设计，以及一套 UVM 验证组件，允许用户了解 UVM，并根据标准制定过程执行他们的 UVM 测试台。UVM 1.2 存在向后不兼容的问题，但 Accellera 发布了一系列说明和 UVM 1.2 转换套件，以平稳过渡到升级规格。

  UVM 有自己的 LinkedIn 组织，成员超过 4,000 个人。Accellera 还成立了一个多语言工作组，为多语言验证环境和组件的互操作性制定标准和功能参考，包括寻找能够引入来自已有项目的 UVM 概念和语言的方法。工作组还将开发一种基于标准的方法，以结合使用不同语言构建的验证环境。

EDA 合并——财团和公司

  当然，获得知识产权的一种方法是直接购买它，近年来，EDA 供应商非常积极地获取新兴技术并将其整合到他们的产品中。这包括以 EDA 为关注重点的财团联盟以及公司。

  Accellera 于 2010 年 4 月正式与 SPIRIT Consortium 合并，合并后的组织采

用 Accellera 的名称，并进一步专注于开发 IP-XACT 协议（IEEE 1685），该协议已经增加了扩展、模拟混合信号（AMS）以及功率。Accellera 于 2011 年 12 月与 Open SystemC Initiative（OSCI）合并，成为 Accellera Systems Initiative，以更密切地探索基于 SystemC 和 System Verilog 方法的一致性，以及对这些语言的 AMS 扩展。2013 年 10 月，"新" Accellera 获得了 Open Core Protocol Partnership（OCP-IP）的资产，包括当前的 OCP 3.0 标准和支持基础设施，这有助于半导体产品设计中使用的 IP 模块的重用。OCP-IP 标准是对 Accellera 开发的其他 IP 互操作性标准的补充。

Accellera 和 OCP-IP 在标准合作上有历史基础，如用于事务级建模的 SystemC 和 IP-XACT。如同 Trivedi 解释的那样，"标准已经存在，OCP（片上协议）是在 OCP-IP 下开发的，现阶段已经不再需要独立运行的标准组织。为了其继承者和未来的发展，把标准转让给 Accellera 是恰当的。许多最初的 OCP-IP 组织成员已经是 Accellera 的成员，他们将在 OCP 的两个方面加快步伐。一方面，在新芯片架构不断发展的世界中，继续对 OCP 进行必要的增强；另一方面，在许多 Accellera 标准和 OCP 之间的交互上进行合作。对于后者，可考虑建立 OCP 的 IP-XACT XML 概要文件，或者为 OCP 测试用例创建一个 UVM 库。"

EDA 社区的收购和整合并不是一个新现象。Synopsys 公司图表显示，它在过去 25 年中收购了大约 100 家公司。该领域的另外两家大公司 Cadence 设计系统公司和 Mentor 图形公司，可能处在同样的境地。这些收购中有一些规模很大的公司，其他的公司规模虽小，但具有战略意义（ECAD 和 SDA 于 1988/89 年合并，形成 Cadence。Cadence 随后与 Valid Design Systems 和 Gateway Design Automation 以及其他公司在一段时间内合并）。

大部分合并和收购帮助 EDA 公司扩大了他们的技术能力、市场范围和市场份额，尤其是在 2014 年第一季度，大部分活动由行业三大巨头主导。1 月，Mentor Graphics Corp. 从位于瑞典的 Mecel AB（汽车零部件巨头德尔福公司的全资子公司）购买了 Mecel Picea AUTOSAR 开发套件，加强了其汽车软件产品线。2 月，Cadence 设计系统公司收购了 Forte Design Systems，这是一家基于 SystemC 的高级综合和计算 IP 提供商。Cadence 当时表示，相信 Forte 的集成和 IP 产品的加入，使其能够进一步推动系统设计和多语言验证的 SystemC 标准流程。"高级集成市场的增长正在加速"，Cadence 系统验证集团和全球外勤业务高级副总裁查理·黄（Charlie Huang）表示。

Cadence 公司还在 2 月份收购了 TransSwitch 公司的高速接口 IP 资产，并聘请了其开发团队。该交易为 Cadence 公司提供了 TranSwitch 公司的基础网络测试与显示标准的控制器和 PHY IP，包括 HDMI、显示端口和 MHL（TransSwitch 公司于 2013 年 11 月申请破产）。Synopsys 公司收购了比利时的目标编译器技术，从而扩展了其用于开发特定应用指令集处理器（ASIP）的软件工具组合。今年 3 月，Synopsys 公司还通过收购总部位于旧金山的私营初创公司 Coverity 来增加其软件质量、测试和安全工具产品。Synopsys 公司表示，Coverity 公司的加入使其能够进入之前未曾涉足的成长中的企业信息技术市场。Mentor Graphics 公司还在 3 月宣布，将收购伯克利设计自动化公司，提升其在医疗辅助系统和射频验证行业的竞争地位。此外，Cadence 公司于 2013 年收购了另一家 AMS 专业公司，位于印度班加罗尔的 Cosmic Circuits Private 有限公司。

然后，在 4 月，Cadence 公司收购了与其竞争的 Jasper 设计自动化公司。那么，为什么要收购？为什么是现在？Cadence 公司在其公告中表示，其客户正在采用形式化分析（一项 Jasper 在系统和半导体领域拥有众多客户的技术）来补充传统的验证方法，以更好地解决日益复杂和灵活的 IP 设计和 SoC（Cadence 公司在 2003 年收购 Verplex Systems 公司后，已经增强了其形式化分析的技术能力）。Cadence 公司表示，随着验证在开发 SoC 成本中占到 70% 以上，它已经成为系统和 SoC 开发的首要挑战，也是影响上市时间的关键因素。2015 年 1 月，Mentor Graphics 公司宣布收购 Flexras Technologies 公司，这是一家领先的专有技术开发公司，可缩短集成电路和 SOC 原型设计、验证和调试所需的时间。Mentor Graphics 公司表示，此次收购将扩大和加强现有的工具组合，帮助工程师克服日益复杂的设计原型的挑战。

Synopsys 公司、Cadence 公司和 Mentor Graphics 公司已经在将近 70 亿美元的 EDA 总市场中占据了约 45 亿美元的份额，这些伴随着大量 IP 的收购如何影响它们在标准开发中的影响力？他们现在有多少 IP 将被植入新兴的 EDA 标准？这将是 Accellera 和 IEEE-SA 工作组会议中的一个问题吗？

Trivedi 说："我认为不会有任何重大影响"。如果有的话，他希望在更高的层次上定义标准。"我也相信三巨头会继续签署保证函（由 IEEE 设计的一种特定形式的协议，在该协议中，专利持有者有几种选择，其中一种是无偿授予许可）以允许获得基本专利，从而使产品实施者能够支持该标准。当客户为他们的工具寻找多个供应商时（避免被一个供应商锁定），这有助于为所有玩家创造一个更大的蛋糕。今年的收购与以往的收购没有什么不同。它们有很好的商业意义，优质的大规模收购带来了专利。据我所知，专利不是收购的主要原因，除非它是一家'垂死'的公司，而且它唯一剩下的价值是少数专利。"

Trivedi 还认为，这些收购对标准开发有着复杂的影响。"一方面，设计和验证问题日益复杂，促使大型公司通过获取广泛的技术来扩大产品范围。"为了整合这些技术，他说他们需要标准的帮助。"就更广泛的解决方案完全由一家供应商控制而言，文件格式仍然是专有的，并被视为知识产权。"然而，当一个客户，尤其是大客户，希望在不同供应商之间实现"可移植性"——从一个供应商的工具转移到另一个供应商的工具——就有了创建公共标准的巨大推动力。Trivedi 说："这是必要专利和相关知识产权成为主要问题的地方，有时收购和诉讼是由这些考虑因素驱动的。正如收购已经成为 EDA 行业基因的组成部分一样，一些备受瞩目的诉讼对 EDA 公司产生了成败攸关的影响。"

EDA 与互联网

一个每天都生活和呼吸着复杂性的行业如何适应日益复杂和快速变化的互联网世界？物联网将对 EDA 产生什么影响？"这仍在解决中，"Synopsys 公司的 Trivedi 说，"芯片上传感器的集成带来了独特的问题和机遇。"事实上，应用程序的广度很可能会像工程部门一样对市场营销构成挑战。广泛开放的机会包括智能电网（智能计量、家庭网络、移动视频）和个人健康设备通信，所有这些都与标准制定密切相关。Trivedi 说，大多数设计团队都在处理这个问题，好像这是他们的应用面临的一个独有问题。"在我们看到越来越多的应用要处理相同的问题，以及一些结构化方式能更有效地解决这些问题之后，我们将看到这些解决方案的商业化，无论是一组工具、库组件、方法还是这些的组合。"SDO 认为，这里的目标和挑战之一是发现协作机会，填补物联网领域标准化的空白。IEEE-SA 网站（http://standards.ieee.org/innovate/iot/）重点介绍了 140 多个与物联网相关的现有 IEEE 标准和项目。这是一个良好的开端，但曾经受限于向芯片制造商销售核心技术能力和知识产权的 EDA 供应商们清楚地看到了机会，为更多"things"提供新的、日益复杂的应用程序和物联网网络将成为现实。

回到学校

大学工程项目能在满足这些需求方面发挥作用吗？改变甚至调整工程课程从来都不容易。但是世界各地的许多大学都在教授 Verilog 或 System Verilog、VHDL 和 SystemC，作为他们逻辑/设计和/或计算机设计课程的一部分。许多学校还鼓励他们的高年级本科生和研究生通过选择项目来获得更多的实践经验，这些项目允许他们通过创建模型和/或测试来证明他们创新想法的可行性和概念验证。如果业界对工程学校如何对待其课程中的 EDA 有任何批评，那就是对 VHDL 的关注太多，而对 Verilog（有些人会说它已经作为一种工业工具毕业了）的关注不够，对这些语言是如何产生的以及年轻工程师在开发下一代语言中可以发挥什么作用没有足够的背景或理解。

IEEE-SA 有一个标准教育委员会（SEC）。SEC 的主要职责之一是鼓励在工程课程中教授标准。工程师职业发展理事会（ABET）成立于 1932 年，利用美国国家科学基金会，促进应用科学、工程和计算认证标准方面的教育进步，行业公司也不同程度参与其中，主要方式是捐赠 EDA 工具或提供资助。SEC 已经向全世界的学生提供了大约 80 项资助，用于基于标准的项目。Mentor Graphics 公司的高等教育计划多年来在全球一直非常活跃，它赞助了中国宁波诺丁汉大学的电子设计实验室，并捐赠了 1,000 多万美元的 EDA 软件。详细信息参见 www.standardseducation.org。

第9章
物联网/M2M——正在进行的一项（标准）工作

事情是这样的：尽管物联网（IoT）被大肆炒作，但消费者对其认识仍是喜忧参半。像"在新兴的物联网中有没有办法避免标准战争？"这样的头条新闻并没有起到什么作用。市场研究公司 eMarketer 表示："人们对物联网的了解仍然很低。"eMarketer 相信，通往以技术为中心的未来的道路将是漫长的。仅看智能家居这一广阔物联网领域中的小市场，根据 AYTM 市场研究公司（AYTM Market Research）2014 年 5 月的一项调查，大多数美国互联网用户（85%）连一款智能家居设备都没有。2014 年初，性能测试网站和移动应用平台 Soasta 进行的另一项调查也得到了类似的结果。调查发现，73% 的美国成年人不熟悉物联网，而只有 6% 的受访者称自己"非常熟悉"物联网。然而，当被问及更多细节时，67% 的人表示，他们对物联网实现更紧密联系的未来前景感到激动。

大多数行业分析师认为，如果供应商不能提供廉价的用于连接物理对象或设备所需的 IoT/机器对机器（M2M）芯片，物联网将会是一项艰难的业务。在这个领域还有一大堆问题要解决，换句话说，就是各行业如何看待并试图解决它们在技术标准竞争上的分歧。

英特尔公司在 2014 年 4 月首次发布物联网相关业务的季度营收报告，报告显示该项业务同比增长 32%，达到 4.82 亿美元。这一数据令人印象深刻，但也不完全清楚英特尔公司所指的物联网"关联"的含义，即使它的物联网网页上列出了"可穿戴设备、汽车、零售和数字标牌"。其他物联网玩家也有自己的物联网发展机会清单，从智能家庭应用程序（包括恒温器、相机、电器、门锁、喷淋系统和安全系统、洗碗机、牙刷和冰箱）到几乎所有的商业和工业应用程序，甚至包括所谓的"车联网"。

图 9.1 来自 Timo Elliott
"坏消息——这秤正威胁要阻止我们使用冰箱……"

从射频识别到物联网

麻省理工学院汽车识别中心（Auto-ID Center at Massachusetts Institute of Technology，MIT）的联合创始人凯文·阿什顿通常被认为是 1998 年发明 IoT 这个词的人。阿什顿当时专注于射频识别（RFID）标签和其他传感器的研究，但即使是那些预测未来 4~5 年将有数十亿无线设备连接到互联网的行业分析师，也警告不要对这一领域大肆炒作。一些行业参与者和分析师仍在试图为物联网甚至 M2M 找到一个定义，物联网已经存在了一段时间，但对他们中的大多数人来说，应用正在推动技术以及市场的发展。基于 2G GSM 网络正在关闭、3G GSM 网络在大城市以外的区域不稳定以及 LTE 正在全球范围内上线（尽管在欧洲等一些地方进展缓慢）等事实，对于从系统角度看待物联网和 M2M 的分析人士来说，技术太过复杂。

Forward Concepts 公司总裁兼首席分析师威尔·施特劳斯在 2012 年 7 月出版的《无线/DSP 通讯》（Wireless/DSP Newletter）中写道："几年前我第一次调查 M2M 市场时，大多数应用程序通过慢速 GSM 控制信道一次仅发送几百个字节，成本很低。毕竟，像日常监测储油罐液位这样的应用并不需要高带宽。这种监控甚至资产跟踪仍然是 M2M 硬件的主要市场，但无线视频监控等高带宽应用将 M2M 带入 LTE 领域。"一年多后的 2013 年 12 月，施特劳斯表示，M2M 仍然是"一个定义不明确的野兽"。

最近，施特劳斯写道，"虽然 IoT 市场似乎正在爆炸式增长，但这并不是因为有大量新产品上市。主要是因为每家公司似乎都在通过重新评估设备在其当前产品组合中的适用性来加入物联网的潮流……然后将许多现有设备捆绑在物联网的标题下。"施特劳斯表示，他们还试图表明自己是物联网的主要参与者。"当然，M2M 不需要互联网连接，但这并不妨碍企业将这些设备也贴上 IoT 的标签。"在没有更明确定义 IoT（或 M2M）设备是什么或将会是什么的情况下，"市场数量不可信赖，我们将不得不接受当前的炒作。"研究与市场（Research and Markets）公司的一项市场调研也持有类似的观点，他们指出标准化是实现 M2M 的关键之一，尤其是在 IoT 中，可以看到，互操作性、隐私、安全性和中介等领域标准的缺乏，迟滞了设备和应用程序的扩展。Strategy Analytics 公司的分析师对此深表赞同，他们认为 M2M 的未来是"非常积极的"，但仍令人困惑。其在对 IoT/M2M 市场的研究中问道："随着为物联网设计的令人兴奋的应用和物联网玩家们采取的更商业化的方法之间的界限变得模糊，人们如何为 IoT 和 M2M 制定标准呢？"

英特尔公司将 IoT 定义为连接到互联网、集成更强大的计算能力并使用数据分析来提取有价值信息的设备。

对维基百科来说，IoT 意味着"唯一可识别的对象及其在类似互联网结构中的虚拟表示"。欧洲 IoT 中心称其为"未来互联网的一个集成部分，在那里物理和虚拟事物被无缝集成到信息网络中"。2012 年，国际电信联盟（ITU）更新了对 IoT 的定义。从广义的角度来看，ITU 称其为"信息社会的全球基础架构，通过基于现有和不断发展的、可互操作的信息和通信技术的（物理和虚拟）事物互连，来实现高级服务。"同时该声明的定义还指出，"广义上，物联网可以被视为具有技术和社会意义的愿景，它将通过开发识别、数据捕获、处理和通信功能，充分利用'物'为各种应用程序提供服务，同时确保满足使用者对安全性和隐私要求。"

Gartner Group 是一家领先的技术研究和咨询公司，将物联网列为其 2014 年《新兴技术的技术成熟度》（Hype Cycle for Emerging Technologies）榜单的首位，该榜单至少每年更新一次产品和技术。Gartner 表示，"这些产品和技术已经达到了'期望膨胀期'。物联网的'重头戏'似乎是标准化"。但 Gartner 分析师 Hung LeHog 表示，"具有讽刺意味的是，有如此多的实体各自为自己的利益而工作，我们预计在未来 5 年内，标准的缺乏仍将是一个问题。"这些问题同样适用于整个互联网，甚至是像谷歌公司这样的单一组织。确定最佳实践，需要无数个人的时间和努力,这使得坚持行之有效的方法比以往任何时候都更为重要。

定义 Things

IEEE 的 IEEE-SA 正在致力于定义 IoT。IEEE-SA 的技术倡议主管玛丽·林恩·尼尔森（Mary Lynne Nielsen）说:"我们讨论过这个问题,他们所确定的是,物联网和 M2M 通信是实现这一目标的最佳途径。物联网不是 M2M 通信,M2M 通信是创建物联网的手段。但它有很多方面,你可能会把现有技术的 95% 贴上物联网的标签。"

实际上,为 IoT/M2M 制定标准可能与如何定义它一样具有挑战性。

M2M 联盟主席埃里克·施耐德在对其成员进行调查后撰写的工作组时事通讯中指出,"人们可以很明显地看到概念正在改变的趋势。现在,物联网这个词更常用来表示可能性。"但施耐德指出,"恰当的标准和一致的界面是需要进一步讨论的重要因素。必须制定有意义的标准,以便它们不会产生限制或造成进一步的隔阂。我们绝对不能不择手段地实现过分的标准化。"

这项工作的开端是在 2011 年成立的 Eclipse M2M 行业工作组,该工作组旨在创建一个开放平台来简化 M2M 应用的开发。电信工业协会（TIA）还在 2012 年发布了涵盖用于管理 M2M 安全的最佳实践的技术公告（TSB-4940）。

此后,IEEE-SA 批准并公布了与 IoT 应用"相关"的大约 80 个标准的列表,其中许多标准属于 WiFi、蓝牙和 ZigBee 设备的 IEEE 802.11 无线系列、IEEE 1547 系列无线车辆规范以及属于 IEEE 11073 的若干健康信息和个人健康通信设备标准。蓝牙 4.1 为基于 IP 的连接奠定了基础,扩展了蓝牙技术作为 IoT 的重要无线链路的作用。ZigBee 联盟还采用了若干专用标准来满足 IoT/M2M 市场的需求,从楼宇自动化到医疗、网络设备、远程控制、智能能源和电信服务。另一个 IEEE 小组——IEEE 未来指导委员会,正在与多个 IEEE 技术协会、委员会和运营单位合作,以预测和确定 IoT 市场中现有的、新技术和新兴技术的发展方向。

至少还有 40 项 IoT 相关标准"正在制定中",其中大部分仍处于 2014 年初的起草阶段。例如 IEEE P2700《传感器性能参数定义》("P"表示该标准处于开发阶段——正在进行的工作）,它是 IEEE-SA 和支持微机电系统的 MEMS 工业集团（一个贸易协会）之间正式合作的产物。这两个小组希望共同加速和扩大在全球范围内基于标准的 MEMS 技术在物联网和电子医疗领域的采用。

对于 IEEE 和 IEEE-SA 而言（后者 1974 年发表了第一篇关于 TCP/IP 因特网协议的论文）,这仅仅是其在推进 IoT 方面工作的一个开始。玛丽·林恩·

尼尔森说："这是一个非常庞大、复杂的课题，IEEE 现在试图做的是，把重点放在一个技术上具有重大吸引力的领域。"

IEEE 网站（http://iot.ieee.org）几乎覆盖了 IEEE 当前和正在开发的与 IoT 相关的所有活动。IEEE 的每个主要领域都体现了对 IoT 的兴趣。但 IEEE-SA 也有自己的研究小组，他们正在研究这项技术，并试图找出在标准开发和帮助加速市场方面需要做些什么来推动物联网向前发展。

作为 IoT 向前迈出的重要一步，IEEE-SA 启动了一个名为"IEEE 物联网架构框架"的标准开发计划。IEEE P2413 的目标是为 IoT 提供一个强大的基础框架，减少市场碎片化，提高互操作性，并作为 IoT 持续增长的催化剂。IEEE P2413 将包括各种 IoT 域的描述、IoT 域抽象的定义以及不同 IoT 域之间的共性标识。IoT 的基础框架提供了一个参考模型，该模型定义了各种 IoT 垂直行业（运输、医疗等）。它还将为数据抽取、安全和隐私提供蓝图。工作组的另一个目标是创建一个标准，以充分利用现有的适用标准并确定具有相似或重叠范围的计划或正在进行的项目。P2413 小组将在其认为 IoT 能产生重大影响的学科领域与其他标准机构合作，如制造业和医疗保健。

IEEE P2413 工作组主席、意法微电子公司工业和电力转换部门特别项目主管奥列格洛维诺夫说，"智能技术和高速通信的日益融合几乎将对我们日常生活的每一个方面产生深刻、积极的影响"。工作组的目标不仅是创建一个框架，而且还包括一个参考模型，以便于促进构建关键物联网系统和基础设施的统一方法。此外，它将解决安全、隐私和保险问题。工作组还将与 IoT 产生重大影响的其他标准机构和 SDO 开展合作，例如制造业和医疗保健。正在考虑的另一个 IEEE-SA IoT 项目是标准化数据供电线路（PoDL）。IEEE 802.3 单对（1-pair）数据线路（1PPoDL）研究组希望开发新的单对以太网供电标准，以支持具有经济、节能型网络架构的新兴市场。IEEE 802.3 以太网工作组主席、惠普公司网络首席工程师戴维·劳（David Law）说，"我们正在通过这项拟议中的以太网供电（PoE）技术和正在开发的 IEEE P802.3bp RTPGE 标准的结合，极大地推动物联网。这将为低成本、高数据传输量的传感器通信技术提供最终的组合。"配有备用摄像头和自动停车系统的自动驾驶车辆将需要大量车载数据设备，这些设备需要进行通信连接。以太网被认为是这些应用的有力候选，并且像大多数标准一样，802.3 以太网标准制定也正在进行中。期望 PoDL 可以将以太网供电（PoE）的益处扩展到使用单对以太网链路的车辆和工业网络环境，例如正在开发的 IEEE P802.bp 缩减双绞线千兆以太网（RTPGE）标准。

IoT 和 ITU

国际电信联盟（ITU）于 2005 年正式承认 IoT，当时它发布了 ITU 2005 年互联网报告《物联网》。这份报告由 ITU 分析师撰写，涵盖新兴技术、市场形成、新挑战和对发展中国家的影响，并包含了 200 多个经济体的统计数据。ITU 电信标准化部门于 2011 年 2 月建立了物联网联合协调行动（JCA-IoT）。JCA-IoT 替代了包括 RFID 在内的识别系统网络联合协调行动（JCA-NID），继续开展其所做的工作。ITU 在 2011 年 5 月的一个新闻博客中指出，"将任何类型的物体连接到互联网上的概念，可能是迄今为止最大的标准化挑战，物联网的成功取决于全球标准的确立、协调和互操作性。"2012 年，物联网全球标准倡议（IoT-GSI）组织成立，成为全球物联网标准开发的保护伞。该组织开始与其他标准开发组织（SDO）合作，以协调不同的物联网架构方法。ITU 当时的立场是："IoT-GSI 是合理的，因为在提供基于事物的情境感知电信服务方面所采取的基本方法发生了深刻的变化，而且需要解决的相关问题的范围远远超出了特定研究小组在常规标准制定过程中所能涵盖的范围。"在提到 IoT-GSI 时，该博客还表示，"把其他标准制定协会已经完成的工作考虑进来是非常关键的"（几个区域、国家和国际组织，包括 ISO/IEC、JTC1、ETSI 和 TIA 等，正在研究与物联网相关的标准制定问题）。该报告称："事实上，到目前为止，这已经是一个强有力的工作重点，ITU 正在积极寻求这些实体的参与，以努力实现真正的全球解决方案。"

ITU 创建了 IoT 组织和论坛的顺序列表。它虽很长，但 ITU 也表示这个表并不完整。它包括 ITU-T 研究组（SG2、SG3、SG11、SG13、SG16、SG17、IoT-GSI、JCA-IoT）和 ITU-R 研究组（WP1A、WP1B 和 WP5A）等国际组织；ISO 和 IEC [ISO/IEC JTC1（SC6，SC31，在传感网络领域的 WG7）]，以及区域和国家组织，包括 ARIB、CCSA、CEN、ETSI、GISFI、TIA、TTA 和 TTC。此外，论坛和联盟包括 ECMA、GS1/EPC Global、NFC、OMA、W3C、YRP 泛在网络实验室和开放地理空间联盟（OGC），后者于 2012 年 9 月成为 ITU 电信标准化部门（ITU-T）成员。OGC 标准支持"地理使能"网络、无线和基于位置的服务以及主流 IT 的可互操作解决方案。

今天，ITU 的物联网全球标准倡议（IoT-GSI）促进了 ITU-T 中技术标准开发的统一方法。为此，ITU 成立了几个相关小组：物联网联合协调行动（JCA-IoT），机对机服务层（FG M2M），服务提供和电信管理的运行（第 2 研究组），经济和政策问题（第 3 研究组），宽带电缆和电视（第 9 研究组），信

第9章 物联网/M2M——正在进行的一项（标准）工作

令要求、协议和测试规范（第11研究组）、手机和NGN等未来网络（第13研究组）、多媒体编程、系统及应用（第16研究组），以及网络安全（第17研究组）。

ITU的电信标准化咨询小组确定M2M通信是广泛垂直市场（医疗保健、物流、运输、公用事业）应用和服务的关键推动因素，并于2012年1月成立了M2M服务层的焦点小组。该小组的使命是提供一个具有成本效益的平台，可以在多供应商和跨市场部门的硬件和软件中轻松部署。该小组最初关注用于支持电子健康应用和服务的应用编程接口（API）和协议领域，并且开发了这些领域的技术报告，但是它也关注其他标准组织在M2M服务层规范开发方面的工作。作为这一进程的一部分，它开始与相关的SDO、政府、行业论坛、联盟、学术界、研究机构和其他技术专家合作，以确定垂直市场中的一套共同要求，并创建一个用于编写开放的ITU标准所需的知识库。

ITU继续就物联网标准制定举行定期会议，其中大部分会议在日内瓦举行，但在曼谷举行的为期4天的ITU 2013年世界电信展论坛引发了更多关于信息通信技术（ICT）部门与政府之间的合作的讨论，以及应对日益互联的世界的潜在监管办法。总部位于华盛顿特区的执行咨询和投资集团e-Development International的董事长兼首席执行官礼萨·贾法里在论坛上对听众说，"我们不能局限于行业的变化。我们需要从更广阔的角度看待整个生态系统，包括其他服务提供商、内容提供商、垂直行业、政策制定者、监管机构、供应商、应用开发商和非政府组织，甚至是我们的竞争对手"。贾法里还担任ITU Telecomm董事会主席。

展望未来，ITU计划探讨IoT和M2M中各种标准举措的状况以及其他SDO的努力，重点关注大学研究和开源社区中与IoT相关的标准开发方面取得的进展情况。

IEC通过其信息技术领域联合技术委员会，设立了两个关于管理和物联网的特别工作组。ITU驻日内瓦的全球营销和传播主管Gabriela Ehrlich说，其目的是确定市场需求和标准化差距。然而，正如Ehrlich在出席2014年拉斯维加斯国际消费电子展（CES）专家会议后在IEC博客中所写的那样，"这个（消费）空间尚未全部实现标准化，但CES的专家们认为，即使制造商做了错误的估计，但由于解决方案和分析往往保持不变，他们仍可以在晚些时候切换。他们还提到，许多设备已经具备智能和互联的基础，而且连接成本只会变得越来越便宜。事实上，创新周期永远不会结束，只有花费了精力和长期投资将一切都联系在一起，才能实现总的效益。只有那些最能了解消费者需求的人才能

153

生存下来。标准开发商需要对市场做出反应,并需要找到长期稳定的解决方案。"

自 2000 年以来,ETSI 持续举办年度 M2M 研讨会,每次研讨会都在更大的场所举行,但在 2014 年 3 月成立新的 IoT/M2M 网络安全技术委员会后,其关注范围扩大了。ETSI 总干事豪尔赫·罗梅罗在宣布成立新委员会时表示:"安全的网络和服务对于强大的欧洲内部市场、保护公民及其数据,以及充分释放物联网的商业潜力来说至关重要。我们新成立的技术委员会旨在为一个安全的数字市场制定强大、可互操作、值得信赖和透明的标准。"新成立的 ETSI 技术委员会指出,"对于生活在完全互联生活中的人们来说,今天的互联网已经成为一个重要的基础设施。公司在互联网上处理大量的业务,很多公共或私人的通讯都已经数字化。该基础设施及其所承载的通信和业务的安全性是所有组织和公民都关心的问题。"ETSI 的智能卡平台委员会还制定了使用 SIM 卡保护移动通信和网络的标准。这个相对较新的委员会期望与 ETSI 内、外的利益相关方密切合作,收集、识别和规定标准制定方面的要求,以提高整个欧洲组织和公民的隐私和安全。新委员会成立于 2014 年,除参与其他标准化项目外,还将作为 ETSI 网络安全专家中心。

为移动设备、网络和服务开发技术的 InterDigital 公司在其产品中已经提到了"完全符合标准的 M2M 解决方案"。InterDigital 公司表示,其平台符合 ETSI TV M2M R1 和 R2 标准,并与主要设备供应商和运营商进行了几次互操作性测试。该公司还允许其合作伙伴限定性访问其云服务器,允许他们针对 InterDigital 公司的解决方案测试 ETSI TC M2M 解决方案。该公司的平台(云服务器、网关和设备上的软件)正在用于几个 EU FP7 项目(BETaaS、ICSE 和 BULTER)。该公司在一份声明中表示:"这与其说是我们的标准,不如说是我们的解决方案,它是我们作为标准开发工作(主要是 ETSI)的一部分而开发的。因此,它完全符合标准,尽管有了 oneM2M,但公平地说,标准正在演变。"

ETSI 还发布了用于家庭自动化和其他 M2M 应用的低功率无线电技术的规范(DECT 超低能量 TS 102 939-1),该技术规范基于 20 世纪 90 年代早期发起的数字欧洲无绳电信接口规范。DECT 仍然是用于无绳语音和宽带家庭通信的数字无绳电信领域的全球领先标准。据 ETSI 统计,超过 8.2 亿个 DECT/DECT 新一代设备已在世界各地售出。DECT 已被 110 多个国家采用。每年销售超过 1 亿台基于 DECT 的新设备。新的 DECT 装置将与现有的 DECT 系统完全兼容,并将使用现有的 DECT 频谱。基于 DECT 的标准(EN 300 175 系列)已经更新,包括了 DECT ULE 必要的新协议元素和程序,修订后的版本预计将于

2014 年发布，DECT 还于 2013 年在印度获得了免许可运营执照，进一步扩大了基于 DECT 的产品的市场。

加快物联网标准建设

需要明确的是，市场预测在未来 5 年内将在全球销售数千亿个"Things"，业界并不会等待传统 SDO 制定必要的技术标准来定义 IoT 设备的连接要求，并确保它们的互操作性。ABI 公司研究实践总监 Sam Rosen 表示："互操作性不仅是服务提供商面临的一个关键挑战，也是在 IoT 领域工作的任何公司面临的一个关键挑战。"

行业公司都知道这一点，并已经尽了最大努力来加速开发用于在网络通信设备的技术标准，特别是当他们在开发这些标准中扮演重要角色的时候。至于 IoT 和 M2M，就要形成专门的联盟。

2013 年 12 月，致力于推广 Linux 的非营利组织 Linux 基金会（Linux Foundation）宣布成立 Allseen Alliance，这是一个跨行业联盟，其目标是创建一个基于 Alljoyn 开源项目的通用框架，允许设备和应用程序发现和交互，而不考虑制造商、垂直行业或网络如何。联盟希望扩大 Alljoyn，以克服阻碍物联网普遍连接承诺的互操作性问题。最初由高通子公司高通创新中心（Qualcomm Innovation Center Inc.）开发的 Alljoyn 所创建的产品、应用和服务可以通过各种传输层进行通信，例如 WiFi、电力线或以太网，而无须依赖制造商或操作系统，也无须互联网接入。Alljoyn 将通过成员公司和开源社区的贡献进行扩展。创始成员包括高通公司（Qualcomm）、夏普公司（Sharp）、LG 电子公司（LG Electronics）、松下公司（Panasonic）、硅图像公司（Silicon Image）、海尔公司（Haier）和 TP-LINK 公司。

随后，谷歌、思科系统、德州仪器、东芝、飞思卡尔半导体、诺基亚、爱立信、博世、NXP 半导体、硅实验室、Atmel 和 ARM 等公司组成了 IPSO 联盟（智能对象 IP）。IPSO 的章程表明，目前基于专有协议的技术方法不太可能成功，尤其是在市场规模扩大、设备联网增长到数以万计的情况下。IPSO 称专有系统缺乏互操作性是限制创新的"阻碍因素"。这要求复杂的"方法"，其部署、管理和操作本质上是非常低效和复杂的。IPSO 联盟已经成立了一个智能对象委员会，与互联网工程任务组（IETF）、互联网管理机构以及开放移动联盟和其他标准开发机构合作，为 IoT 应用定义应用语义。

2014 年 3 月，AT&T、思科、GE、IBM 和英特尔等公司成立了另一个以物联网为重点的组织——工业互联网联盟（IIC），其目标是确定开放互操作性标准的需求，并定义架构以连接智能设备、机器、人员、流程和数据。全球管理咨询和技术服务公司埃森哲（Accenture）的首席技术官保罗·多尔蒂说，"为了实现工业互联网所具有的巨大竞争优势，来自多个供应商的技术需要无缝互操作"。埃森哲公司成立后不久就加入了 IIC。IIC 是一个开放组织，其创始成员将各自在一个选举产生的 IIC 指导委员会中拥有常任席位，另外还有 4 名选举产生的成员，指导委员会管理成员组织。

2014 年 7 月 IIC 成立之后，开放互连联盟（OIC）成立。以 Atmel 公司为首，Broadcom、Dell、英特尔、三星电子和 Wind River 等公司表示，他们的重点是提高互操作性和定义 IoT 设备的连接要求。OIC 成员公司将为协议规范、开源实现和认证程序的开发贡献其软件和工程资源，所有这些都是为了加速 IoT 的开发。该组织表示，其规范将包括一系列的连接解决方案，利用现有的和新兴的无线标准，与各种操作系统兼容。来自广泛行业垂直领域的领导者已被邀请参加 OIC 计划。OIC 表示，它最初的开源代码将针对智能家居和办公解决方案的特定要求。Wind River 公司总裁巴里·梅因兹表示："随着连通性需求的快速发展，以及对确保设备互操作性的需求日益增加，OIC 的形成勾勒出一个共同的通信框架，是朝着正确方向迈出的合乎逻辑的一步。"

OIC 成立一周后，制造智能恒温器的 Nest Labs（谷歌公司于 2014 年 1 月收购）、三星电子、飞思卡尔半导体（Freescale Semiconductor）、ARM Holdings、Silicon Labs 以及锁具制造商耶鲁公司宣布成立 Thread 集团，该集团表示计划推广自己基于成熟标准的网络协议，包括以 6LowWLAN（个人局域网）为基础的开放的标准 IPv6 技术。低功耗 802.15.4 ZigBee 设备也可以在具有软件增强功能的 Thread 上运行。

值得一提的是，拥有 2,000 多家成员公司的消费电子协会（CEA）成立了自己的工作组，以制定技术标准来改善家庭自动化设备之间的互操作性。新的 CEA 组织称为设备互操作性工作组（也称为 R7 WG17），将定义可扩展标记语言（XML）架构模板，制造商可以轻松完成该模板并将其发布到线上供开发者使用。CEA 表示，该架构将包括使应用程序能够监视和控制设备所必需的一切，包括可能未包含在其他地方定义的标准设备配置文件中的非标准功能。该标准启用传统设备的通信将不需要附加的设备固件。

不同的联盟是相互竞争还是合作？在 2014 年 7 月接受 FierceWireless 采访时，AT&T Mobility 公司的新兴设备部门高级副总裁克里斯·彭罗斯（Chris Penrose）表示，人们担心随着越来越多的家庭内外设备内置无线连接，竞争的标准会让设备之间的通话变得更加困难。他说，"最终的目标是确保消费者能够对他们连接的设备拥有无缝体验。最后，不同的集团将不得不走到一起，否则该行业将只能生产具有 WiFi、ZigBee、蓝牙、ZWave，甚至 LTE 灯等多种标准的设备。"

M2M 联盟紧随其后

直到 2014 年，各方在开发 IoT/M2M 标准上表达话语权愿望方面的"担心"似乎都是合理的。7 家全球领先的信息和通信技术标准化组织（ICT）正式成立物联网领域国际标准化组织"oneM2M"，以促进 M2M 的高效部署和标准制定。这些组织包括日本无线工业及商贸联合会（ARIB）、日本电信技术委员会（TTC）、美国电信行业解决方案联盟（ATIS）、美国电信工业协会（TIA）、中国通信标准协会（CCSA）、欧洲电信标准化协会（ETSI）以及韩国电信技术协会（TTA）。

OneM2M 的主要目标是制定技术规范，以确保 M2M 设备能够在全球范围内成功通信。该组织最初的重点是创建一个通用的 M2M 服务层，这一直是物联网标准发展中的关键。国际市场调研机构 IHS Technology 的 M2M 和物联网领域高级首席分析师萨姆·卢塞罗（Sam Lucero）表示："M2M 市场正在快速增长，服务层标准的发展将进一步推动增长。"服务层标准将有助于简化应用程序开发和操作，促进第三方应用之间的互联并降低总成本。卢塞罗表示，IHS 公司认为服务层标准是 M2M 市场向物联网演进的关键因素。

OneM2M 过程是在多个 M2M 应用程序中使用通用用例和架构原理开发全球一致的 M2M 端到端规范。自成立以来，该组织一直在世界各地定期举行会议，并于 2013 年 8 月与开放移动联盟（Open Mobile Alliance）合作，后者是无线行业开发移动服务使能者规范的焦点。到 2014 年 1 月，该组织表示已经完成了有关用例、需求和架构分析以及系统架构技术规范的文件，并预计这些文件将在 2014 年 2 月初"冻结"。一旦"冻结"，将不再增加新的技术功能，工作组将集中完成其文件中已经包含的功能。

美国电信工业协会（TIA）由美国国家标准协会（ANSI）认证，是 oneM2M 的创始成员，自 2009 年以来在 M2M 标准的发展中发挥着积极作用。TIA 的 TR-50 工程委员会已经产生了 10 个 M2M 相关文档，现在占据着 M2M 技术的垂直市场，委员会期望 M2M 技术最终成为可以全球应用的一系列文档的基础。到 2012 年和 2013 年，TIA 制定了至少 8 个与 M2M 相关的智能设备通信标准，主要是 TIA-4940 系列，涵盖了协议问题、温度、压力和运动传感器和控制器、开关和安全方面。2014 年 8 月，oneM2M 宣布其最初的候选版技术规范向公众征求意见，公众意见涵盖了 M2M 服务层的基础规范，使 M2M/物联网实现的可扩展全球部署能够与现有标准互操作。征求意见于 2014 年 11 月 1 日结束，更新后的第一版 oneM2M 规范计划于 2015 年 1 月由 7 家 oneM2M 合作伙伴批准。

至少还有另外 4 个贸易组织，他们的成员致力于推广 M2M——总部设在伦敦的国际 M2M 理事会（IMC），该理事会很快签约了 500 多家成员公司；位于德国的 M2M 联盟，致力于促进技术和应用，而不是标准的制定；全球 M2M 协会（Global M2M Association），它是德国电信公司（Deutsche Telekom）、Orange 公司和 TeliaSonera 公司的合作伙伴，其目标是使 M2M 解决方案更易于部署和管理。IMC 执行董事基思·克雷舍（Keith Kreshier）表示，"很明显，在全球层面上缺乏统一的领导。希望部署物联网商业模式的企业都迫切想知道与 IoT 商务模式相关的信息，即花费多少钱和风险点是什么？"为此，IMC 正在推出物联网内容库（IoT Content Library），其中包括 50 多个强调 M2M 部署的投资回报率（ROI）的案例研究。该集团已发布每周通讯，服务于能源、医疗和物流行业等 M2M 技术的关键市场。广泛开展招聘工作也是集团计划的一部分，符合条件的"采纳者成员"可以免费访问 IMB 库，但可以通过提供个人信息进行选择性加入。IMC 将利用这些信息进行定量研究、建立最佳实践和其他开发。

以 Weightless 名义组建的第 4 个国际组织希望提供免知识产权税的开放标准，以实现物联网。Weightless 已形成特殊利益集团（SIG）以加速采用"Weightless"作为 M2M 短程和中程通信的无线广域全球标准。ARM、Cable&Wireless Worldwide、CSR 和 Neul 等公司已签署 SIG 推广协议，Weightless 使命详细说明了他们将如何支持建立新标准并鼓励在全球采用该标准。Weightless 总部位于英国剑桥，专注于开发专门针对电视频道之间未使用和未授权频段（称为"空白频段"）的中短距离机器通信的标准。该公司的目标是创建一套通用的标准，满足 M2M 通信的关键要求，其通信范围可达 10km，电池寿命可达 10 年。

其他领先的英国科技公司和集团，包括数字经济技术与创新中心、英国未来城市创新推进中心、米尔顿凯恩斯理事会和开放大学，已经签署了一份谅解备忘录（MoU），根据 Weightless 通信标准在米尔顿凯恩斯为 M2M 和 IoT 通信建立城市范围的开放接入示范网络。预计该项目将展示城市范围的 M2M 基础设施处理大量静态和移动传感器的能力。其中一些将支持米尔顿凯恩斯委员会的用例，但该项目的主要任务是吸引其他创新者将基础设施用作商业应用的测试平台，而这些商业应用不一定是米尔顿凯恩斯特有的，该技术由 BT 公司和 Neul 公司提供和管理。

多模式无线传感器

与此同时,松下公司(Panasonic Corp.)表示已开发出业内首个用于传感器网络的多模无线通信技术。针对 M2M 应用,该技术基于单个大规模集成(LSI)芯片,可以同时检测不同国家或目标应用中的多个无线通信标准。目前,不同国家和地区使用不同的无线通信模式将设备连接到传感器网络。松下公司表示,其多模式技术所需的多个接收器电路集成到单个电路中,不用考虑工作频率和无线标准,使得设备能够容易且稳定地连接。与传统的单模式无线芯片的接收部分一样,多模式无线 LSI 具有更小的面积,可以同时支持最多三种不同的无线模式。松下公司表示,新的 LSI 设备有助于创建一个小型且节能的无线模块,提供约 20 年的电池电量——这是通过智能电源技术实现的,该技术根据电路的频率、温度和工艺变化动态地控制电路的电压,松下公司称已经开发了这项技术。以消耗电流最大的高频振荡器电路为例,与之前的设计相比电量损耗减少了 70%。

松下公司已经开发了通过使用短时离散傅里叶变换(DFT)同时检测多个模式频率分量的技术,DFT 可以通过硬件确定关于每个模式的数据速率,然后通过实现对数据速率的最优控制来解调。另外,所有模式都使用统一的软件模块,而不是在多个软件控制模块之间切换,每个模块对应一种传输速率。松下公司还开发了逐次逼近的寄存器模拟数字转换器(SAR-ADC),可产生与常规 $\Delta-\Sigma$ 模拟数字转换器相当的高信号噪声比,但具有更低的功耗。松下公司表示,该公司拥有相关技术的 26 项日本专利和 19 项外国专利,其中一些正在申请中。

OASIS 消息队列遥测传输(MQTT)技术委员会也一直与其成员合作,开发用于 IoT/M2M 市场的消息传输协议。MQTT 已经在各种行业和应用程序中得到广泛应用,如传感器通过卫星链路和代理、经拨号网络与医疗保健提供者建立连接,以及在一些家庭自动化场景。MQTT 是轻量级基于代理的发布/订阅的消息传输协议,用于将物理世界设备和事件与企业服务器和其他消费者连接。设计目的是克服将传感器、驱动器、手机和平板电脑等快速扩展的物理世界与已建立的软件处理技术连接的困难。OASIS 委员会联合主席拉斐尔·科恩(Raphael Cohn)表示:"OASIS 将解决 IoT 数据流挑战和社区已经确定的其他问题。" MQTT 规范将是由 IBM 公司和 Eurotech 集团开发的原始版协议的更新版本。

物联网参与者还希望获得国际信息技术标准委员会(INCITS)的其他帮助,INCITS 是一个根据 ANSI 的规则运作的信息技术开发者论坛,目前正在开发促进物联网互操作性和连通性的通用标准,重点是识别市场需求和缩小与物联网标准的差距。

大数字，大梦想

工业界期望在 IoT 和 M2M 应用领域销售大量产品。代表全球 800 家移动运营商的行业协会 GSMA 预计，到 2014 年底，全球 M2M 连接数将达到 2.5 亿。这一数据高于 2013 年底全球的 1.95 亿（占移动连接的 2.8%）。GSMA 于 2014 年初公布研究报告中显示，约 426 家移动运营商（约占全球移动运营商的 40%）在 187 个国家提供 M2M 服务。GSMA 认为，汽车工业是 M2M 市场增长最快的领域之一，为车内连接提供应用服务的需求旺盛，如实时交通管理。

麦肯锡公司估计，到 2025 年，IoT/M2M 的潜在价值仅在智能电网中就有 2,000~6,000 亿美元，其中大部分收入来自需求管理应用，这些应用可以减少昂贵的高峰用电，但通常需要电力公司以最高费率购买电力或投资额外的高峰容量。收入预期同样令人印象深刻，IDC 公司的分析师预计，到 2020 年，联网设备的市场规模将达到 8.9 万亿美元，几乎是 2012 年的两倍。

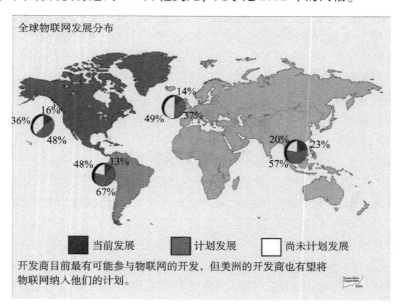

图 9.2 物联网全球布局图。埃文斯数据公司（Evans Data）对全球 1400 多家开发商的调查显示，物联网发展最强劲的地区是亚太地区，20% 的亚太地区开发商表示正在从事物联网项目，北美开发商略微落后于亚洲开发商，有 16% 从事物联网项目。

来源：Evans Data。

高德纳表示，在这样的增长速度下，零部件成本可能会降至这样的水平，即连通性成为大多数电子设备的标准功能，到 2020 年，处理器的售价将低于 1 美元。信息技术研究公司（Infonetics Research）负责 M2M 市场的研究主管 Godfrey Chua 称："毫无疑问，数字将是巨大的。目前还不清楚为什么会发生这种情况，企业为什么要购买 M2M 服务。" Chua 的研究表明，最重要的因素是对竞争优势的无止境追求。"随着技术的不断发展和价格下降，企业将越来越多地转向 M2M 来降低运营成本，实现品牌差异化，创造新的收入机会。"

埃文斯数据公司（Evans Data）对软件开发者的一项全球调查显示，17.1% 的人表示他们正在为物联网开发联网设备的应用程序，另有 23% 的人预计将在 2014 年底前开始开发。

数据的快速增长还改变了无线运营商采用不同商业模式和识别新应用的方式，以及 IoT/M2M 市场在世界不同地区发展和演进路径。

英国首相戴维·卡梅伦（David Cameron）宣布计划投资 1.21 亿美元用于开发物联网。卡梅伦已要求英国政府首席科学顾问马克·沃尔波特爵士（Sir Mark Walport）指导英国的 IoT 技术发展。卡梅伦还表示，萨里大学（University of Surrey）、伦敦国王学院大学（King's College University）和德国德累斯顿大学（University of Dresden）将合作开发第五代移动技术（欧洲数字议程委员会和韩国科学部、信息通信技术和未来规划部正式就协调无线电频谱的必要性达成一致，以确保全球互操作性和为 5G 全球标准的制定。双方表示，他们将致力于协调研究项目提案，并将于 2016 年启动）。

与此同时，金字塔研究公司（Pyramid Research）在其一项研究中表示，中国政府不仅在研究 M2M 技术的不同用途，还在支持本地产业，帮助国内供应商更好地找到在全球市场中定位。印度政府大力推动交通、教育和农业方面的基础建设，抢抓机遇充分利用快速崛起的 IoT/M2M 概念和发展成果。在巴西和俄罗斯，远程信息管理法规已成为 M2M 市场的重要驱动因素。

M2M：电信运营商的机遇

行业内伙伴关系的形成，也有助于加快新兴 M2M 应用进入市场，不仅能够降低操作复杂性，使公司更加关注自身核心竞争力，而且还可以开发特定的 M2M 应用程序，缩短上市时间。2013 年，市场研究公司（Research and Markets）的一项研究发现，在前两年，M2M 生态系统内形成了 43 个战略联盟，这些公司包括中国联通、德国电信、美国电信营运商 T-Mobile、美国无线通信公司威瑞森无线、美国电信营运商 Sprint、法国电信 Orange 和香港流动通信有限公司 CSL。但 Infonetics 公司的 Godfrey Chua 表示，这些因素，加上美国和欧洲经济的疲软，以及技术平台（2G、3G、4G）之间持续的过渡，都抑制了移动 M2M 模块的近期增长速度。"克服这些挑战将是我们近几年为加速增长奠定基础的关键。" Godfrey 说道。据 Infonetics 公司预计，到 2017 年，LTE 将占移动 M2M 模块收入的 12%。

随着 M2M 技术标准的发展，一些无线运营商已经认证了 M2M 网络。Ovum 是一家为技术设计商提供独立分析的第三方行业研究机构，该机构表示："对电信公司来说，实际上有两个机会——要么退后一步，为 M2M 服务提供连接，要么就直接参与提供端到端的解决方案。" Ovum 认为，第一个机会较小，但让电信公司解决起来更直接；第二个机会更大，但涉及新的技能和能力，并需要定义与系统集成商和软件开发的新型关系。Ovum 的首席分析师杰里米·格林（Jeremy Green）表示："如果一家运营商想扮演连接提供商的重要角色，并只专注于这一角色，它就必须与设备制造商和系统集成商建立健康、稳定的关系。"

为了促进发展，包括 AT&T、KPN、NTT Docomo、Rogers、SingTel、Telefonica、Telstra、American Movil、Etisalat、Tele2AB、Vimpelcom 和印度尼西亚 Telkomsel 在内的多家国际运营商已组建了各自的联盟，与 Jasper Wireless 合作使用私人控股的 Mountain View（总部位于加利福尼亚的公司）的 Jasper Alliance Manager 平台开发全球产品。M2M 开发者可以注册、接收和激活订户身份模块（SIM），然后在任何连接的机器上从这些 SIM 传输和收集数据。Jasper 说，运营商希望为不同市场和地区的连接设备制造商提供更好的价值主张，将就在 M2M 领域使用的标准和技术达成一致。

美国电信运营商 Verizon Wireless 允许任何符合该公司开放开发倡议（ODI）的设备连接到它的网络。ODI 旨在保护 Verizon 网络免受有害干扰，并保护网络安全。为了符合 Verizon Wireless 网络标准，M2M 设备还必须满足 LTE 或 CDMA 规范，而且 M2M 设备在得到 ODI 认证之前必须符合联邦通信委员会（FCC）的规范。另外两家无线运营商 Sprint 和 Orange Business Services（OBS）已经结成合作伙伴，帮助彼此在全球范围内竞争 M2M 业务。OBS 在全球 80 个国家有漫游关系，Sprint 有望帮助 OBS 进入美国 M2M 市场。

美国电话电报公司（AT&T）已经是 M2M 通信领域的全球领先者（截至 2013 年第三季度，AT&T 公司在其网络上拥有 1,590 万台连接设备，并已认证超过 1,800 种连接设备），它提供 AT&T M2X 开发工具包，包括两种 AT&T 服务供开发者管理连接设备和数据，其中：一种为 M2M 设备提供的基于云的管理数据存储服务，具有安全的数据传输和数据共享；另一种是 Jasper 无线供电的 AT&T 控制中心，它允许 M2M 开发者注册、接收和激活 SIM，然后在任何连接的设备上从这些 SIM 传输和收集数据。AT&T 公司于 2014 年 1 月推出 M2X 开发工具包，在德克萨斯州普莱诺有一个以 M2M 为中心的工厂，为商业客户提供新的 M2M 技术和平台。

AT&T 公司还与 IBM 公司合作，整合了他们的分析平台、云端和安全技术。最初，他们专注于城市政府和中型公用事业，希望将来自公共交通车辆、公用事业仪表和摄像机等资产的大量数据进行整合和分析，以评估改善城市规划和公用事业，更好地管理设备以降低成本。

T-Mobile 公司已经推出了自己的物联网解决方案，称为 eSIM，它解决了在美国和加拿大的 M2M 通信漫游费用，让用户在各自国家的时候都能享受本地数据费率。T-Mobile 公司表示，公司可以将 eSIM 集成到各种联网产品和产品类别中，包括车联网和导航、移动健康和可穿戴设备，以及其他应用。eSIM 为最终用户提供直接的开箱即用连接，可与多个国际运营商一起使用，并且可以预置到几乎任何连接设备中。

实际上，所有这些组织都必须在不断变化的状态下与标准做斗争。高通公司在 2011 年引入 Alljoyn 代码作为基于邻近度的设备间通信的开源应用程序开发环境时，在一定程度上解决了这个问题。高通公司把 Alljoyn 交给了创建 Allseen 联盟的 Linux 基金会。新联盟将使用 Alljoyn 为物联网应用开发一个新的可互操作标准。Alljoyn 通过网状网络方案使 adhoc 系统能够无缝发现、动态连接附近的产品并与之交互，而不考虑品牌、传输层或操作系统。高通公司希望这个新联盟能够为开发 Linux 基金会成员的标准铺平道路。该基金会的创始成员包括 LG 电子、松下、夏普、硅图像和 TP-LINK 等公司。联盟成员期望贡献软件和工程资源作为其在开放软件框架协作的一部分，以使硬件制造商、服务提供商和软件开发者能够创建可互操作的设备和服务。

毫不奇怪，在任何有关 IoT/M2M 的讨论中，大公司都得到了大部分媒体的关注。通用电气公司（General Electric，GE）推出"工业互联网（Industrial Internet）"计划时，引起了媒体的极大兴趣。该计划是一项重大研究的结果，该研究提出，通过将全球工业运营与互联网连接起来，全球工业产出可增加高达 150 亿美元的资金。在报告《工业互联网：改变思维和机器的边界》中，通用电气公司谈到了把数字智能带到现实世界。通用电气公司在报告中表示："我们估计，工业互联网的技术创新可以直接应用于经济活动中超过 32.3 万亿美元的行业中。随着全球经济的增长，工业互联网的潜在应用也将扩大。到 2025 年，它可能适用于 82 万亿美元的产出，或全球经济的大约一半。"此外，M2M 技术可以消除医疗保健行业因临床和运营效率低下而浪费的 4,290 亿美元中的 25%，即每年约 1,000 亿美元。但通用电气公司的研究称，为了让信息变得智能，需要建立新的联系，以便大数据"知道"它需要去哪里、什么时候去，以及如何达到。

通用电气公司已经在其运营的大部分市场安装了传感器，包括燃气轮机、家用电器及医院。它还通过将高带宽 4G LTE 技术添加到其通信选项中，从而提高在联网设备之间传输数据的能力。Strategy Analytics 公司高级分析师吉娜·卢（Gina Luk）表示："随着美国 2G 市场的衰落、向 LTE 的转移以及许多 M2M 网络市场的漫长生命周期，未来几年将加速向 3G 和 4G 网络转移。流媒体视频和数字标牌等更丰富的应用程序只会加强这一点，最终有 78% 的 M2M 连接是 3G 或更快的网络。"

根据系统开发人员和制造商已经实现的标准以及一些 SDO 所提倡的标准，还有其他方式可选择。蓝牙智能设备（Bluetooth Smart）或低能耗设备已经在一些场景中应用。ZigBee 预计将在互联家庭自动化系统中取得良好进展。其他公司正在考虑在家庭网络的低功耗无线个人区域网络（6LoWPAN）上使用 IPv6。WirelessHART 是一种开放式无线通信标准，专门设计网状网络体系结构，以用于 2.4GHz 频段的传感器网络过程测量和控制应用程序，目前在一些工业市场中的 M2M 应用程序中得到广泛应用。

芯片领域

显然，市场需要大量的芯片。而且有很多公司都在努力使它们可用。构成物联网的 IoT/M2M 无线传感器和网络的商业案例非常复杂，并且可以预期，连接到互联网的传感器将带来大数据爆炸。

英特尔公司（Intel Corp.）成立了一个名为物联网解决方案组织（Internet of Things Solutions Group）的新部门，负责调查物联网市场需求和技术趋势，并一直在通过英特尔公司智能系统框架（Intelligent Systems Framework）解决对物联网应用带来独特挑战的数据问题，该公司希望通过该框架解决一系列贯穿其设备组合的互操作性问题。该框架旨在帮助原始设备制造商（OEM）从其数据中获得更多价值。英特尔公司的智能系统集团（Intelligent Systems Group）认为，现有的基础设施最初将占 IoT 设备的 85% 左右，并将随着时间的推移进行更新，以实现彼此之间的通信并与云端通信。为了实现这一点，英特尔公司正在与 Wind River 公司和 McAfee 公司合作，利用现成的组件构建一个开放的标准平台，使传统硬件能够获取物联网数据。英特尔公司称这是一个"系统到系统的视图"，可以在设备之间共享分析数据。英特尔公司的新物联网团队已经在推广该公司的低功耗 Atom 芯片，这些芯片将用于服务器设备和自动售货机、便携式医疗设备、能源监视器和车辆娱乐系统。

高通公司在 2012 年 5 月表示，其供应商已经发布了 100 多个基于其芯片组的蜂窝和连接解决方案，用于新兴的物联网/M2M 生态系统。为了支持新兴物联网及其在物联网市场中的地位，高通公司已经创建了 M2MSearch.com 网站，这是一个可搜索的数据库，帮助开发者为他们的 M2M 设备选择合适的蜂窝和连接硬件。高通公司还开始与 Oracle 及其 Java ME 嵌入式平台合作，以加速具有嵌入式蜂窝连接的 M2M 应用的开发和部署。高通公司和德国电信公司（Deutsche Telekom）也宣布了一个物联网开发平台，该开发平台基于高通 QSC6270-Turbo 芯片组，采用高通 Gobi 调制解调器 3G 解决方案，德国电信公司计划将该平台提供给欧洲和全球的应用程序开发者。

飞思卡尔半导体公司认为，物联网服务交付缺乏安全、标准化和开放的基础设施模型是物联网广泛实施的最大障碍之一。为了解决这个问题，飞思卡尔公司正在与 Oracle 公司合作，创建一个新的、安全的服务平台，这将有助于标准化和巩固面向家庭自动化、工业和制造自动化市场的物联网服务的交付和管理。飞思卡尔公司表示，它将与 Oracle 公司和其他 Java 社区进程（JCP）成员合作，推动 Java 平台的标准技术规范。飞思卡尔公司在 JCP 方面的重点最初是面向资源受限处理平台的 Java，例如为物联网产品提供嵌入式智能的低成本小型微控制器。该公司计划建立抽象层技术，使 Oracle Java ME Embedded 能够在飞思卡尔公司的 MQX 嵌入式操作系统上无缝运行，并在飞思卡尔微控制器的广泛范围内无缝运行。

思科系统公司（Cisco Systems）在针对物联网市场的研究中，将物联网称为"万物互联"（IOE）。在物联网中，几乎所有的东西都将连接在一起，根据网络设备设计师和制造商预测，未来 10 年，物联网市场的规模将达到 14.4 万亿美元。思科公司预计，到 2020 年，将有 500 亿个物体被连接起来。思科公司表示，该公司研究了多个行业，包括智能建筑、智能农业、物理和 IT 安全、联网支付、联网游戏以及智能娱乐。为了实现这一目标，思科公司正在为 IOE 开发一个专用集成电路（ASIC）路由器，该路由器将包含 40 亿个晶体管和 150 万行软件代码，成本为 2.5 亿美元。

显然，成本将在物联网的许多形式和应用的增长速度中发挥重要作用。高德纳公司预计，到 2020 年，即使对于成本低于 1 美元的处理器，组件成本也将下降到连通性将成为标准功能时的程度。高德纳公司表示，这为提供远程控制、监视和传感提供了连接几乎任何东西的可能性，从非常简单到非常复杂。事实上，许多属于"连接的事物"类别的分类甚至还不存在。同时，高德纳公司还表示，由于在消费产品中添加物联网功能的成本较低，预计未使用连接的"幽灵"设备将会十分常见。这是两种产品的组合，一种是具有内置功能但需要软件来"激活"的产品，另一种是具有物联网功能但客户并不积极利用的产品。

车联网标准

在车联网方面，Waggener Edstrom 通讯公司的报告称，其调研对象中有70%的人从未听说过"车联网"这个词，车联网成为物联网领域中又一个被大肆炒作的概念。全球公关公司表示，汽车制造商和科技公司需要改进行业叙述方式，以便与广大消费者建立联系。这种明显的沟通失败并没有阻止汽车制造商和科技公司积极推进嵌入汽车的新的技术功能。

谷歌公司已经与4家汽车制造商——奥迪、通用汽车、本田和现代，以及芯片制造商英伟达公司建立了合作伙伴关系——开放式汽车联盟（OAA）。该联盟希望将 Android 移动操作系统引入车联网行业（实际上，谷歌公司对物联网的兴趣远远不止于汽车；它收购了 Nest Labs 公司，该公司成立于2011年，主要生产恒温器和烟雾报警器等联网设备。高通公司正在与谷歌公司合作，但在加入 OAA 方面进展缓慢）。

欧洲已经在为车联网提供系列标准方面迈出了一大步，CEN 和 ETSI 已经采用并发布了一套合作智能运输系统（C-ITS）的基本标准。CEN 和 ETSI 发布该规范之前，欧盟委员会（EC）于2009年向这两个标准组织提出了正式要求（授权453），要求它们准备一套连贯的标准、规范和指南，以支持在欧洲各地实施和部署合作 ITS 系统。最初的一套规范称为第一版，它将使不同制造商生产的车辆能够相互通信，并与道路基础设施系统通信。然而，没有针对无线电频率和消息格式的通用技术规范，下一代"联网汽车"将无法工作。这些规范是由 CEN 和 ETSI 的技术委员会开发的，这些委员会由汽车行业关键参与者的专家组成，涵盖了汽车制造商及其供应商，以及基础设施系统供应商和运营商。根据 CEN 和 ETSI 的要求，当车辆制造商采用这些规范时，第一版规范应提供警告信息，例如关于错误驾驶或交叉口可能发生碰撞的警告信息，以及道路作业、交通堵塞和其他对道路安全的潜在风险的预警信息，从而有助于预防道路事故。

CEN 和 ETSI 正在开发下一版标准（Release 2）。欧盟资助的研究项目，如 eCoMove、Drive C2X 和 COMeSafety，为标准委员会或 ETSI 组织的插件测试互操作性测试工作做出了贡献。道路基础设施运营商和汽车行业正在通过阿姆斯特丹集团、欧洲智能交通协会（ERTICO-ITS Europe）和车辆间通讯联盟（CAR 2 CAR Communication Consortium）等机构协调要求，直接与标准委员会联系。第一版规范计划在真实道路条件下进行测试，并将在必要时进行更新。这些委员会正在与 ISO、IEEE 和国际自动机工程师学会（SAE International）合作，以确保智能交通系统 ITS 在不同地区的全球统一部署。车联网汽车预计将于 2015 年出现在欧洲的道路上。奥地利、德国和荷兰当局已同意在鹿特丹和维也纳之间经过法兰克福的路线上实施 ITS 基础设施方面的合作。

2014 年 6 月，国际自动机工程师学会（SAE International）与消费电子协会签署了一份为期两年的备忘录，在车辆电子和消费电子产品标准化方面建立合作伙伴关系，以改善驾驶体验。这两个组织表示，他们将在消费电子产品和地面车辆的重合领域分享关于现有和未来标准发展的信息。国际自动机工程师学会国际地面车辆标准经理 Jack Pokrzwa 表示，"这是国际自动机工程师学会与全球领先标准组织不断接触的重要一步"。

监管问题

政府监管机构对这些活动非常重视。ITU 在联合国总部定期举行会议，讨论与物联网有关的问题。在美国，美国联邦贸易委员会（FTC）采取了更加集中的方法，在 2012 年的一份《隐私报告》中声明了其对物联网的兴趣，该报告涵盖了几类"敏感数据"，包括社会保障号码、地理位置数据、财务记录、健康信息和儿童信息。联邦贸易委员会对敏感数据处理的兴趣不断扩大，最早是在为律师事务所提供的网络服务 Lexology 上提到的。当时，律师事务所 Hogan Lovells 指出，联邦贸易委员会对物联网的引入和快速扩张感到担忧。根据 Lexology 文章内容，"联邦贸易委员会是否打算采纳所有视频源都是敏感信息的观点尚不清楚，但似乎联邦贸易委员会正在从定义'敏感信息'转向定义某些类别的数据。在安全和隐私项目的设计和实施过程中，这可能会给试图对数据进行分类的组织带来不确定性。"

2013 年 10 月，联邦贸易委员会宣布正在评估其在监管物联网方面的作用、联网设备如何共享消费者数据，以及其作为隐私问题"有害"的可能性。FTC 局长 Maureen K. 在 2014 年拉斯维加斯国际消费电子展上强调了对这些问题的关注。Ohlhausen 重申了委员会在物联网发展中建立一些监管参数的必要性。作为 CES 物联网专题讨论的开场演讲者，她说，"物联网对监管机构提出了挑战，它连接了更多的人，而不仅仅是事物。委员会将研究包括隐私和消费者教育在内的几个问题"。国际消费类电子产品展览会 CES 物联网小组的另一名成员罗伯特·麦克道尔是哈德逊研究所（Hudson Institute）互联网经济中心的访问学者，他说："我们应该小心，我们不知道它要去哪里，这是一个快速变化的环境。"另一位小组成员，思科系统公司全球技术政策副总裁罗伯特·佩珀（Robert Pepper）表示，"过早的监管可能会对物联网产生严重影响。我们需要解决互操作性、频谱和隐私问题，应该在设计阶段就做好安全措施。隐私是由设计决定的，而非监管"。

入侵我的冰箱？

解决安全和隐私问题的新标准、改进的标准被认为是物联网市场成功的关键。对ISACA（一个由11万名IT专业人士组成的全球协会）的美国成员进行的一项调查显示，随着IoT/M2M市场的增长和新标准发布速度的加快，物联网可能会给其成员带来问题，特别是在合规要求以及IT以外的技术和数据所有权等领域。

这是否意味着物联网设备是可入侵的？据每年在拉斯维加斯举行的黑客和计算机安全专家年会"黑帽"（Black Hat）的许多与会者表示，家里几乎所有的联网设备（电视、恒温器、门锁、警报系统、车库门开启器，甚至冰箱）都是可以破解的。事实上，惠普公司赞助的一项研究发现，近3/4的"智能"设备存在安全漏洞。惠普公司对10个最流行的物联网设备进行了研究，发现250个潜在的危险安全漏洞。报告中没有提到这些设备的名字，但惠普公司表示，所有这些设备都包含用于控制物联网设备的远程智能手机应用程序。

2014年，信息安全论坛（ISF）将物联网列为全球企业面临的最大安全威胁。ISF表示，联网设备的应用和增长为数据收集、预测分析和IT自动化提供了大量新机会，同时也产生了广泛且具有潜在破坏性的物联网安全威胁。ISF认为，"随着人们对为物联网制定安全标准的关注不断增加，企业应自行通过通信和互操作性来建立安全机制。"

专门从事嵌入式和移动软件的风河公司（Wind River）也发布了自己的报告《物联网安全——互联未来的前车之鉴》（Security in the Internet of Things——Connect Future）。报告指出，"许多发展都是孤立进行的，物联网架构的核心组件通常以特别的方式实现，即在开发和部署中使用多个相互竞争的标准。"

基本的传感和驱动技术没有标准是个大问题，这引起了物联网利益相关者对信息收集和隐私的关注，并推动了全行业的标准化工作。正如麦肯锡在其报告中指出，"传感器可以放置在几乎任何地方，无疑会引起人们对数据使用方式的担忧。未来某时，政策制定者可能会有一长串问题需要解决，在实现互联网应用带来好处的同时保护公民权利和隐私。"

Gartner 公司预计物联网对数据中心的变革将会出现问题。部署物理网将生成需要实时处理和分析的大量数据。正如 Gartner 公司预计，数据传送到单个位置进行处理在技术上和经济上都不可行。Gartner 公司的副总裁和首席分析师 Joe Skorupa 说："最近的趋势是集中应用程序以降低成本、增加安全性，这与物联网是不兼容的。组织将被迫在可进行初始处理的多个分布式小型数据中心中聚合数据进行初步处理，相关数据将被转发到一个中心站点进行进一步处理。" Skorupa 表示，这种新架构将给运营人员带来重大挑战，因为他们需要在监控单个位置的同时管理整个环境。

政治，但不同以往

奥巴马政府宣布美国将不再管理互联网名称和数字地址分配公司（ICANN），目前还不清楚这将如何影响互联网的未来以及物联网的未来发展。产业、标准制定组织和公众将如何应对？令人非常担忧是，在奥巴马宣布这一消息后，其他几个国家几乎立即开始讨论如何寻求根据"互联网管理的不同模式和方法"来实现互联网管理的本地化。法国、中国和其他国家已经准备好做自己的事情——随着从网址迅速减少的 IPv4 地址转向几乎无穷无尽的 IPv6 地址，情况变得更加复杂。IEEE 主席 J. Roberto de Marca 表示："IEEE 预计当前互联网的紧张局势可能会进一步加剧。"但他同时也强调，"IEEE 坚定地致力于动员和支持其全球和当地的技术专业人士和利益相关方，致力于建立改进技术提供解决方案，解决隐私和安全问题，以重建对互联网技术基础的信任和信心。"（本书导言中有更多关于这一发展的内容。）

结束语
标准必要专利使商业（和政治）成为主角

当今在制定技术标准中最关键和最有争议的问题之一是知识产权的共享。在标准制定组织中，人们对标准必要专利（SEP）这个名字更为熟知，简单地说，SEP 包含了实现最终发布标准所必需的底层技术。

2013 年 7 月，在美国参议院司法委员会关于知识产权及其对标准必要专利影响的听证会结束时，美国参议员 Patrick J. Leahy 表示，"人们对这个话题的兴趣之大令人惊讶"。实际上，对于 SDO、行业协会、科技公司和其他经常处理这类问题的组织来说，这并不"那么"惊讶。尽管近年来 SDO 努力修订、更新其专利政策指南，但 SEP 仍然是最麻烦的问题之一。这次美国参议院听证会源于美国国际贸易委员会（ITC）的一项禁止令，依据《关税法》第 337 条，ITC 有权调查侵害知识产权的案例，包括对进口货物、商标等的审查。"337 条款"最主要的纠正措施就是发布禁止令，即禁止违反"337 条款"的产品进口到美国。

虽然这很复杂，但在国际贸易和政治背景下至关重要。许多高科技标准涉及由大量专利支撑的技术。IEEE-SA 制定的名为 IEEE 802.11 的 WiFi 标准，合并了来自数十个专利持有者的数千个标准必要专利。一个常规的笔记本电脑通常会包含 250 多种不同的标准。某些智能手机拥有多达 25 万项专利。这些专利对于世界各地与该产品生产和销售相关的成百上千家潜在制造商和供应商的设计和最终开发活动来说是"必不可少的"。问题在于，在许多情况下，尽管 SDO 努力在其政策中保护自己，但在这些必要专利背后的技术被纳入标准之后，持有必要专利的公司和其他持有者往往都会提高专利的许可费。

SDO 专利政策

每个 SDO 都有一套自己的规则和政策来确保标准制定过程的公平。大多数大型国际标准制定组织鼓励而且要求参与者在标准制定阶段尽早披露其持有的标准必要专利,并根据公平、合理和非歧视(FRAND)原则对标准实施者进行专利许可。例如,IEEE-SA 的专利政策允许标准中包含专利技术,IEEE-SA 标准起草中允许使用必要专利。事实上,在 2013—2014 年,IEEE 标准委员会志愿理事约翰·库利克博士(供职于西门子)告诉参议院委员会,在 IEEE 标准工作组每一次会议上都会发出"专利征寻"。但库利克也承认,积极参与标准制定的公司、财团和其他利益集团往往无法就授予那些对批准标准"必要的"专利许可的"合理"达成一致。

全美数百个非营利标准制定组织已经制定了数以万计的标准,每个 SDO 都根据自己的一套规则和政策运作,但它们在满足标准必要专利持有者方面都面临着相同的困难。

根据欧洲电信标准协会(ETSI)的知识产权政策,"各 ETSI 成员应尽其努力,特别是在制定其参与的标准或技术规范期间,及时向 ETSI 通报必要的知识产权。特别是,提交标准或技术规范提案的成员应在善意的基础上,提请 ETSI 注意该成员的任何知识产权,如果该提案被采纳,这些知识产权将被认为是必要的。"

2006 年 ISO 在 IEC 及 ITU 的支持下批准了自己的专利政策,并要求增加通用实施指南、通用专利声明和许可声明表作为主文件的补充。2007 年 2 月,该声明和许可声明表通过了该组织的技术管理委员会以及 IEC 和 ITU 同等机构的批准。与此协议有关的文件包括《ITU-T/ITU-R/ISO/IEC 共同专利政策执行指南》。

专利劫持

知识产权在技术标准的发展过程中有着悠久的历史。全球经济、金融和商业管理咨询公司 Charles River Associates 的副总裁安妮·莱恩法拉(Anne Layne-Farrar)在 2013 年 IEEE 信息技术标准化和创新大会(SIIT)上表示,"到目前为止,我的分析是,许多标准制定组织(SSO)确实注意到了行业合作制定互操作性标准所固有的反垄断风险。"她还表示,"SSO 讨论的一个共同话题,是如何处理专利披露和 FRAND 许可问题,尤其是专利劫持,该术语是指标准必要专利的持有者已经对其知识产权许可做出 FRAND 承诺,但在专利纳入标准之前,违反承诺,要求获得比应得高很多的许可费,因此,推迟或"劫持"了市场的实施。

美国国家标准协会(ANSI)是 1983 年最早制定合理和非歧视(RAND)

政策的标准制定组织之一。ANSI 的政策规定，在成员必须向协会保证以下条款，才能发布标准：（1）未持有批准标准所必需的任何专利；（2）不主张任何此类专利；或（3）依据 RAND 原则免费提供专利。1995 年，ISO 出台了类似的政策，规定除非获得相关理事会的授权，否则在获得所有已确认的专利权之前，不得发布国际标准。

安妮·莱恩法拉说，IEEE 和电信工业协会（TIA）一度不愿意将专利技术纳入官方标准。但随着时间的推移，这些机构认识到 SDO 工作组成员不可避免地会持有专利，因此其知识产权政策也逐渐发生了变化。4 个 SDO 组织 CEN/CENELEC、IEEE、OASIS 和 TIA 在其政策中增加了更具体的涵盖专利申请工作的内容，而不仅仅是已授权的专利。一些 SDO 还在其知识产权政策指南中明确了知识产权披露的时间节点。IEEE 现在也明确表示，一旦被 IEEE-SA 接受，专利持有人的承诺是不可撤销的。据安妮·莱恩法拉称，SDO IPR 政策最重要的变化之一是 VITA（前身为 VMEbus 国际贸易协会，该组织颁布了 VME 总线标准）要求其成员披露他们期望获取的专利使用费中寻求的最高费率基准。

库里克（Kulick）在参议院听证会上表示，从 IEEE 的角度来看，只关注 SDO 的政策是不够的。"事实上，范式的转变也是必要的"，库里克呼吁在标准制定过程的早期阶段，通过专利局和 SDO 之间的密切合作，改进专利行为的自我监管。库里克举了一个例子，2010 年 IEEE 与欧洲专利局（EPO）签署的战略备忘录（MoU）是 SDO 和专利监管机构之间的首次合作。作为协议的一部分，IEEE-SA 继续向欧洲专利局提供其标准制定文件和相关数据，并允许欧洲专利局在其专利处理的所有阶段中使用它们，以改进在决定电子专利申请的新颖性时对相关现有技术的识别。欧洲专利局与 ETSI、ITU 和 IEC 之间也有类似的协议。IEEE 一直在探索与世界各地其他专利局和监管机构的合作。

最近，一些主要的 SDO 已经认识到，它们的知识产权政策都没有真正定义"合理和非歧视"。什么是"合理的"已经成为 SDO 在修改其专利政策时的关键议题。在 FRAND 谈判中什么是"合理的"？2013/2014 年度 IEEE-SA 主席、Synopsys 公司社区营销高级总监卡伦·巴特森说："解决好这个问题能够消除许多对一方来说'合理'但对另一方来说'不合理'的法庭案件，这种案件的数量太大了。"

IEEE-SA 专利新政

事实上，2014 年 12 月 6 日，IEEE-SA 理事会批准实施一项 IEEE 专利政策的修订更新工作。该项工作由 IEEE-SA 标准委员会下的专利委员会指导开展，并由标准委员会和理事会共同支持，历时 2 年多。该委员会称，这项更新工作的目的是为专利持有者和标准实施者提供更清晰和可预测的信息。在专利政策的更新过程中，他们与来源广泛的利益相关方进行了深度沟通（这些利益相关方将有可能选择在 IEEE-SA 框架内制定标准）。该政策最终于 2015 年 2 月获得了 IEEE 董事会的批准。

在这次更新中，修订了与专利持有者承诺相关的政策规定，这些承诺对 IEEE-SA 标准基于 RAND 原则许可这些权利要求至关重要。IEEE-SA 更新还涉及禁令救济的可用性、合理许可率的含义、允许的互惠许可请求以及承诺适用的生产水平。新的 IEEE 专利政策规定已经提供许可保证的专利持有者向所有许可申请人提供许可。根据新政策，他们同意在政策中提到的法律条款得到满足之前，不寻求或威胁寻求针对潜在被许可人的禁令。

应 IEEE 的要求，美国司法部（DoJ）于 2 月 2 日向 IEEE 发布了一份关于其标准更新的业务审查函，称其不会质疑 IEEE 关于更新 IEEE-SA 专利政策的提议。美国司法部表示，目前无意根据 IEEE 政策更新采取反垄断行动，"美国政府不会将专利政策的选择强加给私人标准制定组织"（美国司法部 2006 年向 VITA、2007 年向 IEEE 就其专利政策的变更发布了类似的指南，允许专利持有人对其专利许可条款和条件的具体内容做出公开承诺）。

在承认标准制定和专利政策是复杂问题的同时，包括专利法专家和技术公司在内的一些实体机构也对新的 IEEE 政策表示了关注。高通公司公关部门在一份声明中表示："评估 IEEE 作为标准制定机构的政策选择是否正确，不在（司法部的）职责范围之内。"高通公司还声称，欧盟委员会对这些政策变化表示了担忧，并暗示它们可能与既定的欧洲法律相冲突。

高通公司授权专利和其他知识产权的年收入从 2010 年的近 40 亿美元攀升至 2014 年的近 80 亿美元。据《华尔街日报》报道，高通公司向使用其芯片的智能手机制造商收取专利许可费，该费用是按照手机批发价的一定比例收取的，通常为数百美元。《华尔街日报》表示，新的 IEEE 政策建议，相关芯片应采用合理的比例，这可能只需要花费几十美元。苹果公司在针对爱立信公司（Ericsson）的诉讼中也提出了类似的论点，涉及苹果如何支付爱立信公司的无线专利的使用费问题。苹果公司认为，为在 iPhone 和 iPad 上使用爱立信公司的技术所支付费用的数量需要调整。英特尔一直支持 IEEE 在专利政策方面的做法，并指出明确界定专利规则和让 SSO 的专利政策与最近的法院判决相一致的重要性。

对所有参与者来说，经济和政治游戏都至关重要且具有时效性。预计

IEEE 将参与下一代 5G 无线标准的开发。尽管高通等公司在 3G 和 4G 技术领域拥有强大的专利地位，但一些分析人士对高通的技术能否适应为 5G 制定标准表示怀疑。

修订的 IEEE-SA 董事会章程于 2015 年第一季度生效。有关新专利政策细则的新闻稿可在 http://www.ieee.org/about/news/2015/8_febriaru_2015.html 查阅，并附细则链接。更多信息可通过美国司法部向 IEEE 律师发送的函件获得 http://justice.gov/atr/public/busreview/3n470.htm。

专利是个大生意

通常，对于大公司而言，买卖专利是一项大生意。野村证券（Nomura）的分析师表示，微软公司预计每年从专利许可费中获得的收入约为 20 亿美元，阿尔卡特朗讯公司（Alcatel-Lucent）预计每年将从专利授权项目中获得 1.35 亿美元的收入。高通公司表示，尽管大部分销售额来自处理器和其他芯片，但其大部分利润来自对码分多址（CDMA）技术的授权。高通公司基本上已将其整个专利组合授权给全球 240 多家授权商，包括几乎所有 3G 和 4G（LTE）无线设备技术的主要制造商。高通公司已经从惠普公司（Hewlett-Packard Co.）、惠普发展公司 LP 和 Palm 公司获得了专利组合，其中包括来自美国的约 1,400 项已授予专利、申请专利以及来自其他国家的大约 1,000 项已授予专利和申请专利，覆盖基本的移动操作系统技术。黑莓公司（BlackBerry Limited）成立了一个新的业务部门，专门管理其技术资产，包括其广泛的全球专利组合，涵盖多个行业领域的 4.4 万项专利。

为获得专利组合而收购公司的现象并不少见。2011 年，谷歌公司斥资 125 亿美元收购了摩托罗拉移动事业部（Motorola Mobility Division），承认这笔交易中的 55 亿美元是基于摩托罗拉目前拥有的 1.7 万项无线专利的价值。2014 年 1 月，谷歌公司以 29.1 亿美元的价格将摩托罗拉的子公司出售给了中国的联想，但谷歌公司表示，它将保留摩托罗拉"绝大多数"专利。2014 年 3 月，联想宣布将从总部位于美国的 Unwired Planet 公司（前身为 Openwave Systems）购买与 3G 和 4G 技术相关的无线专利。包括苹果公司、微软公司和黑莓公司在内的 6 家公司在一场破产拍卖中以 45 亿美元收购了北电网络公司（Nortel Networks Corp.）逾 6,000 项专利。据报道，苹果公司为其 iPhone 相关技术提交了 200 多项专利申请，并以 26 亿美元收购了北电网络公司的股份。

苹果公司于 2015 年 1 月起诉爱立信公司，指控爱立信公司的 LTE 无线技术专利对行业蜂窝标准并不重要，但被征收了过高的使用费。苹果公司在诉讼中表示，爱立信公司要求的 LTE 技术使用费是按智能手机或平板电脑整体价格的一个百分比计算的，而这一比例应该基于包含该技术的处理器芯片的价值。苹果公司在诉讼中表示，如果爱立信公司的专利确实是必要的，而且苹果公司涉嫌专利侵权，希望法院为其分配合理的专利使用费。苹果公司和爱立信公司已经签订了一份授权协议，涵盖了若干项爱立信公司的标准必要专利。

美国研究了全球知识产权挑战

2011 年，当美国专利和商标局（USPTO）要求美国国家科学、技术和经济政策委员会（STEP）在国际范围内研究专利在标准制定过程中的作用时，标准在全球创新和经济中发挥的关键作用已经变得更加明显。USPTO 发出该项研究请求的主要动机是标准化和知识产权使用在全球贸易和投资中日益重要。USPTO 也越来越关注一些高技术领域在将专利技术有效地传播到关键标准方面正面临越来越大的困难，因为涉及 SEP 的专利诉讼在许多国家激增、越来越多的当事人申请禁止令将涉嫌专利侵权者排除在各个国家市场之外。

这是美国国家科学院对专利制度的第七次研究。受国会的委托，第一份研究报告《标准、合格、评估和贸易》于 1995 年发表。国家科学院国家研究委员会在 2001 年、2003 年、2004 年、2006 年和 2010 年公布了更多与知识产权有关的研究。最新的研究成果《全球经济中标准设置的专利挑战：信息和通信技术的教训》于 2013 年发表。

STEP 被要求对标准制定组织（SSO）的专利或知识产权政策进行采样调查，评估其在实践中的有效性，并提出改进建议。USPTO 还要求 STEP 研究那些具有巨大技术市场并希望将其经济转向高附加值生产的国家的相关政策和做法。此外，USPTO 要求 STEP 研究确定 USPTO-SSO 合作是否可以改善专利审查和标准制定过程。

STEP 在长达 162 页的报告中指出，主要的新兴经济体，特别是中国，以及巴西、印度和墨西哥，现在更加重视自己的标准化机构和相关政策。研究的另一个重要方面是认识到，在一些高科技领域专利技术难于有效地传播到关键标准，高风险专利诉讼引发的将侵权人排除在各国市场之外的禁止令激增。报告称，从经济角度来看，"在技术竞争加剧的环境下，所有这些因素都在改变和深化有效管理 SEP 开发和使用的重要性"。

2013 年 STEP 研究审查了 12 家在信息通信技术（ICT）领域运营的 SSO，涉及消费电子、微电子产品及其相关软件和组件，以及包括互联网在内的通信网络等领域。由于这些组织有不同的利益相关方和不同利益的构成部分，报告说，很少有组织阐明其知识产权政策的目标，也很少有明确的 FRAND 许可承诺。另外，报告发现他们的政策往往缺乏对 SEP 侵权诉讼和 SEP 所有权变更诉讼的指导。根据这项研究，标准制定组织的政策通常不涉及具有 FRAND 承诺的 SEP 持有者是否能够寻求禁令救济（通常是向法院申请禁止令），或禁止将涉嫌侵权的产品进口到美国的命令，或者 FRAND 许可承诺是否随着专利所有权的变化而转移。

关于受 FRAND 约束的 SEP 的禁令救济问题，研究建议，FRAND 承诺应限制许可人寻求禁令救济的能力，包括美国国际贸易委员会的禁止令。报告说，为了帮助避免或解决争端、防止反竞争行为，同时确保对专利受到侵犯的 SEP 持有者给予合理的补偿，SSO 应澄清其有关对受 FRAND 限制的 SEP 实施禁止令的适用性，以反映某些原则。其中包括：（1）禁令救济与根据 FRAND 条款许可 SEP 的承诺相冲突，在这些情况下，禁令救济应该很少存在；（2）当潜在被许可人拒绝参与或遵守对 FRAND 许可条款和条件的独立裁决结果时，禁令救济可适当存在；（3）当 SEP 持有人没有其他途径获得赔偿时，禁令救济可适当存在。研究中的其他建议要求 SSO 澄清关于拟议的 FRAND 条款和条件的争议应由法院、机构、仲裁或其他能够评估 SEP 的经济价值并给予金钱补偿的机构裁决。

该研究围绕对 FRAND 的解释问题提出了若干建议，呼吁 SSO 在对 FRAND 许可承诺的理解和期望方面应更加明确和细化其知识产权政策，包括指导在需要许多专利时可能占产品价值过大份额的许可费叠加问题。委员会注意到，对于 SSO 和参与者而言，披露的许多方面都要进行权衡，并建议那些没有要求所有参与者做出 FRAND 许可承诺的 SSO 应在其知识产权政策中包含披露内容。STEP 研究还讨论了专利所有权（包括 SEP）的变化，同意美国和欧洲竞争管理机构的意见，即一旦 SEP 持有者授权了 FRAND 许可，该许可在转让时应与专利一起生效。

由于经济快速增长，而且政府正在为提高国家创新能力和推进向知识密集型产业转型做出实质性努力，由 USPTO 赞助的研究委员会还委托撰写了关于中国、印度和巴西标准政策如何演变的论文。报告引用了三个国家的"跨国贸易规范"，认为它们的标准政策反映了更广泛的工业目标。报告指出，"这在中国尤其明显，中国国家标准化管理委员会正在制定国家政策，支持 FRAND 许可条款，但在定义和程序上存在改进空间。到目前为止，印度在标准制定方面对知识产权管理的战略导向较少，但在制定'满足国家要求'的标准、重视知识产权以及更积极地参与国际标准制定方面，印度产生了新的愿景。巴西也是如此，标准化工作缺乏战略导向，其标准化机构才刚刚开始着手处理知识产权问题和参与国际标准的制定。"

2013 年，欧洲联盟（EU）批准了一项新条例，强调在公认规则下制定标准的好处。欧盟委员会（EC）还完成了欧盟范围内首次关于知识产权在国内生产总值（GDP）、就业和贸易方面对欧洲经济影响的研究。该研究由欧盟内部市场协调办公室联合开展，并通过欧盟侵犯知识产权问题观察站（european Observatory on Infringement of IPR）和欧洲专利局（EPO）进行。研究发现，欧盟约 40% 的经济活动是由知识产权密集型行业产生的，欧盟 28 个国家（7,700 万个就业岗位）约 35% 的就业岗位来自知识产权使用率高于平均水平的行业。另一项发现是，知识产权密集型产业约占欧盟与世界其他地区贸易的 90%（当然，并非所有这些活动都来自技术部门；研究中提到的其他行业组织包括保险、房地产、汽车制造和制药）。

奇怪的是，布鲁金斯学会（Brookings Institution）的一项研究显示，尽管很多大学通过拨款、捐赠、内部研究和其他项目对技术做出了贡献，但实际上很少有大学能从这些贡献中获利。大多数研究型大学都设有技术转让办公室，与希望使用其专利的公司进行交易，但布鲁金斯学会表示，这些学校中几乎没有一所能够提供足够的经费维持这些办公室正常运转。尽管如此，签署许可协议的大学数量每年都在增长。许多学者在专利的基础上创立了自己的公司，或者签订了授权协议，让他们在公司中拥有一定的所有权。

研发因素

企业在多大程度上依赖有效的专利执法来支持其研发投资？国际电信联盟（ITU）的高级法律官员 Antoine Dore 在其博客中表示，对基于公司研发投资的禁令救济的忌惮，可能会提高 SEP 持有者在谈判中的筹码，如果专利没有被纳入标准，则可能会导致更高的许可费。Dore 在博客中写道，"这似乎是当前关于专利劫持价值的争论焦点。如果就如何迅速有效地解决这一问题达成一致，可能会解决该行业目前的大部分摩擦。"

美国联邦贸易委员会（FTC）政策规划办公室副主任、知识产权首席法律顾问 Suzanne Munck 对参议院司法委员会表示，"如果专利持有者的技术被用作标准，他们可能会享有先发优势。因此，使用标准化技术制造产品的专利持有者可能会发现，提供有吸引力的许可条款促进采用该标准生产的产品被广泛接纳，可能会更有利可图。"她说，"这将增加对其产品的需求，而不是提取高额许可费。"Munck 还建议，如果 ITC 发现其公共利益机构不够灵活，无法防止专利劫持，那么美国国会应该考虑是否有必要立法。

在提交给美国参议院司法委员会的证词中，高通公司执行副总裁、法律总顾问和公司秘书唐纳德·J·罗森伯格表示，公司在投资提高行业标准的研发方面承担了一定风险。罗森伯格还表示，"研发不仅必须产生一种在技术层面有效解决问题的技术，还必须是所有相关行业参与者选择纳入标准的'技术'。"他还表示，FRAND 许可的实践是不完善的，需要进行实质性改革。这一体系是由那些寻求免费享用 SEP 持有者技术贡献的人的狭隘和短期利益所驱动的。他还告诉参议院委员会任何专利劫持方面的现有证据（被他称为"过度议价能力"）都是毫无根据的。他以微软公司和摩托罗拉公司之间的 FRAND 案件为例说明，就连微软公司的专家也无法确定哪一个许可受到了劫持的影响。罗森博格说，"微软公司团队承认，标准必要专利持有者在现实世界中是否存在劫持是一个尚待解决的问题。事实上，劫持理论的支持者没有提供任何例证来表明，知识产权阻碍或推迟了标准的采用或实施。"

ZigBee 联盟的名誉主席兼首席技术专家、IEEE 802.15 无线个人区域网络工作组主席、IEEE P2030 智能电网通信第三工作组联合主席鲍勃·海尔博士对此持比较乐观的看法。"我知道 WiFi 和蓝牙都有许可费，但它们似乎并没有抑制市场；我不知道他们是什么。关键是，支付许可费不一定是一件坏事，只要它们遵循 RAND 原则。这就是为什么所有 SDO 都有基于 RAND 的专利政策，只有在持有者同意遵守这些条款的情况下才能寻求纳入知识产权。"

专利蟑螂对标准的影响

政府、行业和法院高层正在讨论的另一个问题是专利主张实体（patent assertion entities，PAE），也就是众所周知的"专利蟑螂"。PAE 获取专利后，通过对已经在使用专利技术的人提起诉讼（或威胁提起法律诉讼）来榨取利润丰厚的使用费（专利诉讼可能非常昂贵。苹果公司向其首席外部律师事务所 Morrison&Foerster 支付了大约 6,000 万美元，以开展针对三星电子公司专利侵权的诉讼。）因此，许多收到 PAE 侵权信的人选择支付许可费，即使他们认为自己的产品没有侵权。

从对标准的影响来看，美国国会已经通过了 2011 年的《美国发明法案》，其部分目的是阻止过于宽泛的专利以及其他与专利相关的改革。《美国创新法案》（H.R.3309）于 2013 年底获得美国众议院批准，并于 2014 年在美国参议院获得通过，旨在更好地控制滥用专利的诉讼行为，包括 PAE 涉嫌滥用专利的行为。《美国创新法案》的诸多特点之一是，要求败诉方支付胜诉方的法律费用，并防止针对涉嫌侵犯专利的制造商和该公司客户的诉讼。《美国创新法案》中的一个关键要素是，它解决了通常含糊不清、覆盖面过广的专利问题。它要求专利持有人在提起诉讼时提供额外的必要诉讼细节，例如哪些专利和权利要求存在争议，哪些产品涉嫌侵权，以及如何侵权。它还要求原告通过详细说明专利是如何被侵犯的来为自己主张辩护，并要求专利案件中的败诉者支付律师费和诉讼费。

2013年4月，谷歌公司正式呼吁美国联邦贸易委员会和美国司法部对PAE展开调查。谷歌公司高级竞争顾问马修·拜在公司博客中将这一问题称为"专利私有化"，他写道，"专利蟑螂利用自己获得的专利起诉，不受惩罚。因为他们什么都不做，所以不能被反诉。转让公司躲在专利蟑螂的背后，以免受诉讼，有时甚至会安排从专利蟑螂的诉讼和许可中分一杯羹"。

2013年9月，美国联邦贸易委员会正式参与专利流程，检查专利主张实体及其对创新和竞争的影响。该机构表示，其正在收集25家PAE的信息，并将利用这些信息研究它们如何开展业务，以及更好地了解它们如何影响创新和竞争。2014年1月联邦贸易委员会委员朱莉·布里尔（Julie Brill）在拉斯维加斯举行的2014年国际消费电子展（CES）上对专利诉讼小组表示，"改革显然是有必要的，美国国会应该推进专利诉讼改革，独立于联邦贸易委员会关于专利的预期报告"。

早期使用公开数据的研究中发现，PAE诉讼活动的数量正在增加。然而，该委员会有权收集非公开信息，如许可协议、专利获取信息以及成本和收入数据，这将为PAE活动提供更全面的信息。为了了解PAE行为与特定行业或部门的其他专利持有者的专利主张活动之间的区别，美国联邦贸易委员会还建议向无线通信部门的大约15个其他主张专利的实体发送信息请求，包括制造公司和其他非执业实体，例如拥有专利但不制造任何东西的公司，以及从事授权经营的其他组织。

电子前沿基金会（Electronic Frontier Foundation，EFF）已经发布了几项攻击专利蟑螂的声明。"最近，我们看到这个体系似乎分崩离析，损害了创新。许多因素造成了我们看到的专利制度问题，但也许没有比专利蟑螂的崛起更重要的了。诚然，专利蟑螂并不是什么新问题，但最近我们发现了一个令人不安的新趋势：越来越多的小型开发商和公司成为专利蟑螂的目标。"EFF特别关注Lodsys公司（一家以小型应用开发商为目标的公司），称该公司以小型应用程序开发商为目标，声称其应用购买技术侵犯了Lodsys公司的专利。尽管EFF表示不知道Lodsys公司威胁了多少应用开发者，但知道它至少已经起诉了11家公司。苹果公司介入了这起诉讼，声称它从专利持有者那里获得的许可覆盖了应用开发商对该技术的使用，谷歌公司向专利局提交了一份复审通知，质疑

Lodsys公司专利的有效性。但EFF表示，苹果公司和谷歌公司的行为需要数年时间才能解决。EFF表示，"应用开发者面临着一个尴尬的选择：要么接受Lodsys公司的许可，要么活在成为下一个被诉方的恐惧中。"

消费者电子协会通过发表各种正式声明、博客、社论和文章（主要发表在自己的出版物上）并进行游说，积极支持相关立法，以削弱专利蟑螂提起的诉讼。

与此同时，律师费用已成为阻碍积极的PAE活动的一部分问题。正如美国专利商标局（USPTO）副局长特里萨·斯坦纳克·雷亚（Teresa Stanek Rea）在2013年10月举行的美国知识产权法协会年度大会上所言，"鉴于许多专利保护机构最近开始使用'应急费'聘用律师，失败的低诉讼成本极大地刺激了潜在的滥用诉讼行为。降低这一标准有助于阻止PAE在无正当理由的案件中抬高辩护成本，并应同样适用于滥用诉讼事件中的被告"。到2013年底，美国国会两院都表示，他们正在考虑对滥用专利的诉讼采取立法行动。使问题复杂化的是，向美国专利商标局提交的专利申请数量迅速增加，从1990年的约17.6万件激增至2012年的逾57.6万件。

2014年初，白宫采取了更多行动来帮助打击滥用专利的诉讼，包括建立一个网站（USPTO.gov/patentlitigation）来帮助PAE中专利诉讼的被告。USPTO也有一个新的众包计划来识别现有技术，让USPTO可以用来作为拒绝不良专利索赔的已有相关发明的证据。USPTO还扩大了其专利审查员技术培训计划，允许外部技术专业人员协助培训审查员，并表示将免费扩大资源，以帮助在提交专利申请时缺乏法律代表的发明者。

美国的许多州也开始制定或修改自己的法律，以使所谓的专利蟑螂更难起诉小企业。佛蒙特州是第一个通过立法禁止"恶意"主张专利的州。俄克拉荷马州成为第12个通过立法对PAE实施一系列法律措施的州。

专利共享

专利共享（Patent Pooling）是实施保护和有效共享知识产权过程中越来越重要的一部分，通常是指一种联合许可计划，该计划通常涉及若干家公司，这些公司希望它们的满足特定规范要求的必要专利得到许可。通常规范是作为标准发布的，但也可以是另一个公开可用的规范或事实上的标准（专利共享的一个优势是，以共同许可人身份注册的公司可以得到专利许可费）。

专利共享并不是一个新概念。根据维基百科，第一批专利池中有一个是由缝纫机制造商格罗弗（Grover）和贝克公司（Baker Co.）、辛格公司（Singer）

和惠勒威尔逊公司（Wheeler & Wilson）于1856年建立的，这些公司都曾互相指控对方侵犯专利。格罗弗和贝克公司的律师兼总裁波特提出，比起互相起诉并实质上消除了大家通过销售产品获利的机会，不如共享彼此的专利。

自史上著名的辛格案以来，已达成了许多重要的专利共享协议，其中一些是最近建立的。

2005年，约20家活跃于射频识别（RFID）领域的公司聚集在一起，成立了RFID联盟，最初与Via Licensing合作，管理其专利池。随后，Sisvel US于2013年接管了RFID联盟的专利许可管理工作。Sisvel US隶属于Sisvel集团，该集团成立于1982年，当时Sisvel S. p. A. 在意大利成立，旨在在FRAND条件下简化基本专利的获取。该联盟的成员开发了RFID技术，并拥有EPC global和ISO/IEC的UHF RFID标准必要专利。该联盟与Sisvel UHF RFID LLC签署了协议，后者是Sisvel US新成立的子公司，负责管理UHF RFID项目。所有必要专利的持有者都可以参与许可计划，无论他们是否参与了RFID标准的开发。2008年，美国司法部发布了有利的业务审查函，支持联盟提出的许可安排。

2012年1月，Sisvel公司收购了47个专利系列，包括诺基亚公司最初提交的450多个已授权专利和申请中专利。这些专利涉及的技术涵盖了范围广泛的移动通信设备和服务，还包括若干视频编码优化技术的专利。在Sisvel公司收购诺基亚公司专利时，这些专利受到先前特定协议的约束，诺基亚公司的专利组合被一并收购。2013年9月，Sisvel UK还针对IEEE 802.11 WiFi标准和相关WiFi联盟规范所必需的专利发起了联合许可计划。该项目下的必要专利归爱立信公司、电子和电信研究所（ETRI）、诺基亚、Hera Wireless S. A. 和三洋电气公司所有，覆盖主要用于消费者使用的包括WiFi 802.11a、b、g、n和/或ac功能的完整或基本完整的设备。

2012年10月，总部位于旧金山的Via Licensing公司宣布，作为推进长期演进（LTE）必要专利许可工作的一部分，该公司将启动LTE专利许可计划。作为LTE许可计划的许可方，所有LTE必要专利的持有者均可参与该许可计划。来自三大洲的13家公司参加了2009年会议，讨论与LTE联合专利许可计划的相关问题。为创建一个"专利池"，该公司还安排了其他会议，邀请所有持有对LTE平台至关重要的专利或未决专利申请的人参加。2012年10月，Via宣布了一项"早期采用者"激励措施，鼓励其LTE专利池的首批签约许可人。在2013年4月12日之前与Via签署LTE专利许可的任何实体，其采用LTE标准的产品都将免除2012年10月15日之前销售产品的许可费和利息。

美国电话电报公司（AT&T）、Clearwire公司、DTVG Licensing公司（DirecTV的子公司）、惠普公司、KDDI公司、NTT Docomo公司、SK Telecom公

司、Telecom Italia 公司、Telefonica 公司和中兴通讯公司首批同意通过 Via 专利池提供的 LTE 必要专利。包括《华尔街日报》在内的商业媒体迅速注意到，业内一些不在最初的 Via LTE 项目许可机构之列的大公司，如苹果公司、高通公司、诺基亚公司、爱立信公司、谷歌公司及其新成立的摩托罗拉子公司，都卷入了备受瞩目的专利诉讼（诺基亚公司的回应是，到 2012 年底，它拥有 400 多个与 LTE 技术相关的专利族）。自最初协议签订以来，中国移动公司和德国电信公司也签署了该计划。

为了在全球范围内促进对知识产权和美国技术的保护，微软公司、苹果公司、IBM 公司、通用电气公司和其他公司发起了"美国创新伙伴关系"。该组织表示，将重点推动强有力的专利保护，强调这些保护在全球经济中的作用，并推动美国专利商标局（USPTO）获得充足资金。戴维·卡波斯（David Kappos）是 USPTO 前董事，现在是总部位于纽约市的大型律师事务所 Cravath、Swine 和 Moore 的合伙人，他也是 USPTO 的顾问，他说，"现在不是拿美国的创新引擎赌博的时候。一旦专利保护被取消，就无法恢复"。

国际标准制定组织简介

全世界有数以千计的标准制定组织（standards development organizations，SDO），其中 200 多个组织正在制定信息和通信技术（ITC）标准。140 多个国家有自己的国家标准化组织，这些标准机构大都在某种程度上进行协作。例如，一个技术标准前面有多个 SDO 冠名（如 ISO/IEC/IEEE 21451-1-4，传感器、执行器和设备的智能传感器接口标准），表示该标准是多家标准化组织共同批准和支持的，这并不罕见。但技术创新步伐的加快也加速了标准化的竞争性，特别是知识产权（通常以规范和公布标准所必需的专利的形式）已成为 SDO 工作组中更重要的问题。在新兴和快速兴起的市场尤其如此，市场鼓励 SDO 简化其流程，以更有效地满足任何新标准的技术要求以及现实世界的市场要求。

这些标准工作组通常以类似的方式运作，与技术委员会合作，通过协商一致的过程，逐渐就一套技术规范达成一致，这些技术规范发展成为一份公开的文件，不仅促进技术及其应用的标准化，而且促进产品或服务的协调和互操作性。

更重要的发展之一是出现了工业部门联盟或财团——公司联盟，其主要任务是促进高度集中的细分市场。这些组织的目标是加快该类产品或市场的标准制定，同时确保其成员公司的技术在最终批准的标准中得到很好的体现。这些组织的典型代表包括蓝牙技术联盟、ZigBee 联盟、WiFi 联盟、无线宽带联盟、Continua 健康联盟、结构化信息标准提升组织（OASIS）和芯片整合倡导组织（Si2，一个半导体、电子设计自动化组织），以及其他专注于开发和采用改善集成电路设计和制造方式的标准的公司。另一个是开放移动联盟（OMA），致力于制定支持可互操作的端到端移动服务的规范。此外，还有 MIPI 联盟，一个为移动和受移动影响的行业制定接口规范的国际组织。这些团体都不是实际的标准制定组织，但它们的成员经常参加 SDO 工作组委员会，这使它们在目标市场的标准制定、认证甚至升级方面产生重大影响，在此过程中，通常会缩短许多新技术的上市时间，从而使消费者和其他用户受益。下面列出了一些主要的标准组织及其职能，其中大部分资料直接来自标准组织本身制作的背景材料。

互联网工程任务组（IETF）

IETF 位于弗吉尼亚州的莱斯顿，是互联网的管理机构，并得到其他国家和国际标准机构的支持。IETF 定义了 TCP/IP（传输控制协议/互联网协议）等基本标准互联网操作协议，TCP/IP 是用于互联网的基本通信语言。它通常被称为事实上的标准，这个术语来源于在市场上取得主导地位的产品或系统。

美国国家研究委员会于 1996 年出版了《20 世纪不可预测的确定性——信息基础设施》，指出了 IETF 在互联网发展中的作用。"Internet 上广泛使用的一些重要标准，包括万维网标准，都不是通过 IETF 流程正式制定的。相反，它们是由其他组织提出的，在 IETF 会议上非正式讨论，通过互联网传播，然后在没有进一步 IETF 行动的情况下被业界接受。尽管这种部分绕过正式 IETF 程序的做法让一些观察家感到担忧，但万维网在实现快速市场渗透应用方面的成功是毋庸置疑的。"

RFC 2026（BCP9）定义了 IETF 标准制定过程。该文件经过多次修订，知识产权规则现已成为单独的一部分（RFC 5378 BCP 78 出资权，以及 RFC 3979 BCP 92 技术权利）。IETF 标准是在一系列征求意见（RFC）文档中发布的，这些文档解释了在互联网上工作的协议是如何工作的。与大多数标准制定组织一样，IETF 由按主题（例如路由、传输和安全）划分的工作组组成，成员来自行业、学术界和政府部门（2013 年 11 月，IETF 工作组在不列颠哥伦比亚省温哥华召开了 100 多次会议）。在过去 30 年的时间里，IETF 发布了 4500 多份文件，描述了当今全球互联网上基本技术和服务的标准，"IETF 流程：非正式指南"中提供了标准流程文档的概述。

IETF 是互联网协会（ISOC）的一部分，ISOC 是一个成立于 1992 年的非营利组织，旨在发展与互联网相关的标准、教育和政策。IETF 成员来自互联网协会的个人和组织成员。IETF 由互联网协会的互联网架构委员会（IAB）监督，IAB 既是 IETF 的委员会，也是互联网协会的咨询机构。互联网标准化工作组中的另一个关键组织是万维网联盟（W3C），这是一个为确保万维网长期增长制定标准和指南的国际联盟。W3C 拥有 375 多个成员组织，由美国麻省理工学院计算机科学和人工智能实验室、法国欧洲信息学和数学研究联合会以及日本庆应义塾大学共同运营,并在全球各地设有办事处。

IETF 最近一直关注安全性、制定技术规范以提高互联网的隐私和安全性,以及规则改变对互联网访问产生的影响。

IEEE 标准协会(IEEE-SA)

电气和电子工程师标准协会(IEEE-SA)是全球公认的标准制定组织,具有 100 多年的标准制定经验,拥有 900 多个现行技术标准,覆盖无线通信和数字健康标准、云计算、电力和能源、3D 视频、电动汽车标准以及物联网标准。

IEEE-SA 与国际电工委员会(IEC)和国际标准化组织(ISO)的合作具有悠久历史。为了避免重复工作,IEEE 和 IEC 正式扩大了它们的关系,包括采用、修订和共同开发 IEC/IEEE 双标志协议下的市场相关标准,一些有编号的标准也以 ISO/IEEE 开头。IEEE 标准流程对 IEEE-SA 成员和非成员开放。另外,IEEE 工业标准和技术组织(IEEE-ISTO)为成员提供技术支持。作为一个由成员项目组成的联盟,IEEE-ISTO 在全球标准化方面提供法律和运行支持。IEEE-SA 和 IEEE-ISTO 共同管理 IEEE 合格评定程序(ICAP),以确定产品是否满足规范的技术要求,并帮助新产品和新技术迅速被市场认可。

国际标准化组织(ISO)

ISO 成立于 1947 年,总部设在瑞士日内瓦,其成员由来自 163 个国家的国家级标准组织组成。美国国家标准协会(ANSI)是美国 ISO 的代表。ISO 标准涵盖诸多细分市场,包括电子、医疗健康、能源、汽车和其他行业和市场。ISO 正建立一个新的技术委员会(TC),专注于与品牌评价相关的标准化活动。ISI TC 289,即"品牌评估",重点关注品牌相关术语和定义、品牌评估方法和指南以及相关领域的标准化工作。ISO 成员中国标准化委员会(SAC),已被任命为新 TC 的秘书处。

国际电工委员会(IEC)

IEC 与 ISO 一样,是工业界主导的。IEC 成立于 1906 年,总部设在日内瓦。1987 年,ISO 和 IEC 在新成立的第一联合技术委员会(ISO/IEC JTC 1)下合并了它们现有的信息和通信技术(ICT)标准组。目前,JTC 1 有 66 名国家机构成员。约有 2,100 名来自世界各地的技术专家在 JTC 1 工作。JTC1 还有 19 个小组委员会，大多数 JTC 1 标准项目都是在这些小组委员会中开发和维护。IEC 持续为所有电气、电子和相关技术制定和发布国际标准。它的许多项目集中在发电、输电和配电中使用的系统和设备的标准化。其标准化活动几乎涵盖了电子设计、制造和使用的所有方面。2013 年 5 月，IEC 与 ITU 联合制定了一项新的交互式网络电视（IPTV）元数据通用标准，实现了 IPTV 业务中版权信息的互操作性，使 IEC 62698 版权信息的互操作性与 ITU-T H.751 建议在技术上保持一致。IEC 主办研讨会，帮助发展中国家采用 IEC 国际标准用于技术法规。美国成立了美国国家委员会，代表美国参与 IEC 和许多相关区域标准化机构的活动。

国际电信联盟（ITU）

总部设在日内瓦，在世界各地设有 12 个区域办事处，是联合国信息和通信技术（ICT）办事机构。电信标准化部门（ITU-T）成立于 1865 年，是国际电报交换的标准化机构，ITU-T 支持研究小组制定对 ICT 互操作性至关重要的国际技术标准。ITU 约有 193 个成员国，有 740 多个私营部门成员和学术机构。其标准被称为"推荐性标准"，涵盖了电子设计和测试规范的各个方面。ITU 还协调全球无线电频谱、卫星轨道的使用，并与其他标准制定组织合作制定全球技术标准。

美国国家标准学会（ANSI）

ANSI 最初是作为美国工程标准委员会（AESC）成立的，该委员会在 AESC 成立 1 年后批准了其第一个管道螺纹标准。AESC 在创建国际标准协会（ISA）的早期尝试中非常活跃，一直活跃到第二次世界大战，最终成为 ISO。AESC 超越了它的委员会结构，并在 1928 年重组并更名为美国标准协会（SAS）。3 年后，也就是 1931 年，美国 IEC 国家委员会加入了美国标准协会（ASA）。1941 年美国参战时，美国航空标准局准备了 1 份 1 年前就已采用的战争标准程序。

如今，ANSI 是一个私人非营利的组织，其宗旨是通过促进自愿标准化和合格评定系统来增强美国的全球竞争力。1916 年，美国电气工程师学会（现在的 IEEE）邀请美国机械工程师学会（ASME）、美国土木工程师学会（ASCE）、美国采矿和冶金工程师学会（AIME）和美国试验与材料学会（现在的 ASTM International）共同成立一个公正的机构来协调标准制定，并批准国家共识标准。这 5 个组织本身就是联合工程学会（UES）的核心成员，随后邀请了美国陆军部、海军部和商业部作为创始人加入他们的行列。近 1,300 名工程师在特别委员会工作，为军用成像器材以及其他军用和民用无线电设备和部件制定美国战时标准。

1969 年，ANSI 采用了现在的名称。ANSI 现在是 ISO 和 IEC 中美国标准活动的官方代表。通过 ANSI，美国可以访问 ISO 和 IEC 标准制定过程。它几乎参与了 ISO 和 IEC 的所有技术项目，并管理着许多关键委员会和小组。ANSI 实际上并没有制定标准，但它对来自 200 多个 SDO 和其他组织的标准进行了授权认证。它还出版标准，其中第一个是针对 C 语言的标准。ANSI 成立于 1918 年，总部设在华盛顿特区，负责协调美国自愿共识标准体系，并监督标准的制定和符合性评估，以确定标准的相关要求是否得到满足。ANSI 还为 200 多个 ANSI 认可的标准制定者提供了一个论坛，这些制定者代表了大约 200 个私营和公共部门的不同组织。ANSI 发布了《ANSI 基本要求：美国国家标准的正当程序要求》，该标准管理其发展过程。

欧洲电信标准协会（ETSI）

ETSI 位于法国 Sophia Antipolis，为 ICT 制定全球标准，包括固定、移动、融合、航空、广播和互联网技术，并被欧盟正式认可的欧洲标准组织。ETSI 是一个独立的非营利组织，有来自 62 个国家的 700 多个成员组织。2013 年 5 月，ETSI 发布了首个关于 DECT 超低能量（ULE）的技术规范（TS 102 939-1）。DECT ULE 基于非常流行的数字增强无绳电信标准。2013 年 10 月，欧盟官方杂志公布了一份涵盖无线电和电信设备的 ETSI 标准清单。该清单取代了欧洲联盟委员会指令（1999/5/EC）项下该产品类别的所有先前公布的标准清单。

欧洲标准化委员会（CEN）和欧洲电工标准化委员会（CENELEC）

CEN 和 CENELEC 都是官方认可的组织，负责为欧洲范围内的各种产品和服务制定参数和流程的标准。CEN 和 CENELEC 的成员是所有欧盟成员国以及冰岛、挪威、瑞士和土耳其的国家标准机构和国家电工委员会。CEN 和 CENELEC 批准的欧洲标准被所有这些国家接受和认可。CENELEC 与 IEC 和 ETSI

紧密合作，专注于电工领域的标准化。CEN 还致力于消除欧洲利益相关方（如行业和服务提供商）的贸易壁垒问题。

美国试验与材料国际学会（ASTM International）

ASTM 于 1898 年由宾夕法尼亚铁路公司的化学家和工程师创立。当时，它被称为美国试验与材料学会（ASTM）。ASTM 是全球公认的制定国际自愿性标准的公司。ASTM 根据世界贸易组织（WTO）的指导原则制定国际标准，还为工业和政府提供技术培训项目。当前，全世界有大约 12,000 个 ASTM 标准。ASTM 总部位于宾夕法尼亚州西康肖霍肯市，在比利时、加拿大、墨西哥和华盛顿特区设有办事处。

欧洲计算机制造商国际协会（ECMA International）

前身是成立于 1961 年的欧洲计算机制造商协会（ECMA），总部设在日内瓦，负责制定 ICT 和消费电子产品标准。1994 年，它在名称中增加了"国际"一词，以更好地代表其全球活动和影响力。ECMA 的技术委员会每年召开两次会议，并将其提案提交大会批准。ECMA 已经制定了 400 多个标准和 100 个技术报告，其中大多数是全球公认的。ECMA 通过一套法规和《专利事务行为准则》运作。2013 年初，该组织批准了一项新标准，允许用 JavaScript 编写的应用程序（标准化为 ECMAScript）更好地支持用户的语言和文化。该标准已作为 ECMA-402 发布。ECMA 还与 ISO、IEC、ISO/IEC JTC 1 和 ETSI 合作，并为其技术工作做出贡献。

消费电子协会（CEA）

CEA 由 70 多个委员会、小组委员会和工作组组成，为消费电子行业制定技术规范，经营涉及音频、视频、移动电子、通信、信息技术、多媒体产品及附属配件的开发、生产和销售。CEA 启动了一个名为 CESpec 的项目，并获得 ANSI 的认证，以推广可用的、创新的行业标准。CEA 在 2014 年宣布制定关于在消费电子产品中实施 IPv6 的指导方针，作为其 CESpec 项目的一部分。随着互联网从 IPv4 过渡到升级后的 IPv6，已有 15 个组织加入了 CEA 的 IPv6 工作组，与 CE 制造商、服务提供商和零售商进行协作。CEA 期望制定出用于定义 IPv6 的新特征集的标准，为具有基本、基本+和高级 IPv6 能力的设备创建配置文件。该协会的标准小组也在考虑为互联网广播制定一份统一的响度标准，以及为互联网连接设备制定安全指南。此外，2014 年 6 月，CEA 和 SAE 国际签署了一份为期两年的备忘录，在车辆电子和消费电子产品标准化方面建立合作伙伴关系，以改善驾驶体验。两个组织将在消费类电子产品和地面车辆的交叉领域共享现有和未来标准发展的信息。除新闻媒体成员外，任何人都有资格加入 CEA 标准委员会。

国际自动机工程学会 SAE International

该学会的 13.3 万多名成员工程师以及航空航天、汽车和商用车行业的相关技术专家致力于自愿性标准的制定。SAE 数字图书馆为工程师提供超过 20 万份标准、技术论文和相关出版物。它在美国国家公路智能电网互操作标准的制定上处于领先地位，该标准为插入式充电电动汽车提供支持。2013 年，该组织与 IEEE 标准协会和德国标准协会建立了合作关系，探讨标准如何在全球范围内促进电动汽车的创新。

德国标准化协会（DIN）

DIN 拥有多个汽车和电气标准化委员会，在 30 多个 ISO 和 IEC 标准化项目中做出了积极贡献。DIN 于 2009 年成立了一个电动汽车办公室，作为电动汽车标准化各领域的中心联络点，并在早期阶段为促进德国经济的发展引入了国际水平的标准化技术。

JEDEC 固态技术协会

微电子行业标准的领先开发者，拥有近 300 家公司委派的 4,000 多名参与者。根据 JEDEC 的文件，1944 年，无线电制造商协会（后来成为电子工业协会）和国家电子制造商协会成立了联合电子管工程委员会（JETEC），该委员会负责分配和协调电子管的型号。JEDEC 最初在 EIA 的工程部工作，其主要活动是为设备制定和分配零件编号。在随后的 50 年中，JEDEC 扩展到开发测试方法和产品标准，为半导体工业的发展提供至关重要的贡献。其里程碑式的成就之一是在向无铅制造工艺过渡的过程中推动标准化和教育活动，并促成了 J-STD-020，它是该组织历史上最成功的标准之一。随着无线电工业扩展到新兴的电子领域，EIA 的各个部门，包括 JETEC，开始作为半独立的成员团体发挥作用。JETEC 扩大了其范围，包括固态器件，并于 1958 年更名为联合电子器件工程委员会（JEDEC）。

JEDEC 位于弗吉尼亚州阿灵顿，于 1999 年再次更名为 JEDEC 固态技术协会。2013 年，协会宣布发布通用 Flash2.0 版本，适用于要求高性能、低功耗、增加带宽和安全功能的移动应用和计算系统。它还发布了 JESD84-B50《嵌入式多媒体卡，电气标准》（5.0），为智能手机和其他移动设备中使用的嵌入式大容量闪存新定义和增强了一些功能，以及 JESD234 电子设备中质子辐射单事件效应测量标准。JESD234 是针对缺乏用于在外层空间使用的电子器件的质子诱导扰动测试的主流工业标准而开发的；新标准正应用于若干领域，包括事前规划。

计算机械协会（ACM）

ACM 成立于 1947 年，前身是美国东部计算机械协会，总部设在纽约市。ACM 在全球拥有超过 10 万成员，涉及计算机科学及其应用的所有领域。ACM 在 30 多个信息技术领域拥有特别兴趣小组，包括标准化问题。ACM 还拥有 195 多个专业和地方 SIG 分会，以及参与协会学生分会计划的 500 多个学院和大学的学生分会。

日本电子和信息技术工业协会（JEITA）

JEITA 成立于 2000 年，由日本电子工业协会和日本电子工业发展协会合并而成。在致力于推动电子和信息技术产业的同时，JEITA 还制定了一些标准，其中最突出的标准是用于笔记本电脑的 JEITA 存储卡标准。JEITA 还通过日本标准协会（Japan Standards Association）发布的日本工业标准委员会（Japan Industrial Standards Committee）制定标准，并支持 ISO 和 IEC 制定国际标准。

中国标准化研究院（CNIS）

CNIS 对标准化进行战略性和综合性研究，并提供标准信息服务。自 1990 年成立以来，CNIS 承担了多项国家重点研究项目，包括中国技术标准的研究和发展战略。CNIS 隶属于中国国家质量监督检验检疫总局。

中国电子标准化研究院（CESI）

CESI 是中国工业和信息化部（MIIT）下属的电子和信息技术标准化专业机构。工业和信息化部已赋予 CESI 在推动中国不同领域标准化方面的重要职能，包括监管中国的物联网标准化举措。2013 年 10 月，CESI 成为 ZigBee 联盟认证计划的授权测试服务提供商，使其成为总部设在中国的第一家 ZigBee 测试机构。作为 ZigBee 在亚太地区扩张的一部分，CESI 将为 ZigBee PRO 合规平台和 ZigBee Light Link 终端产品提供合规和互操作性测试服务。

加拿大标准委员会（SCC）

加拿大标准委员会代表加拿大参加 ISO，并监督 IEC 的加拿大国家委员会。SCC 从加拿大标准委员会法案（其管辖立法）获得授权，促进加拿大的自愿性标准化工作，并协调和监督参与国家标准体系的组织。2013 年 11 月，该委员会与加拿大标准委员会认证的 SDO CSA 集团签署协议，授予 CSA 发布 ISO 和 IEC 标准的非独家权利。该协议使 CSA 集团能够为加拿大制造商以及电气和电子工程师提供获取关键标准信息的新渠道。

国际信息技术标准委员会（INCITS）

INCITS 是信息技术开发者、生产者和用户创建和维护正式 IT 标准的主要论坛。由行业主导并认证，并在 ANSI 批准的规则下运行。INCITS 由信息技术工业委员会（ITI）发起，早先作为贸易协会被称为计算机和商业设备协会（CBEMA）。从 1997 年到 2001 年，INCITS 以国家信息技术标准委员会认可的标准委员会 NCITS 的名义运营。如今，INCITS 表示，来自行业、学术界和政府的 1500 多名技术专家参与了该组织 50 多个技术委员会。ANSI 已指定 IN-CITS 为 ISO/IEC 第一联合技术委员会（ISO/IEC JTC 1）的美国技术咨询小组，该委员会为全球市场制定国际 ICT 标准。2013 年，INCITS 成立了一个研究小组，开始制定通用标准，以帮助推动物联网（IoT）应用中的互操作性和互通性。尽管 ISO/IEC JTC 1/7 传感器网络工作组成立于 2010 年，旨在制定传感器网络的国际标准，但 INCITS 于 2013 年 10 月呼吁对该技术感兴趣的组织参与其他国际传感器网络标准化方面的工作。INCITS 表示，ISO/IEC JTC 1/WG 7 完全有能力制定必要的标准，成功实现 IoT/Cyber 的物理系统。

印度电信标准发展协会（TSDSI）

TSDSI 是印度新成立的电信标准发展标准化组织，宗旨是促进适合印度市场的电信标准的协调发展。2013 年 11 月，TSDSI 与日本的 ETSI、无线电工业协会（ARIB）和电信技术委员会（TTC）以及韩国电信技术协会（TTA）和中国通信标准协会（CCSA）签署了合作协议。该协议允许 ETSI，ARIB，TTA，TTC 和 CCSA 与 TSDSI 进行工作信息交换，加强协调并鼓励制定补充标准。ETSI 已经在印度得到了由欧洲标准组织 CEN、CENELEC、ETSI 以及欧洲委员会和欧洲自由贸易协会（EFTA）建立的印度欧洲标准化专家（SESEI）项目的支持。

国际自动化学会（ISA）

ISA 成立于 1945 年，总部位于北卡罗来纳州研究三角公园，在全球拥有超过 30,000 名成员，制定标准、认证行业专业人士，并提供教育和培训。ISA 的 ISA 100 委员会成立于 2005 年，规范用于在自动化和控制环境中实现无线系统的过程。该委员会面向工业自动化市场开发了开放标准无线网络技术 ISA 100.11。2009 年，ISA 自动化标准合规协会成立了 ISA 100 无线合规协会（WCI），该协会拥有"ISA 100 符合性"认证方案，并对基于 ISA 100 的产品提供独立测试。

Accellera

Accellera 是一个独立的非盈利联盟，致力于创建系统、半导体、知识产权（IP）和电子设计自动化 EDA 公司所需的设计和验证标准。该组织的目标是加快认证，提高设计师的生产力和降低产品的开发成本。Accellera 的工作组通常会将其批准的标准移交给 IEEE-SA，IEEE-SA 通过特定的工作组制定提案，将 Accellera 的提交文件发展为正式的全球标准。Accellera 工作组的许多成员也是 IEEE-SA 工作组的成员；然而，IEEE-SA 工作组通常规模更大，具有更广泛的行业代表性，参与者包括对 Accellera 开发的标准感兴趣的行业联盟。Accellera 与 IEEE-SA 和 IEC 有一个双重标识计划，该计划还审查 Accellera 制定的标准。

2013 年 10 月，Accellera 收购了 Open Core Protocol International Partnership（OCP-IP）的资产，将当前的 OCP 3.0 标准和支持基础设施转让给 Accellera，

促进了用于半导体产品设计的 IP 块的重用。OCP-IP 标准补充了 Accellera 开发的其他 IP 互操作性标准。

IPC 下属国际电子工业联接协会

并非专业的标准制定组织，IPC 是一个总部设在伊利诺伊州班诺克本的全球产业协会，有 3300 家成员公司，代表电子工业的各个方面，出版和修订印刷电路板领域的标准和指南，包括 IPC-2221b《印刷电路板设计通用标准》，为所有类型的印刷电路板的设计提供参考。IPC 通过在国家和国际层面运作的委员会结构来制定标准，委员会由课题专家组成。IPC 目前有 260 多个小组委员会和工作组，该组织在 2014 年 IPC APEX 博览会上主办了 90 多次标准发展委员会会议。

全球标准合作组织（GSC）

GSC 的目标是加强来自世界不同地区的参与标准化组织之间的合作，以促进标准制定的信息交流，建立协同效应，减少重复。GSC 成立于 1990 年，由美国 T1 委员会发起，并邀请了 ITU-T、ETSI 和 TTC（日本）等其他组织帮助形成并最终扩大该组织。顾名思义，GSC 的最终目标是在共同感兴趣的领域促进全球标准协作。

W3C

万维网联盟制定 Web 标准，由蒂姆·伯纳斯·李和首席执行官杰弗里·贾菲领导。其任务是通过制定确保万维网长期增长的协议和准则，使万维网充分发挥其潜力。